U0796307

法政文库
社会治理法学系列

河北省社会科学基金项目 项目批准号：HB22FX005

“双一流”建设背景下
高校人事合同法律问题研究

刘志远 著

"SHUANGYILIU" JIANSHE BEIJINGXIA
GAOXIAO RENSHI HETONG FALÜ WENTI YANJIU

法律出版社
LAW PRESS · CHINA
北京

图书在版编目（CIP）数据

"双一流"建设背景下高校人事合同法律问题研究 / 刘志远著. -- 北京 : 法律出版社, 2024. -- ISBN 978 -7 -5197 -9304 -3

Ⅰ. D923.64

中国国家版本馆 CIP 数据核字第 2024FD3784 号

"双一流"建设背景下高校人事合同法律问题研究
"SHUANGYILIU" JIANSHE BEIJING XIA GAOXIAO RENSHI HETONG FALÜ WENTI YANJIU

刘志远 著

责任编辑 章 雯 慕雪丹
装帧设计 鲍龙卉

出版发行 法律出版社
编辑统筹 法商出版分社
责任校对 赵明霞
责任印制 胡晓雅
经　　销 新华书店

开本 710 毫米×1000 毫米 1/16
印张 17.75 **字数** 280 千
版本 2024 年 9 月第 1 版
印次 2024 年 9 月第 1 次印刷
印刷 北京虎彩文化传播有限公司

地址:北京市丰台区莲花池西里 7 号(100073)
网址:www.lawpress.com.cn
投稿邮箱:info@lawpress.com.cn
举报盗版邮箱:jbwq@lawpress.com.cn
版权所有·侵权必究
销售电话:010-83938349
客服电话:010-83938350
咨询电话:010-63939796

书号:ISBN 978-7-5197-9304-3
定价:72.00 元

凡购买本社图书,如有印装错误,我社负责退换。电话:010-83938349

目录 Contents

第一章 “双一流”建设与高校聘用合同的理论研究

一直以来，我国高度重视高等教育在实现国家发展战略中的作用。自20世纪90年代中期以来，教育部、国家发展和改革委员会、财政部针对高等教育不同发展阶段的不同要求，先后实施了“211工程”“985工程”等重点建设项目，推动一批重点建设高校的综合实力和国际影响力显著提高，带动提升了我国高等教育的整体水平，有力支撑了经济社会持续快速发展。实践证明，“集中资源、率先突破、带动整体”的重点建设道路，充分发挥了社会主义制度集中力量办大事的优越性，迅速缩小了我国与高等教育强国之间的差距，为进一步建设世界一流大学和一流学科打下了很好的基础。“十二五”时期，尤其是党的十八大以来，教育改革全面深入，发展水平进入世界中上行列。近年来，我国经济发展步入新常态，党中央提出了“四个全面”的战略布局，要求必须把创新摆在国家发展全局的核心位置，深入实施创新驱动发展战略。新形势和新任务对高等教育实施内涵发展、提高国际竞争力提出了更高的要求。国家教育体制改革领导小组认真总结以往建设经验，深入分析世界上高水平大学建设规律和趋势，提出了推进世界一流大学建设的新方案。中央高度重视，在全面深化改革领导小组第15次会议上，审议通过了《统筹推进世界一流大学和一流学科建设总体方案》。

一流大学和一流学科，是知识发现和科技创新的重要力量，是先进思想和优秀文化的重要源泉，是培养各类高素质优秀人才的重要基地，是服务经济社会发展的重要支撑。建设世界一流大学和一流学科是一项长期战略任务，要按照“四个全面”战略布局，坚持以中国特色、世界一流为核心，以立德树人为根本，以支撑创新驱动发展战略、服务经济社会为导向，加快建成一批世界一流大学和一流学科，提升我国高等教育综合实力和国际竞争力，为实现“两个一百年”奋斗目标和中华民族伟大复兴的中国梦提供有力支撑。

建设世界一流大学和一流学科，一流人才是关键。如何积极适应“双一流”战略对高校人才工作提出的新要求，加强人力资源战略管理是高校治理的必然选择。为加快推进我国从高等教育大国向高等教育强国的历史性跨越，大力提升我国高等教育发展水平，为国家实施创新驱动战略提供有力支撑，党中央、国务院作出“双一流”建设的重大战略决策，为我国深化高等教育改革，建设中国特色社会主义大学指明了方向，明确了任务和要求。当前，我国高等教育正全力推进以建立现代大学制度为核心的治理体系和治理能力现代化，深化人事制度改革，实施人才强校战略，是推进教育综合改革的重中之重。

第一节 “双一流”建设与高校人事制度

“双一流”建设作为中国高等教育领域的重要战略，无疑是一场深刻的变革，旨在将中国一流大学培养成国际知名的世界级学府，推动中国高等教育在国际舞台上的竞争力，是我国经济社会实现转型跨越发展的新形势对高等教育提出的新要求。“双一流”战略明确提出，要坚持以中国特色、世界一流为核心，以立德树人为根本，以支撑创新驱动发展战略、服务经济社会发展为导向，坚持“以一流为目标、以学科为基础、以绩效为杠杆、以改革为动力”的基本原则，加快建成一批世界一流大学和一流学科，这无疑也对高校人事制度提出了全新的要求和深刻的改革挑战。作为高校需要进行一系列的人事制度改革来适应这一新时代的需求，以不断提升教育质量和国际影响力，为中国高等教育的可持续发展作出更大的贡献。这些改革不仅影响了高校自身的发展，也将对整个国家的创新和发展产生深远的影响。

一、“双一流”建设简述

双一流是指世界一流大学和一流学科建设，它是中国自 2015 年开始实施的高等教育政策，目标是在 21 世纪中叶建成高等教育强国。“双一流”建设是在原有的“211 工程”和“985 工程”的基础上进行的调整和优化，它更加强调学科（群）建设，通过世界一流学科的建设带动世界一流大学整体建设。2015 年 8 月 18 日，中央全面深化改革领导小组会议审议通过《统筹推进世界一流大学和一流学科建设总体方案》。同年 10 月 24 日，国务院印发了《统筹推进世界一流大学和一流学科建设总体方案》，对新时期高等教育重点建设作出新部署，将“211 工程”“985 工程”“优势学科创新平台”等重点建设项目，统一纳入世界一流大学和一流学科建设，即我们所说的“双一流”建设。

（一）“双一流”建设的总体目标

“双一流”建设的总体目标是推动一批高水平大学和学科进入世界一流行列或前列，加快高等教育治理体系和治理能力现代化，提高高等学校人才培养、科学研究、社会服务和文化传承创新水平，使之成为知识发现和科技创新的重要力量、先进思想和优秀文化的重要源泉、培养各类高素质优秀人才的重要基地，在支撑国家创新驱动发展战略、服务经济社会发展、弘扬中华优秀传统文化、培育和践行社会主义核心价值观、促进高等教育内涵发展等方面发挥重大作用。计划到 2020 年，国内若干所大学和一批学科进入世界一流行列，若干学科进入世界一流学科前列。到 2030 年，更多的大学和学科进入世界一流行列，若干所大学进入世界一流大学前列，一批学科进入世界一流学科前列，高等教育整体实力显著提升。到 21 世纪中叶，一流大学和一流学科的数量和实力进入世界前列，基本建成高等教育强国。

（二）“双一流”建设的主要内容

根据《统筹推进世界一流大学和一流学科建设总体方案》，双一流建设分为三个阶段：第一阶段：到 2020 年，若干所大学和一批学科进入世界一流行列，若干学科进入世界一流学科前列。第二阶段：到 2030 年，更多的大学和学科进入世界一流行列，若干所大学进入世界一流前列，一批学科进入世界一流学科前列，高等教育整体实力显著提升。第三阶段：到 21 世纪中叶，一流大学和一流学科的数量和实力进入世界前列，基本建成高等教育强国。

（三）“双一流”建设的四个基本原则

1. 坚持以一流为目标。引导和支持具备一定实力的高水平大学和高水平学科瞄准世界一流，汇聚优质资源，培养一流人才，产出一流成果，加快走向世界一流。

2. 坚持以学科为基础。引导和支持高等学校优化学科结构，凝练学科发展方向，突出学科建设重点，创新学科组织模式，打造更多学科高峰，带动学校发挥优势、办出特色。

3. 坚持以绩效为杠杆。建立激励约束机制，鼓励公平竞争，强化目标管理，突出建设实效，构建完善中国特色的世界一流大学和一流学科评价体系，充分激发高校内发展活力，引导高等学校不断提升办学水平。

4. 坚持以改革为动力。深化高校综合改革，加快中国特色现代大学制度建设，着力破除体制机制障碍，加快构建充满活力、富有效率、更加开放、有利于学校科学发展的体制机制，当好教育改革排头兵。

（四）“双一流”建设现状

“双一流”建设采用总量控制、开放竞争、动态调整的原则，每5年一个建设周期，通过专家评审、政府比选、绩效考核等方式确定高校和学科的名单，并进行相应的资金支持和改革激励。

目前，“双一流”建设已经进行了两轮。第一轮于2017年公布，第二轮于2022年公布。2017年1月24日，经国务院同意，教育部、财政部、国家发展和改革委员会联合印发《统筹推进世界一流大学和一流学科建设实施办法（暂行）》；9月21日，教育部、财政部、国家发展和改革委员会联合发布《关于公布世界一流大学和一流学科建设高校及建设学科名单的通知》，世界一流大学和一流学科建设高校及建设学科名单正式确认公布。2022年2月8日，教育部在官网发布2022年工作要点明确提出“逐步淡化一流大学建设高校和一流学科建设高校的身份色彩”，将一流大学建设高校和一流学科建设高校统称为“双一流”建设高校。第二轮建设名单不再区分一流大学建设高校和一流学科建设高校，将探索建立分类发展、分类支持、分类评价建设体系作为重点之一，引导建设高校切实把精力和重心聚焦在有关领域、方向的创新与实质突破上，创造真正意义上的世界一流。2022年2月14日，教育部、财政部、国家发展和改革委员会公布了《第二轮“双一流”建设高校及建设学科名单》，新一轮建设正式启动公布。

当前世界一流大学建设高校共有42所，其中包括北京大学、清华大学、复旦大学、上海交通大学、浙江大学等国内知名高校，也包括南方科技大学、上海科技大学等新型高校。一流学科建设高校共有147所，其中包括上述42所世界一流大学建设高校以及其他105所高校，涵盖了各个省份和地区。一流学科建设学科共有1100个，涉及哲学、经济学、法学、教育学、文学、历史学、理学、工学、农学、医学、管理学和艺术学等12个门类。

二、“双一流”建设对高校人事管理提出新的要求

综观世界一流大学的发展经验，一流大学必须有若干一流学科，一流学科建设是加快世界一流大学建设的基础，而一流学科则需要有一流的学者队伍来支撑。因此，中央强调要引导和支持高校优化学科结构，凝练学科发展方向，突出学科建设重点，通过体制机制改革激发高校内生动力和活力。“双一流”战略的首要建设任务是建设一流的师资队伍，而深化高等教育改革的关键环节则是加快推进人事制度改革。中共中央《关于深化人才发展体制机制改革的意见》强调指出，要着眼于破除束缚人才发展的思想观念和体制机制障碍，解放和增强人才活力，形成具有国际竞争力的人才制度优势，确保人才“引得进、留得住、流得动、用得好”。如何实现建设一流师资队伍，加强人力资源战略管理是高校治理的必然选择。

近年来，我国高等教育进行了深层次的改革，《国家中长期教育改革和发展规划纲要（2010—2020年）》《教育部关于全面提高高等教育质量的若干意见》《统筹推进世界一流大学和一流学科建设总体方案》等文件陆续出台，我国高等教育保持着良好的发展势头。党中央提出“双一流”建设战略以来，标志着我国高等教育进入了以质量为核心的内涵式发展阶段。“双一流”是“一流大学+一流学科”，每5年一个周期，不再是终身制的评价，这种模式打破了固定化的模式，调动了各个高校发展与建设的积极性，正因如此，“双一流”建设为我国高等教育事业提供了前所未有的机遇与挑战，也对高校人力资源工作提出了很高的要求。很多高校围绕着人事工作进行了一系列创新，

如创新制度、创新理念、创新服务等改革，高校人事人才工作也关乎着“双一流”建设的成败。

（一）“双一流”建设首先要打造一流的师资队伍

一流师资队伍建设是“双一流”建设的主体。《统筹推进世界一流大学和一流学科建设总体方案》在“建设任务”第 1 条中指出“深入实施人才强校战略，强化高层次人才的支撑引领作用，加快培养和引进一批活跃在国际学术前沿、满足国家重大战略需求的一流科学家、学科领军人物和创新团队，聚集世界优秀人才。遵循教师成长发展规律，以中青年教师和创新团队为重点，优化中青年教师成长发展、脱颖而出的制度环境，培育跨学科、跨领域的创新团队，增强人才队伍可持续发展能力。加强师德师风建设，培养和造就一支有理想信念、有道德情操、有扎实学识、有仁爱之心的优秀教师队伍”。《统筹推进世界一流大学和一流学科建设总体方案》将加强一流师资队伍建设作为“双一流”战略建设的首要任务，可见一流师资队伍建设在推进“双一流”战略建设中的突出地位。从大学排名的视角，目前全球范围内公认的大学排名主要有四类，分别是国际高等教育机构（Quacquarelli Symonds，QS）、US NEWS 全球大学排名、英国刊物《泰晤士高等教育》（*Times Higher Education*，THE）以及上海交通大学世界大学学术排名（AR－WU）。QS 世界大学排名指标体系中学术声誉占比为 40%，THE 世界大学排名指标体系中科学研究能力占比为 30%。除此之外，国际与国内教师、师生比等均为世界大学排名的硬性指标，而且这些指标皆与教师主体有关。由此可见，师资队伍建设对一流大学建设的重要性。加之，世界一流大学是由一个或若干个一流学科发展而成，一流学科离不开一流的师资队伍建设，因此，一流师资队伍建设是“双一流”建设的主体，将为“双一流”战略的实施提供保障。

（二）“双一流”建设迫切需要创新高校人事制度

我国高校人事制度改革与改革开放的进程基本同步，在教师的身份管理、自主用人、绩效管理等方面虽然已有明显改进和提高，但受制于原有体制的惯性，导致高校在吸引优秀人才、充分调动人才队伍的积极性方面还存在较大的上升空间，这在一定程度影响了学校核心竞争力的提升与学科建设的进程，难以为“双一流”建设提供有力的人事制度支持。究其原因，我国高校长期以来多由政府或相关政府部门管理，高校的岗位总量、编制数量、岗位类别名称、结构比例、薪酬发放等自主权不大，致使出现较多现实需求与主管部门划拨或审批相矛盾的地方。例如岗位总量不足和编制数量的限制、体制内对于高级职称的比例限制以及对绩效工资总量的限制等，这不仅影响高校对于人才的引进和相关学科的建设，而且影响教师的个人晋升和高校自身的发展。“以岗定薪、岗变薪变”的初衷是寻求完成相应的岗位任务并为“双一流”作贡献，然而此指导思想下的薪酬分配制度，使教师只想干好“分内事”，没有人再愿意承担“职称考核项目”以外的工作。另外，岗位的职级差异直接导致了薪酬发放的高与低，致使常出现教师贡献度与职级、薪酬不成正比的怪象。总之，由于现行的人事制度的缺陷和管理的行政化倾向，使得高校在“双一流”建设时无法充分发挥自身优势，无法真正保障师生独立地开展学术研究活动，最终阻滞了自身的可持续发展。

三、“双一流”背景下高校人事制度改革重点推进的几个方面

当前的高校干部队伍、人才队伍、师资队伍存在着改革不深入、结构不完善、内生动力不足的困境。在“双一流”建设背景下，高校人事制度改革必须回应时代要求和历史使命，从教师的岗位聘任、绩效考核、薪酬制度等方面入手，积极探索高等学校教育改革的现实途径。根据双一流建设提出的新理念和新要求，高校人事制度改革应该从以下几方面入手。

（一）建立以人为本的高校人事制度改革理念

建立以人为本的高校人事制度改革理念是现代高等教育体制变革中的一项重要任务。这一理念的核心是将教师队伍和人才队伍的自由全面发展置于改革的出发点和落脚点，体现了对高校行政官僚思维和管理模式的深刻反思，也是现代教育改革的本质要求。

1. 以人为本的高校人事制度改革强调思想指挥行动。它要求高校不仅要在政策层面上，还要在思想观念上进行根本性的转变。传统上，高校的管理往往偏向官僚主义，教职员工的发展和需求往往受到限制和束缚。通过强调以人为本，高校需要重新审视和调整管理理念，将教师和人才视为高校最宝

贵的资源，为他们提供更多的自主权和发展机会。

2. 以人为本的改革理念是对高校管理人才现状的纠偏。现代高等教育需要具备更多创新和国际化的特点，传统的官僚管理方式已经不再适用。以人为本的改革理念要求高校管理者更加关注教职员工的需求和创新潜力，激发他们的工作热情和创造力，以适应日益复杂和多变的高等教育环境。

3. 以人为本的高校人事制度改革是现代教育改革的本质要求。教育的核心在于培养人才，而教师是教育事业的中坚力量。只有给予教师更多的自主权和发展机会，才能提高他们的教育质量和教育创新水平。这一理念将教师置于高等教育的核心地位，鼓励他们在教学和研究中发挥个人特长和潜力，从而推动整个高等教育体制的改革。

4. 以人为本的高校人事制度改革是确保改革的正确方向的关键。只有高校将教职员工的需求和发展置于改革的核心，才能真正提高改革的积极性和效果。这也能够帮助高校更好地应对复杂多变的教育环境和市场竞争，推动高等教育事业的不断发展。

（二）构建现代高校人事制度

高校现代人事制度要体现在优秀的师资队伍、卓越的科研成果、优质的教学资源和科学的管理服务等方面，这其实也是“双一流”建设的必要条件。

1. 在现代人事制度的实践中，高校应充分促进教师队伍合理流动，将岗位的管理与聘用落实到实处，建立奖勤、奖能的差别化薪酬体系，强化激励，促进竞争性体制的形成。

2. 高校在涉及管理方式、组织体系、机构设置等相关事务活动中，需要运用现代化的思维方式对高校运行的各方面进行有效管理，建立既包含了人力资源管理的规范、规制性要素等正式规则，也将日常工作中的习惯、价值理念等非正式规则囊括在内的专业化人事制度。

3. 需要根据工作目标、工作性质、人员职责的不同，有针对性地将不同群体人员分类管理，确保高校目标的最终实现。

（三）深入推进高校机构编制管理改革

深入推进高校机构编制管理改革是中国高等教育体制变革中的一项重要

任务。这一改革旨在更好地适应市场化的改革方向，以满足现代高校管理的需求，提高高校的竞争力和创新性。

1. 市场化改革方向要求政府将高校用人自主权下放。传统上，高校的人事编制和用人决策往往受到政府的严格控制，这限制了高校教师队伍的流动性和活力性。通过下放用人自主权，政府可以让高校更加灵活地进行人才招聘和管理，使高校能够更好地应对不断变化的教育需求和市场竞争。然而，承认高校的用人自主权不仅是口头上的承认，还需要在实际操作中突破一系列的人事管理和工资发放方面的“瓶颈”。因此，高校需要建立更加灵活和有效的人事管理体系，以便更好地吸引和留住高水平的教育和科研人才。这可能包括简化招聘程序、建立更加公平和透明的选拔机制，以及加强对教育和科研成果的考核评估。

2. 高校也需要建立更加灵活的工资体系，通过引入绩效工资、奖励机制和薪酬激励来以便更好地反映教职员工的贡献和市场价值，提高教师待遇和薪资水平。

3. 深入推进高校机构编制管理改革还需要政府的积极支持和监督。政府可以通过制定相关政策和法规来支持高校的改革举措，并确保改革的合法性和合规性。同时，政府也需要加强对高校改革的监督和评估，以确保改革取得预期的效果，避免不正当的人事安排或财务浪费。

（四）建立公开的岗位竞聘机制

建立公开的岗位竞聘机制对于高校人事制度改革是至关重要的一环。这一机制不仅有助于提升高校的管理效率和竞争力，还能够促进人才的正常流动和竞争，创造出优胜劣汰、能上能下的良好氛围，对于高校的长期发展至关重要。

1. 建立公平的岗位竞聘机制要求保持招聘程序的公开化和制度化。要求高校在招聘过程中必须确保程序的透明性，消除不正当的干预和操作，以确保人才引进的公平性和公正性。招聘岗位的信息应当及时公开，招聘条件和标准要明确，招聘程序要符合规定，招聘评审委员会应当由具备专业背景和道德操守的人员组成，以维护整个招聘过程的公正性。

2. 高校人才引进需要具备较强的专业性，因此可以考虑将人才招聘的考试权下放到学院层面。这样可以实现更精细化的筛选和有效的考核，更好地满足学院和学科的特殊需求。学院拥有更丰富的学科背景和专业知识，能够更好地评估候选人的专业能力和适应性。

3. 要注重人才的多方面、多层次的考量。高校不仅需要关注候选人的学术水平，还需要综合考虑其综合素质，包括科研成果、教育教学质量、团队协作能力、创新潜力等。这种多元化的考量有助于高校招聘更全面的人才，更好地满足高校的多样化需求。

第二节　高校人事管理的聘用制改革

改革开放以来，教师聘任制度改革始终是我国高校人事制度改革的核心。回顾四十多年来的改革历程，毋庸置疑，一系列制度与政策变革的确取得了明显的成效，如传统教师职称概念、身份内涵和职务终身制观念与意识日趋淡化，曾长期存在的单位依附、大锅饭、平均主义和论资排辈等痼疾逐步得到根治，一个相对开放和流动的学术劳动力市场正在形成。在经过21世纪之初的动员与试水之后，尤其在2008年1月《劳动合同法》、2014年7月的国务院《事业单位人事管理条例》分别出台并生效之后，由于有了更为具体的法律依据和规范，高校开始进入了一个以劳动合同聘用制为基本特征的聘任制自主探索的阶段。2015年党中央提出"双一流"建设战略，标志着我国高等教育进入了以质量为核心的内涵式发展阶段。

"双一流"建设是党和国家针对高等教育作出的重大战略部署，是我国各个大学努力的共同方向。在"双一流"建设的背景下，高校的人才吸引能力和综合竞争力亟待提高，才能推进高校的稳步发展，在愈演愈烈的人才竞争中占据优势。制度与人是一流大学建设的两个关键要素，而高校人事制度正是两者的联结点。因此，高校为提高教科研产出，不断优化激励机制和绩效考评机制，重点就在于高校必须切合本校实际，构建并不断完善能够吸引人才、体现人才价值的人事制度体系，其中最主要的就是创新教师聘任制度，并建立与之相适应的薪酬体系、职务晋升体系及考评体系等。

一、我国高校聘用制改革发展过程

中国近代教师聘任制度起源于南京国民政府时期颁布的《大学教员资格条例》，成长于新中国成立后的20世纪后半期，发展于市场经济体制下的21世纪。受政治、经济和外部环境等因素的影响，新中国高校教师聘任制度大致经历了职务任命制、职务聘任制和岗位聘用制三个阶段。

（一）教师任命制阶段（1949—1978年）

新中国成立后，国家相继推出了《关于高等学校领导关系的决定》《关于教师升等及干部管理问题》，1956年在苏联专家的帮助下我国制定了《高等学校教师学衔条例》，1960年国务院颁发了《关于高等学校教师职务名称及其确定与提升办法的暂行规定》，明确将高校教师专业技术职务分为教授、副教授、讲师和助教等四种类型，并以思想政治条件、学识水平和业务能力作为职务任命和提升的依据。这是新中国成立以来制定的第一个比较系统而又完整的高校教师任用制度方面的法规。

这一时期我国高校采用教师任命制，主要是因为在当时的计划经济体制下，政府对所有资源进行垄断，再加上师资资源紧缺，因此我国在教师的任用上借鉴了苏联的教育发展模式，即教师任命制。这是时代的产物，是特殊时期国家集中力量办社会主义大学所采取的必要手段。

高校教师任命制度是基于身份管理的人事制度，当时教师师资调配均由国家统一计划统一安排，相关管理工作是通过行政任命的方式和手段来进行的，教师的相关任免、职务晋升等工作都由中央统一领导。作为知识分子的高校教师被任命后即纳入国家干部体制管理，享受干部工资待遇，拥有稳定的收入和良好的工作环境。同时，高校也成为教育行政机关的附属机构，作为政府的延伸，对教师的工作进行日常管理。

（二）职务聘任制阶段（1979年—21世纪初）

改革开放后，意识形态的变化和市场经济的到来，不断推动高校人事制度积极变革。国家1985年5月颁布了《关于教育体制改革的决定》，提出要扩大高校办学自主权，改变政府对高校的管理体制。1986年国家正式推行了教师职务聘任制度，鼓励高校根据教学、科研工作需要设置教师岗位，开展教师聘任工作。此时的教师聘任不再采取行政调配和任命形式，而是采取编制审批方式，是基于编制管理的职务聘任制度。1993 年《教师法》出台，以法律的形式确立了教师的职业身份，把教师规定为履行教育教学职责的专业人员。职务聘任制度的形成和推广意味着身份管理的转型和编制管理的实施，高校教师获得编制后，就拥有了“铁饭碗”，享受事业编制工资待遇，无特殊情况可工作至退休。

（三）基于岗位管理的全员聘用阶段

进入 21 世纪以来，随着人事分配制度改革的不断推进，编制管理形式的职务聘任制度已不符合新时期对高校教师管理工作的期待，基于岗位管理的全员聘用制度成为时代选择。

2002 年 7 月，国务院办公厅转发了原人事部《关于在事业单位试行人员聘用制度的意见》（国办发〔2002〕35 号），该意见指出：“随着我国社会主义市场经济体制的建立和加入世界贸易组织，迫切要求转换事业单位用人机制，建立充满生机和活力的用人制度。在事业单位试行人员聘用制度，是加快推进事业单位人事制度改革、提高队伍整体素质、增强事业单位活力的重要措施。”该意见第 1 条要求“事业单位与职工应当按照国家有关法律、政策和本意见的要求，在平等自愿、协商一致的基础上，通过签订聘用合同，明确聘用单位和受聘人员与工作有关的权利和义务。人员聘用制度主要包括公开招聘、签订聘用合同、定期考核、解聘辞聘等制度。通过实行人员聘用制度，转换事业单位用人机制，实现事业单位人事管理由身份管理向岗位管理转变，由行政任用关系向平等协商的聘用关系转变，建立一套符合社会主义市场经济体制要求的事业单位人事管理制度”。

高校教师全员聘用制度将岗位设置、合同管理和聘期考核有机结合，科学设置岗位类型和上岗条件是开展全员聘用工作的先决条件，类型明确、职责清晰的上岗条件能引导教师结合自身情况制定职业发展规划，明确个人发展目标，聚焦努力方向；积极开展合同管理工作是推进全员聘用工作的必备过程，规范合同管理有助于培养教师的契约精神和责任意识；科学开展聘期绩效考核工作是推动全员聘用工作取得实质效果的必要措施，科学合理的聘期绩效考核体系有助于激发教师的工作热情，有助于建立“以岗定薪、岗变薪变”“多劳多得、优劳优酬”的人事分配体系。

基于岗位管理全员聘用制度的深入推广，意味着人事管理中的“岗位管理”逐步取代“编制管理”，意味着高校教师聘期中的合同聘任制正在逐步取代终身“铁饭碗”，也意味着与岗位管理配套的高层次人才引进备案和人事代理聘用逐步取代了原来的编制报批制度。为全面推进基于岗位管理的全员聘用制度，国家在全面推进人事分配制度改革的同时，积极推行高校教师岗位聘用制度和公开招聘制度，陆续发布了《高等学校等教育事业单位岗位设置管理的指导意见》《事业单位公开招聘人员暂行规定》等文件，明确了高校教师岗位设置管理指导原则和公开招聘程序，为全面推行基于岗位管理的全员聘用制度提供了制度保障。

二、当前我国高校教师聘用制发展动态

在教育全球化背景下，国内高等学校想要在国际竞争中突出优势，面临巨大压力。其中教师任职终身制成为制约高校发展的一大制度性障碍。为打破这一制度障碍，将国内一流高校打造成世界一流学府，2000 年前后，国内一些高校引入国际通行的“准聘—长聘”制度。“准聘—长聘”制度基于“良币驱逐劣币”原理，对新入职教师进行筛选，淘汰一批教师，对于具有学术研究潜力和才能的教师给予长聘资格，从而实现优化师资的目的。其中最具代表性的是2003 年北京大学人事制度改革，随后越来越多的研究型高校也加入其中。“非升即走”作为一种新型制度和理念首先在竞争压力相对更大的高水平大学开始，这一制度变革多是高校的个体行为，也因为传统终身制教师制度的路径依赖和新制度的不完善受到很多质疑。虽然质疑声不断，但是这一制度还是在越来越多的高校中推行开来。2014 年年底，教育部发布《深化教育领域综合改革实施方案（2014—2018 年）》，在综合改革试点院校试行“准聘—长聘”制度，清华大学、北京大学率先试验。2018 年《关于全面深化新时代教师队伍建设改革的意见》中，明确了“准聘与长聘相结合”的人事改革方向。两个文件的出台，既从政府层面肯定了“准聘—长聘”制度的发展方向，也为这一制度的不断完善提供了规范的指导。有研究表明，目前已有 100 多所高校实施“准聘—长聘”制度。

在我国，“准聘—长聘”制度的核心准则实质在于将“非升即走”作为获得终身教职的前提条件，其初衷是通过引进考核和激励机制，选拔更为适合高校教师学术职业的优秀人才进入教师队伍。“准聘”期结束后，将“非升即走”作为获得终身教职即“长聘”的前提，既是高校选拔适合高校教师学术职业特点优秀教师的工作机制，也是优秀高校教师赢得学术环境和学术自由的必经阶段。从效果来说，建立“准聘—长聘”制度主要是为了解决一流师资标准不明确、青年教师不能安心从教、高水平教授不能享受充分的学术自由和学术保障等现实问题。我国高校推行的“准聘—长聘”制度可以视为美国高校教师聘任制度本土化的结果，旨在通过营造竞争激励的环境氛围，对已经作出成绩且有潜力的人才提供制度性的激励和保障，以提升学校教师队伍的活力与质量。从这个意义上看，“准聘—长聘”制度是当前和未来我国高校教师人事改革的基本方向。

网上数据显示：2017 年我国全面实行“准聘—长聘”制的高校包括 90% 的 985 高校，40% 的 211/非 985 高校（如上海大学、华东理工大学），十所左右的双非高校（如深圳大学、南方科技大学）。另有数据显示，到 2019 年几乎所有 985 高校、所有综合类顶级 211 高校（如苏州大学、上海大学等）、行业顶尖 211 高校（如上海财经大学等）已基本全部实行“准聘—长聘”制度。其他学校的步子可能稍微小一点，但依然很明显地在向“非升即走”制度倾斜与全面靠拢。其中较早开始改革的高校，招聘新人已基本全面实行“非升即走”。改革起步晚的高校则实行双轨制，传统事业编制的讲师岗位与“非升即走”岗位并行。

三、“双一流”背景下高校教师聘用制改革新要求

经过多年的探索，高校教师职务聘任制的改革取得了明显成效。基本消除了传统的大锅饭、平均主义和论资排辈的痼疾；专业技术职务等同职称以及它所具有的身份象征已经淡化；高校的岗位设置与用人机制更加灵活，一个基于能力与绩效的薪酬分配、职务晋升与分流机制初步形成；相对于过去，个人对单位的依附程度有所减弱，一个相对开放与流动的学术劳动力市场得以确立。“双一流”建设的开展，创新了高校学科建设的评估方式，突出体现了有“帽子”人才在高校竞争中的优势，加剧了高校对人才的竞争，同时也

必然对高校教师聘用模式以及教师聘用合同的签订和管理等工作提出了更高的要求。这些要求旨在建立更加灵活、公正、透明和多元化的制度，以吸引和留住高水平的教育和科研人才，推动高校的持续发展和提升国际竞争力。

1. 要建立更加开放和灵活的教师聘用制度。传统上，高校的聘用制度较为刚性，教师聘期较长，难以适应变化多端的教育需求和教师个体差异。因此，新的要求鼓励高校建立灵活的聘用模式及聘用期限制度，以适应不同类型的教师，如青年教师采用“准聘—长聘”制度，教职较长的教师采用传统聘用制度；高层次人才采用长期聘用、特定项目研究员采用短期聘用等。这有助于高校更灵活地配置人才资源，提高教学和科研的灵活性和针对性。

2. 要加强国际化人才引进。双一流建设要求高校积极引进国际化的师资队伍，吸引海外优秀教育和科研人才。为了实现这一目标，高校需要建立更加开放的招聘程序和更灵活的聘用条件，以满足国际人才的需求，例如提供更多的英语授课机会和国际合作研究项目。

3. 要建立更加多元化和包容性的聘用合同管理机制。传统上，聘用合同往往注重教师的学术研究和教学任务而忽视了其他方面的职责和评价标准。“双一流”建设要求高校考虑更多因素，如跨学科合作、国际化工作、社会服务等，以全面评估教师的综合贡献。这有助于激发教师的创新潜力，提高教育和科研的综合水平。

4. 要更加强调聘用合同的透明和公正。高校需要建立公开的聘用合同签订程序，确保所有教师都有平等的机会参与合同签署过程。此外，合同条款和评价标准应当明确和公正，避免不透明和歧视性条款的存在。这有助于维护教师的合法权益，增强其对高校管理的信任感。

5. 要更加强调聘用合同的灵活性。高校需要根据不同教师的需求和发展阶段，提供不同类型的聘用合同，如长期聘用、短期聘用、项目合同等。这有助于满足教师的个性化需求，鼓励他们积极参与高校的各项工作。

6. 要加强对聘用合同的监督和评估。高校应当建立定期的合同绩效评估机制，对教师的工作表现进行客观评价，激励教师不断提高自身水平。同时，高校还需要建立合同纠纷解决机制，以便教师能够及时解决合同纠纷，维护自身权益。

第三节　高校聘用合同的性质论析

根据马克思主义法学理论，法律关系的发生、变更和消灭是由法律事实引起的。法律事实包括法律事件和法律行为。法律行为从结构上表现为行为的内在方面和行为的外在方面。法律行为的外在方面就是法律行为的客观表现。在法律行为结构中，外在方面具有决定意义。行为有无法律意义以及属于何种性质的法律行为，需要其外在方面来决定。① 合同作为一种法律行为，其性质应当由其外在方面来决定。而法律行为的外在方面包括行动、手段、效果等要素。与行动和手段相比，结果具有更为重要的意义。正如黑格尔所说：“后果是行为特有的内在形态，是行为本性的表现，而且就是行为本身，所以，行为既不能否认也不能轻视其后果。”② 而合同的法律后果是在当事人之间确立了法律关系。

高校聘用合同是一种法律行为，其性质决定于聘用合同的法律后果，而聘用合同的法律后果即是高校聘用人员与高校之间确立了受法律保护的人事关系。人事关系的性质和内容又由高校聘用人员与高校之间社会关系的性质和内容以及调整人事关系的法律的性质和内容所决定。随着高校聘用人员与高校之间社会关系的性质、内容的发展变化，相应的法律关系的性质和内容自然也会发生相应的变化。这是从马克思主义法学基本理论中引进的一个命题，是正确认识高校聘用合同法律性质的基本出发点。

一、高校聘用合同法律性质学术观点概述

对于高校聘用合同法律性质的讨论，肇始于20世纪90年代初。目前，学界普遍认为，高校聘用合同的法律性质界定应充分考虑学术职业的特殊性。然而，在强调特殊性的前提下，如何界定高校聘用合同的法律性质却存在争议。当前，学界关于高校聘用合同法律性质的观点总体上可归为三种。

---

① 参见张文显：《法哲学范畴研究》，中国政法大学出版社2001年版，第78－79页。

② ［德］黑格尔：《法哲学原理》，商务印书馆1961年版，第120页。

其一，行政合同说。持该观点的学者倾向于认为，高校是实施教育公务，履行公共职能的公益性事业法人。高校作为公法机构，其与聘用人员之间订立的聘用合同具有较强的公权属性。高校聘用人员与高校在合同订立与履行时，二者地位具有明显的“不对等性”。根据行政合同说，高校与高校聘用人员之间的法律关系，是一种特殊的行政法律关系。针对高校与高校聘用人员之间围绕聘用合同产生的争议，应通过“申诉—行政诉讼”的渠道，构建高校人事争议处理机制。

其二，劳动合同说。持这一观点的学者认为，在事业单位人事制度改革尤其是劳动与人事关系逐渐并轨的语境下，高校与高校聘用人员之间的法律关系是平等的法律关系。聘用合同在合同订立程序、条款内容、条款构成等方面，与《劳动法》《劳动合同法》有关劳动合同的规定是一致的。针对高校与高校聘用人员之间发生的人事争议，应基于“仲裁—民事诉讼”的渠道，构建人事争议处理机制。

其三，特殊合同说。所谓“特殊”，主要是指聘用合同在主体和内容上的特殊性，即作为聘用合同主体一方的用人单位具有公共部门的属性，聘用合同中的权利义务蕴含着较多的公法干预因素。在实务操作中，法院优先适用《事业单位人事管理条例》等公法色彩浓厚的法律规范。根据《最高人民法院〈关于事业单位人事争议案件适用法律等问题的答复〉》第1条的规定，人民法院审理事业单位人事争议案件的程序应运用《劳动法》的相关规定。人民法院对事业单位人事争议的实体处理应当适用人事方面的法律规定，但涉及事业单位工作人员劳动权利的内容在人事法律中没有规定的，适用《劳动法》的有关规定。

二、高校聘用合同“行政合同说”及评析

目前，主张高校聘用合同属于行政合同的学者认为，高校聘用合同不管是从主体、目的、内容还是规则方面，都符合行政合同的构成特征。行政合同的当事人中必须有一方是行政主体，享有行政权力，如果认为高校聘用合同是行政合同，则聘用合同的双方当事人中必须有一方是行政主体，大多研究者认为学校是行政主体，这是因为他们关注到，学校根据行政机关授权而拥有高校工作人员的聘用权，管理过程中可行使行政管理职权，还能对工作

人员进行奖励或处分。在我国事业单位人事改革的前提下，高等院校虽然不是行政机关，但其在法律上属于授权性行政组织，仍然具有行政主体的资格。高校所体现的并不是双方法律地位的平等性，而是带着行政管理的色彩与目的，因此高校聘用合同为行政协议，受行政法调整。

关于行政协议的界定标准，目前学术界主要有“主体说”“标的说”“目的说”等理论学说。对此，我国台湾地区理论界认为，法院原则上应以契约标的为判断标准，必要时根据契约目的加以衡量。自 2014 年《行政诉讼法》首次将“行政协议”纳入行政诉讼的受案范围以来，行政协议在理论界和实务界都得到了肯认。最高人民法院更是通过司法解释进一步明确了行政协议的概念，即“行政机关为了实现行政管理或者公共服务目标，与公民、法人或者其他组织协商订立的具有行政法上权利义务内容的协议”。据此，理论学界认为高校聘用合同属于行政协议，理由如下：

其一，在主体要件方面，订立行政协议的一方当事人必须是行政机关，并且“行政机关恒定是区分民事合同与行政协议的识别特征”。关于行政机关的范畴，最高人民法院通过“永佳纸业有限公司诉大英县政府、回马镇政府不履行行政协议纠纷案”对其进行了解读。法院认为，只有具备行政职权、履行行政职责的行政机关和组织与行政相对人之间签订的协议方有可能成为行政协议。简言之，行政协议的一方主体必须是“行政机关”或“法律法规授权组织”。在我国，为公民提供公共教育服务的承担者首先是国家，而国家要完成教育性给付行政任务，则必须创办高校，通过高校进行的管理和教学活动实现向公民提供公共教育服务的目的。从组织建构上看，高校虽然不是一般意义上的行政机关，但是根据《高等教育法》的授权，高校依法享有聘任工作人员，并对其进行人事管理、实施处分或解聘的权力，是法律法规授权的组织，具有签订行政协议的主体资格。

其二，在目的方面，行政机关签订行政协议是为了实现公共利益或者行政管理目标。这是行政协议的目的要素，也是区分其与民事合同的重要标准。《高等教育法》第 24 条对高校的设立目的作出明确规定，要求高校的设立必须符合国家和社会公共利益。可以说，公共教育是国家和政府委托高等学校实施的一项公益事业，事关国家发展的广度和深度，而高校聘用人员则是国家公共教育事业的直接责任者，肩负塑造学生人格、传播知识和真理的使命。

高校之所以与其聘用人员签订聘用合同，是为了实现公共教育管理目标，保障学生接受高等教育的权利。从这一点上看，高校聘用合同具有公共利益性，符合行政协议的目的要素。

其三，在内容方面，行政协议必须具有行政法上的权利义务内容。要识别行政协议，“传统的‘主体说’‘目的说’显得苍白无力，上述标准都必须结合并最终落实到‘具有行政法上权利义务内容’这个重要标准之上”。的确，“行政法上的权利义务内容”从根本上区分了行政协议与民事合同的不同，成为界定行政协议的最本质标准。虽然对于高校聘用人员而言，聘用合同的内容能够有效地实现和维护其自身的合法权利，但是对于高校乃至整个社会而言，聘用合同的内容更多的是法定而非约定，目的是实现公共利益，具有行政法上的权利义务内容。由研究可知，为保证教育管理目标的实现，聘用合同中的核心内容都是高校在《高等教育法》等教育行政法律法规以及国家教育政策的基础上作出的明确和细化，而不是双方意思自治的结果。另外，高校聘用合同还存在一定程度的行政优益权。所谓行政优益权，是指作为行政协议一方当事人的行政主体或法律法规授权组织在协议履行过程中所享有的指挥权、监督权以及单方解除权等行政特权。

也有学者认为高校聘用合同并不能归为行政合同的一类。首先，两者之间有着很大的区别。第一，高校聘用人员与高校之间所依赖的聘用合同关系是平等关系。《关于在事业单位实行人员聘用合同制度的意见》第 1 条明确规定：建立和推行事业单位人事聘用制度，坚持平等自愿、协商一致的原则。第二，两类合同的法律适用不尽相同。根据最高人民法院 2003 年 8 月公布的《最高人民法院关于人民法院审理事业单位人事争议案件若干问题的规定》的规定：如果事业单位与其工作人员之间因辞职、辞退及履行聘用合同发生的争议，适用劳动法。并且规定中明确了法院受理人事争议的范围。2008 年《劳动合同法》第 96 条也规定：事业单位与实行聘用制的工作人员订立、履行、变更、解除或者终止劳动合同，法律、行政法规或国务院另有规定的，依照其规定；未作规定的，依照《劳动合同法》的有关规定执行。以上这些法律规定从法律适用方面很好地解决了高校人员聘用关系纠纷不能通过诉讼程序解决的问题，实现了人事仲裁与司法制度的衔接。而对于行政合同是指行政主体所实施的具体可诉的行政行为，其与相关机构产生的纠纷属于行政争议的范畴，应当适用《行政诉讼法》的规定。[①] 其次，在社会主义市场经济的发展与社会经济的全面转型背景下，传统的行政主导的人才管理制度难以适应市场化背景下人才资源配置的客观需求。2002 年我国事业单位以聘用合同制度改革为主线实施的人事制度改革，初步确立了与市场经济配套的用人制度。聘用合同制打破了传统高校体制下的终身雇佣管理模式，体现了聘用关系从行政任命到平等协商的变化趋势。《劳动合同法》第 96 条将事业单位中实施聘用制的工作人员有条件地纳入《劳动合同法》调整范围内。对高校聘用人员的管理模式实现了从行政管理转向契约式管理的关系变革。聘用制下高校与高校聘用人员之间地位趋于平等，是高层次人才市场的基本格局。

三、高校聘用合同“劳动合同说”及评析

有学者认为高校聘用合同归属为劳动合同一类。高校聘用人员与高校之间的关系在其本质上来说是劳动合同关系，应该由相关劳动方面的法律法规来调整。高校聘用合同无论就其形式，还是就其合同的内容及其产生的权利与义务，跟劳动合同存在很多共性，应属于劳动合同的范畴。高校聘用合同与劳动合同的共性具体体现在：第一，两类合同的主体都是由用人单位和劳动者双方构成的；第二，两类合同都具有合同双方地位平等化、双方关系契约化、义务权利明确化、聘用过程公开化等特征；第三，两类合同订立的原则和程序基本相同；第四、两类合同条款构成的内容基本相同，都是规定了用人单位与劳动者双方的权利与义务。由于两类合同存在以上几个方面的共性，有学者认为高校聘用合同应归属于劳动合同范畴。

《劳动法》（1995 年）第 2 条规定“在中华人民共和国境内的企业、个体经济组织（以下统称用人单位）和与之形成劳动关系的劳动者，适用本法”，《劳动合同法》（2008 年）第 2 条规定“中华人民共和国境内的企业、个体经济组织、民办非企业单位等组织（以下简称用人单位）与劳动者建立劳动关系、订立、履行、变更、解除或者终止劳动合同适用本法。国家机关、事业单位、社会团体和与其建立劳动合同关系的劳动者，订立、履行、变更、解除或者终止劳动合同，依照本法执行”。对比新旧劳动法，我们可以发现 1995

① 参见应松年：《当代中国行政法》，中国方正出版社 2005 年版，第 238 页。

年的劳动法主要适用企业个体经济组织和职工之间的劳动关系，而不包括事业单位中的劳动关系。学校作为一种事业单位，对高校聘用人员的管理只能适用事业单位的规定。其双方签订聘任合同关系不适用1995年的《劳动法》，而2008年的《劳动合同法》的适用范围比1995年的劳动法广泛，有学者认为，在2008年的《劳动合同法》中，将事业单位与其劳动者建立的劳动关系纳入其中，也就包括了高校与高校聘用人员的法律关系，因此高校聘用合同应该是劳动合同。

有学者对上述观点提出不同意见，认为虽然学校作为事业单位，其劳动关系被纳入新劳动法中，但是不能这样单纯判定学校与其聘任人员签订的合同就是劳动合同。劳动合同法中也将国家机关与劳动者的合同纳入其中，但是国家机关与公务员的合同也不属于劳动合同。1995年实施的《劳动法》和2008年实施的《劳动合同法》中谈到的劳动者，是指那些与企业、个体经济组织及民办非企业单位形成劳动关系的劳动者，以及与国家机关、事业组织和社会团体建立劳动关系的劳动者，属于狭义劳动者。如果高校聘任人员是狭义劳动者，那么其与学校签订的聘任合同便是一般劳动合同，适用《劳动合同法》；反之则不然。因此，有必要讨论高校聘用人员的法律地位，学术界主要就其是一般劳动者还是公务员展开讨论。

（一）一般劳动者

高校聘用合同，由高校与其聘用人员在平等自愿的基础上签订，建立双方的法律关系。随着我国逐步推行高校聘用制，高校聘用人员应具有雇员的地位，他们与学校之间应该是一种雇佣关系。伴随着教育体制改革的深化，政府也为了适应市场经济的发展，转变职能，开始对学校之前的直接管理变为间接管理，学校不再是行政机关的附属物，而是享有办学自主权的单位。高校与其聘用人员之间由一张平等的聘用合同联系着，双方地位平等。

（二）公务员

《公务员法》第100条规定，“机关根据工作需要，经省级以上公务员主管部门批准，可以对专业性较强的职位和辅助性职位实行聘任制”。国外不少国家和地区也通过聘任方式聘用公立学校工作人员，并将其界定为政府受雇人或特别职务公务员。在聘用合同中高校与其聘任人员具有从属性，主要表现在，高校可以单方面决定其聘用人员的工作时间、工作地点、教学科研任务等，高校聘用人员要遵守高校方有关的规章制度，服从高校的管理以及学校对聘任人员有关调岗调课等的安排。如若高校聘用人员在工作过程中违反高校规章制度，高校还有权对其进行处分，如警告、开除、解除合同等。

四、高校聘用合同“特殊合同说”及评析

还有学者认为，聘用合同既不是行政合同，也不是劳动合同，而是同时具备民事合同与行政合同的一种特殊类型的合同。从现有我国高校情况来看，由于高校与其聘用人员的法律地位都比较特殊，因此，两者之间的聘用制法律关系实际上也具有一定的特殊性，两者之间的法律关系既非单一的民事法律关系，也非单一的行政法律关系，而是一种特殊法律关系，这种特殊的法律关系介于两者之间又兼具两者特色。

（一）高校聘用人员与高校社会关系的两重性决定高校聘用合同法律性质的两重性

高校聘用人员与高校社会关系的内容体现为两个方面：首先，高校聘用人员作为一种职业，是公民就业的一种途径和方式，是宪法规定公民的劳动权在教育领域的实现。因此，高校聘用人员与高校之间的社会关系先是一种劳动关系，这种劳动关系区别于其他劳动关系之处在于，高校聘用人员的劳动是一种专业技术劳动。其次，在社会生活中，高校聘用人员与高校之间的社会关系还体现为一种管理与被管理的关系。这种管理与被管理的关系又体现为外部管理与内部管理两个方面。就外部管理而言，公民要成为一名高校聘用人员的前提是具备一定的符合高校聘用人员的资格。而高校聘用人员资格的认定是国家对高校聘用人员的一种管理行为。此外，高校聘用人员在提供专业技术劳动的过程中，面临着专业技术职务晋升的问题。在专业技术职务晋升的过程中，高校聘用人员与国家的教育行政机构或高校之间的社会关系是一种外部管理关系。就高校对其聘用人员的内部管理而言，高校聘用人员在提供专业技术劳动的过程中，要受高校内部规章制度的约束，高校对其聘用人员有奖惩的权利。

这两种社会关系通过高校聘用人员与高校之间聘用合同的订立，成为受法律保护的法律关系，即高校聘用人员与高校之间的人事法律关系。这种人事法律关系的内容，包括两个方面：一方面是高校聘用人员与高校之间的劳动法律关系，另一方面是高校聘用人员与高校之间的行政法律关系。这种行政法律关系又包括外部行政法律关系和内部行政法律关系。

就外部行政法律关系而言，以高校聘用教师为例，主要体现在教师资格认定行为和教师职务授予行为中。教师资格认定行为中，高校与教师是行政法律关系。根据《教师资格条例》第 13 条的规定，受国务院教育行政部门或者省、自治区、直辖市人民政府教育行政部门委托的高等学校，负责认定在本校任职的人员和拟聘人员的高等学校教师资格。在未受国务院教育行政部门或者省、自治区、直辖市人民政府教育行政部门委托的高等学校任职的人员和拟聘人员的高等学校教师资格，按照学校行政隶属关系，由国务院教育行政部门认定或者由学校所在地的省自治区、直辖市人民政府教育行政部门认定。第 14 条规定认定教师资格，应当由本人提出申请。《〈教师资格条例〉实施办法》第 21 条规定，高等学校教师资格，由申请人户籍所在地或者申请人拟受聘高等学校所在地的省级人民政府教育行政部门认定，省级人民政府教育行政部门可以委托本行政区域内经过国家批准、实施本科学历教育的普通高等学校认定本校拟聘人员的高等学校教师资格。根据上述规定，对教师资格的认定是政府依申请对教师的一种教育行政行为，高等学校教师资格认定机构是国务院教育行政部门或省、自治区、直辖市人民政府教育行政部门或受委托的高等学校。这就表明，教师资格认定行为中，教师与教育行政部门或受委托的高校之间是行政法律关系，具有行政法律关系的一般特征。教师职务授予行为中，高校与教师是行政法律关系，高等学校教师职务是根据学校所承担的教学、科学研究等任务设置的工作岗位。根据我国《高等学校教师职务试行条例》第 14 条、第 15 条的规定，高等学校教师职务评审是由国家教育部指导实施的。省、自治区、直辖市成立高等学校教师职务评审委员会，负责本地区的高等学校教师职务任职资格的评审工作。部分高等学校教师职务评审委员会经国家教育部会同省、自治区、直辖市、主管部委批准，有权审定副教授、任职资格或有权审定副教授、教授任职资格。由此，在教师职务授予行为中，主管教育行政部门和授权的高等学校是教师职务评定行为的主体。其所行使的教师职称授予权是行政权。它是教育行政机关基于行政公务对教师进行的管理行为，也是行政部门授权高等学校的管理权，是一种行政权。在教师职称授予行为中，教育行政部门或授权的高校依教师的申请，根据教育行政部门或高校自己制定的职称评定标准进行评审并作出是否授予某种职称的决定，这种决定是单方行政行为，一旦作出，能够产生行政法律关系。

就高校聘用人员与高校之间的内部管理关系而言，如高校对其聘用人员的奖惩、年度考核与聘期考核等是属于高校自主管理权的内容，属于“特别权力关系作用的领域”，是内部行政行为。

（二）高校聘用合同适用法律的两重性决定高校聘用合同法律性质的两重性

就高校与其聘用人员之间的劳动法律关系而言，是否适用《劳动法》和《劳动合同法》，2008 年施行的《劳动合同法》第 96 条规定：事业单位与实行聘用制的工作人员订立、履行、变更、解除或者终止劳动合同，法律、行政法规或者国务院另有规定的，依照其规定；未作规定的，依照本法有关规定执行。2007 年人事部办公厅《对江西省人事厅情况反映的答复意见函》（国人厅函〔2007〕第 153 号）指出：“经正式函请国务院法制办及全国人大法工委明确，国务院办公厅转发人事部《关于在事业单位试行人员聘用制度的意见》（国办发〔2002〕35 号）是规范事业单位人员聘用合同的国务院办公厅文件，属于《中华人民共和国劳动合同法》第九十六条中‘国务院另有规定’的范围，有关事业单位人员聘用合同的订立、履行、变更、解除或终止，应当适用该文件的规定。”根据以上规定，调整高校聘用合同关系的实体法律规范是《国务院办公厅转发人事部关于在事业单位试行人员聘用制度意见的通知》，在上述通知没有规定的情况下适用《劳动合同法》的规定。而从（国办发〔2002〕35 号）文件关于聘用合同的订立、履行、变更、解除或终止的内容来看，与《劳动合同法》关于劳动合同订立、履行、变更、解除或终止的内容相比较，二者无本质上的区别，都是对劳动关系进行调整的规范。

就调整聘用合同与劳动合同的法律程序规范而言，二者具有相同性。根据中华人民共和国人力资源和社会保障部办公厅《关于人事争议仲裁适用有关法律问题的答复意见的函》（人社厅函〔2008〕117号），各级人事争议仲裁机构处理有关案件，在案件处理程序上统一适用《劳动争议调解仲裁法》的有关规定。也就是说，人事争议与劳动争议在案件处理程序上统一适用《劳动争议调解仲裁法》的有关规定，在诉讼程序上统一适用《民事诉讼法》的有关规定。由此决定了聘用合同具有劳动合同的属性。

调整高校与其聘用人员之间的行政法律关系的法律包括《教育法》《教师法》《高等教育法》《高等学校教师职务试行条例》《教师和教育工作者奖励规定》等教育法律、法规和规章，而教育法律在我国的法律部门中属于行政法律。高校聘用人员与高校之间就教师资格认定、职务评审发生纠纷，可提起行政诉讼。故聘用合同又具有行政合同的属性。

第四节 高校聘用合同的构成要素

根据有关规定，高校与正式在编工作人员签订聘用合同，确立人事关系，明确双方权利义务，建立起学校按合同用人、个人依合同履职、双方靠合同约束的合同用人机制。按照公平统一的原则，建立健全工作人员职称评聘、培训培养、继续教育等制度，切实做好聘后的规范管理工作。高校聘用合同的基本要素包括聘用合同的主体、内容以及相关法律责任等方面。

一、高校聘用合同的主体

高校聘用制，是在符合国家法律制度的情况下，聘用双方在平等自愿的前提下，由高等学校根据岗位设置，聘请有相关经验的人担任相应职务的一项任用制度。推进高校聘用制，是实施“人才强校”战略，加强高校队伍建设的重要举措，是关系高校改革和发展战略全局的重要步骤。聘用合同是高校聘用制的核心内容，其主体是高校及其符合相应资质的聘用人员。

（一）高校的法律地位及其改革

在我国，高校的主体是公立高校，一些民办高校在用人制度上仍然占用所挂靠的公立高校的编制，因此用人制度也仍然是人事聘用制度。

改革之前，高校聘用人员也属于国家工作人员，由行政部门统一指挥调动，高校体制改革也是在改革开放的大潮中进行的。1985 年，中共中央颁布《中共中央关于教育体制改革的决定》，提出要改变政府对高校的管理体制，在国家统一的教育方针和计划的指导下，扩大高校的办学自主权。1986 年，国务院颁布《关于实行专业技术职务聘任制度的规定》，同年中央职称改革小组批转了国家教委《高等学校教师职务试行条例》（职改字国科发〔1986〕第 11 号），规定高校教师助教、讲师、副教授和教授等四种职务的任职条件和评审程序。这些文件为人事聘用合同制度的开展创造了条件。

全面推进市场经济体制改革后，中央继续下发有关扩大高校自主权的文件，包括：1992 年国家教委印发《关于国家教委直属高校深化改革，扩大办学自主权的若干意见》、1999 年教育部《关于当前深化高校人事分配制度改革的若干意见》和 2002 年人事部制定的《关于在事业单位试行人员聘用制度的意见》（国办发〔2002〕35 号）。

1. 域外高校法律地位

域外高校的法律地位差异比较大，但总体而言，改革是朝着走向多元、放松政府管制的方向发展的。

法国公立大学属于公法人，与地方自治团体一样，属于行政主体，但 1968 年《高等教育方向指导法》和 1984 年《高等教育法》设立了科学文化和职业公务法人，对高校予以重新定位。2007 年 8 月议会两院通过的《关于综合大学自由与责任的法律》（以下简称《大学自治法》）规定，至 2012 年之前实现大学自治。法国高校的聘用人员都属于国家公职人员，具体分为两类：一类是正规公务员，由政府任命，与学校的关系完全受行政法调整；另一类属于非正规公务员，由学校聘任，其与学校的关系通过行政合同来调整。二者与学校之间的关系均为公法关系，均可通过行政法院解决所出现的纠纷。

德国高校在 1900 年之前是学者社团，之后成为国家机构，不具有法人地位，魏玛宪法实施后特别是 1976 年之后，高校既有公法人地位，同时又是国家机构。因为德国 1976 年的《大学教育总纲法》第 58 条第 1 款规定，高校是公法团体，同时也是国家机构，它有权在本法规定的范围内对本校事务进行管理。当大学完成自治行政时，属公法社团，为独立法人；当大学完成国家委托任务时，为不具有独立权利能力的营造物机关。1998 年修订的《大学教育总纲法》规定，高校可以是公法团体、国家机构，也可以其他法律方式设立，且在法律范围内享有自治权。2006 年《德国基本法》被修正，将高等教育立法权全部转移到州，《大学教育总纲法》因此于 2008 年被废止。如今德国高校朝着以财团法人为主要形态的多元组织形式方向发展，高校与其聘用人员之间的关系也趋于多元化。

日本高校分为国立、公立、私立等三种。国立大学根据《国立学校设置法》设立，是文部省下属机构。公立大学则是根据《地方自治法》设置的“公共设施”。国立大学和公立大学都没有法人资格，但 2003 年 10 月 1 日实施的《国立大学法人法》规定，国立大学为独立的行政法人，而不是国家机关的组织部门，独立参与诉讼并承担法律责任，从此，日本国立大学聘用人员不再不属于公务员。另外，1997 年 8 月 25 日生效的《关于大学教师等的任期制的法律案》规定国立大学教师实施聘期制，改变了之前国立大学教师的终身制。

1919 年，英国成立大学拨款委员会。英国大学分为综合性的自治大学和专科性质的“公立”但不独立的技术学院和教育学院等。1988 年《教育改革法》赋予地方公立院校独立财政人事权等权力，使其获得独立法人地位。英国高校的地位复杂，因设立的依据不同而不同，如果是国王特许设立就是行政法中的公法人，如果依据契约或私自设立，这种大学的权利便取决于契约。

美国高校分三类：第一类是政府部门，没有独立法人；第二类是信托机构设立的独立机构；第三类是有独立法人地位的自治大学。

2. 我国公立高校的法律地位

从各国高校的法律地位看，它们与我国不同，不是整齐划一的独立法人。有学者研究域外高校的法律地位后认为，寻求超越传统国家主义与完全“私有化”之外的“第三条道路”已经成为世界各国公立高校法律地位变革的共识。

《高等教育法》第 24 条强调了高等学校的设立应当符合国家利益和社会公共利益，这体现了高校公共属性和公益本质的法律定位。中共中央、国务院发布的《关于分类推进事业单位改革的指导意见》明确指出，高校具有分配市场资源和公权力控制双重法律属性。可见，在聘任制改革背景下，高校法律地位实际上存在市场主体和公共主体双重属性。其中作为公共主体一方，高校为了更好履行法律法规设定的公共性教育给付义务而实行聘任制改革，所以在聘用合同中的权利义务关系包含着更多的公法干预因素。在传统行政法视角下，高校聘用人员与学校之间的关系被列入特别权力关系的范畴，我国台湾地区的“大法官释字第四六二号解释”中认为，“公私立大专校院教师之升等评审，对于教师资格等身份上权益有重大影响，得提起行政救济”。所以，高校在对其聘用人员作出聘任、处分和解聘等影响其重大身份利益的行为时，应当被视为具有公法地位的行政主体，受到公法上的原则和规定的制约。我国无须一味追求整齐划一的“法人化”，可以根据高校的不同种类给予不同的法律地位。作为提供公共服务的高校既不能破产，有些资产也不能被强制执行，因此无法像企业法人一样承担所有的民事责任。有学者批评一味追求包括高校在内的事业单位“法人化”，认为“事业单位法人化是一个历史的误会，公立机构的组织和治理应当遵循公权力运作的机制，而不是民法”。也有学者建议，对一些直接完成政府赋予职能较多的高校，取消其法人地位而变成行政机关的下属机构。高校聘用人员与高校之间的关系变成高校与政府之间的关系，适用《公务员法》。同时，一些高校则可以被改造为公务法人，教师可以被列为聘任制公务员，教师与高校之间的关系是聘任制，适用人事法律制度和劳动合同法。其他一般高校可以继续沿用现在“事业单位法人”的模式，但明确教师与高校之间的法律适用问题，继续出台更加明晰化的人事法律和人事行政法规，使人事聘用合同有法可依。同时，甚至可以尝试修改公司法和信托法，将公司制度和信托制度运用于民办高校，使民办高校成为另一种有别于国家机关、公务法人、事业单位法人的新型法人组织。

（二）高校聘用人员的法律地位及其改革

中华人民共和国建立初期，高校聘用人员的制度暂时沿用的民国时期的制度，直到1956年6月，当时的国务院高等教育部颁发了《高等学校任用教、职、工人的暂行规定》，该规定首次明确了新中国高等学校聘用人员的统一管理制度，从而提出了高等学校聘用人员的法律地位是国家工作人员，是被纳入了国家行政管理的行列的。这个暂行规定奠定了我国今后很长一段时间内高校聘用人员制度的基调。

但是，高校聘用人员到底属于国家公务人员还是高校普通雇员，学理上存在三种不同观点。其一，宪法以及劳动法上的劳动者说。虽然当前高校对任职人员普遍采用聘用制方式，但这并不意味着高校聘用人员就单纯只是劳动法上的劳动者，有学者指出，聘用制只是根据高校相关工作人员职业特点所采取的一种聘用方式，它本身不能说明被聘者的法律地位，也不能说明高校聘用人员就是狭义的劳动者。其二，专业人员说。以高校教师为例，《教师法》第3条对教师进行了立法描述，即“教师是履行教育教学职责的专业人员”。但“专业人员”这个概念过于宽泛，而且更加偏重业务能力的认定，并不对应明确的法律地位，所以专业人员说在此缺乏法律意义。其三，公职人员说。从比较法上观察，日本公立学校聘用人员为公务员，美国公立高校聘用人员具有政府受雇人身份，我国台湾地区则确立为特别公务员的地位。不过，在聘用制改革进程中，公职人员说也不得不面临必要的修正。有学者主张应当将高校聘用人员定位为特殊的国家公职人员。具体而言，首先从规范上说，虽然在聘用制改革浪潮中，我国高校聘用人员的公职人员身份逐步淡化，但是比照公务员的三大法定标准，我国高校聘用人员仅仅是不具有行政编制，但却满足其他标准，所以被认定在《监察法》第3条规定的“公职人员”范围之内。其次从学理上说，高校聘用人员作为高等院校的组成部分，代表高校完成法定教育任务，执行教育给付义务，并受到高校的高权管制，理应具有类似公务员的地位。

二、高校聘用合同的内容

近年来，在事业单位体制改革尤其是高等教育领域“放管服”改革的推动下，高校在人员招录、人员聘任、绩效工资分配、教师职称评审等方面的人事自主权不断扩大。聘用合同的内容正在成为高校人事自主权行使的实践工具。基于聘用合同调整高校与其聘用人员之间的法律关系，厘清双方的权利和义务，已经成为我国高校人事管理制度走向法治化的重要依托。

（一）高校聘用合同的基本内容

根据原人事部《关于在事业单位试行人员聘用制度的意见》，聘用合同由聘用单位的法定代表人或者其委托的人与受聘人员以书面形式订立，聘用合同的内容，是指在聘用合同中需要规定的双方当事人经过协商达成的有关权利、义务及其他事项的约定，是聘用合同的核心。聘用合同必须具备下列条款：其一，聘用合同期限。是指合同双方当事人签订的聘用合同起始和终止时间。其二，岗位及其职责要求，聘用合同要明确岗位纪律；岗位工作条件及承担的具体工作任务。职责要求是指公务员在工作中的工作权限和责任。其三，工资待遇。高校聘用人员享受符合国家法律、法规、政策规定的工资、福利、保险待遇。其四，聘用合同变更和终止的条件。其五，违反聘用合同的责任，聘用合同的一方或者双方当事人由于主观过错造成合同不能履行或者不能适当履行时，必须按照法律、法规和聘用合同的规定承担责任，通过违约责任的规定，促使双方当事人切实履行聘用合同，增强责任心，维护合法权益。

经双方当事人协商一致，可以在聘用合同中约定试用期、培训和继续教育、知识产权保护、解聘提前通知时限等条款。聘用合同分为短期、中长期和以完成一定工作为期限的合同。对流动性强、技术含量低的岗位一般签订3年以下的短期合同；岗位或者职业需要、期限相对较长的合同为中长期合同；以完成一定工作为期限的合同，根据工作任务确定合同期限。合同期限最长不得超过应聘人员达到国家规定的退休年龄的年限。聘用单位与受聘人员经协商一致，可以订立上述任何一种期限的合同。

对在本单位工作已满25年或者在本单位连续工作已满10年且年龄距国家规定的退休年龄已不足10年的人员，提出订立聘用至退休的合同的，聘用单位应当与其订立聘用至该人员退休的合同。聘用单位与受聘人员签订聘用合同，可以约定试用期。试用期一般不超过3个月；情况特殊的，可以延长，但最长不得超过6个月。被聘人员为大中专应届毕业生的，试用期可以延长至12个月。试用期包括在聘用合同期限内。聘用单位与受聘人员订立聘用合同时，不得收取任何形式的抵押金、抵押物或者其他财物。

（二）高校聘用合同的争议问题

2002年7月6日，国务院办公厅转发了原人事部《关于在事业单位试行人员聘用制度的意见》（国办发〔2002〕35号），各省市随后纷纷出台了当地的实施办法和细则，该意见成为当前高校与其聘用人员签订聘用合同的主要依据。但由于该意见在法律效力上属于部门规章且规定较为原则，因此，高校聘用合同在签订和履行过程中仍存在许多容易产生歧义和争议的问题，主要表现在以下几个方面：

1. 试用期问题

试用期在国内外高校聘用合同中均存在。在美国，根据许多州的高校教师终身任期法律，教师只有在完成试用期并经过当地教育董事会考评认定后才能成为终身职业教师，一般的试用期为 3 年，甚至更长。日本教师除临时或非正式的任用外，都有 6 个月的试用期。在此期间，不适用于身份保障规定以及行政审查法定。我国聘任中的试用期具有约定性。我国法律规定劳动者可以与用人单位在聘用合同中约定设立或者不设立试用期。一旦约定试用期，则对用人单位和劳动者双方都有约束力。

根据原劳动部劳办发〔1996〕5 号文件原劳动部办公厅对《关于劳动用工管理有关问题的请示》的复函规定，大中专、技校毕业生新分配到用人单位工作的，应执行为期 1 年的见习期制度。该文件规定，见习期内可以约定不超过半年的试用期。因此，在签订聘用合同时不能将见习期等同于试用期，当见习期超过试用期时不能适用试用期内的约定和法律规定。

2. 高校聘用合同聘用人员聘约义务的约定及其类型化分析

在契约自由及大学人事自主的实践过程中，各高校依据其自我设定的学校特色以及学术定位，已经形成了内容丰富、类型多样的高校聘用合同。例如，以北京大学、清华大学、上海交通大学、南京大学等为代表的高水平大学开始引入“准聘—长聘”制、合同制专职科研岗、“青年教授”制等新型人事制度，使高校聘用人员聘约义务的约定呈现出更加多元、复杂和严苛的趋势。通常而言，此类人事新政都要求受聘人员在合同期终期考核时，能够晋升高一级职称。当前，越来越多的高校（尤其是“双一流”建设高校）将聘用人员纳入合同制管理，要求其在两个聘期内晋升高级职称后，方可纳入事业编制管理，进而订立无固定期合同。因此，对于未纳入事业编制管理的合同制高校聘用人员而言，其聘约义务的核心是“限期升”等义务。与此义务相关的主要规章制度是高校教师职称评审的规定。值得提出的是，在职称评审规则“变动不居”“持续加码”的状况下，教师对于能否顺利晋升高一级职称，并最终通过终期考核，缺乏稳定预期。

除此之外，对于纳入事业编制管理的高校聘用人员而言，聘用合同往往包括服务期、聘用人员的教学工作量、科研任务量（包括论文发表、纵向科研项目以及横向科研经费获得状况等）、兼职活动、学术伦理、出国访学交流、接受高校思想政治理论课培训等类型的义务。在司法实践中，曾发生过因高校聘用人员不按时完成学校的教学任务以及拒绝接受高校思想政治理论课培训，进而被法院判定为违反《劳动法》第25条第2项规定的“严重违反劳动纪律或者用人单位规章制度”的情形。据此，法院认为学校解除与该聘用人员的劳动合同，符合法律规定。当然，在这些义务中，对高校聘用人员影响最大的并非教学工作量或教学任务的工作安排，而是关于服务期义务以及相应的违约责任规定。高校通常在三种情形下会与聘用人员在聘用合同中约定“服务期”条款。其一，攻读博士学位协议，即高校同意在校聘用人员申请攻读博士学位，并为其攻读学位提供部分经济资助，但该聘用人员要在取得博士学位后回校服务一定期限。其二，高层次人才引进协议，高校在引进高层次人才时，承诺为其提供安家费、科研资金、购房补贴等一定数额经济资助的同时，要求高校聘用人员必须在校服务一定年限。其三，高级专业技术职务用职资格协议，即高校同意其聘用人员申报高级职称，但该聘用人员要在获得高级职称后为学校服务一定年限，否则要按照约定赔偿未完成年限的违约金。通常而言，高校聘用人员在服务期内申请调离或辞职，须承担相应的违约责任。实际上，在高校人才竞争日趋激烈的背景下，越来越多的高校将服务期规定作为聘用合同的核心义务。而这类规定，也往往在教师辞职争议中，被教师诟病为“霸王条款”。

三、高校聘用合同的法律责任

高校聘用合同是社会主义市场经济体制下新的用工形式，即以聘用合同形式确立高校和其聘用人员之间的劳动关系的用人制度。法律责任条款是高校聘用合同的重要内容，也是高校防止高层次人才流出的重要手段。随着教育部“双一流”建设政策的逐步推进，高校人才队伍需求急剧扩大，高层次人才流动也日趋频繁，随之而来的是一系列的合同违约问题和相应的法律责任。

人才合理流动是人才成长和社会经济发展的客观需要，是科学技术现代化和教育迅速发展的客观要求。① 近年与人才流动相伴的人才违约现象急骤上升，其中包括诸多深层次的原因，一是高层次人才供需矛盾突出，人才绝对短缺严重；二是用人制度的区域差异增大，经济相对发达地区的用人机制与经济相对落后地区形成鲜明对比；三是利益驱动引导人才流动，市场和“薪水”像一只无形的手在调控着人才的流向；四是国际人才流动的大环境影响和引导我国的人才流动；五是原用人单位不能按约定提供人才成就事业的软硬件条件，人才不能充分发挥其应有作用。

从违约表现看，既有甲方违约，也有乙方违约。甲方（高校）违约主要是不履行合同提供的相关待遇条件，多为经济相对落后地区的地方高校，他们受制于当地的经济发展，财力紧张，教学和科研设备落后，教师待遇偏低，学校用人自主权又较小，用人机制不活，因此在人才竞争中多处于劣势。为了生存和发展需要，他们也纷纷效仿经济相对发达地区高校的做法，引进人才广告，许诺给予丰厚待遇，但实际又不能完全兑现，其表现形式多为隐形或渐进式的违约，被聘用人才往往很难找到充分的违约证据；乙方违约主要表现在违反聘期约定等方面，乙方违约在各种层次和各个地区的高校中都普遍存在。有的人才滥用合同解除权，看准了好单位，连《劳动法》规定的提前通知义务都不履行，不惜违约，更不管给原单位造成多大的损失，有的人甚至把属于原单位的技术成果一起带走，使原单位遭受“人才”和“知识产权”的双重流失。不得不提的是，在乙方违约中，第三方（新的人才聘用合同的甲方）起到了不可低估的作用，可以说，如果没有该第三方的介入和怂恿，大多数人才是不愿或不敢冒险违约的。有的高校为满足自身需求，在引进人才时，互相拆台，互相挖人，明知对方尚未解除劳动合同而有意聘用。某高校在其引进人才的文件中这样规定：“拟引进的高层次人才，如须赔偿原单位违约金，学校负责适度赔偿……”有的高校更以“三不要”（不要户口、不要档案、不要工作关系和工资关系）的方法从别的单位挖人。这些措施虽然暂时满足了自身的人才需求，但却侵犯了其他高校的权利，促成了人才违约。从全国看，许多高校被迫卷入这种“引进—违约—引进”的怪圈不能自拔，结果，自己花高价“挖”来的人才最后又以同样的方式被别的高校

① 参见郑伟涛：《加强高校人才流动规范化建设》，载《中国高等教育》2017年第5期。

“挖”走。

四、高校聘用合同的解除

《关于在事业单位试行人员聘用制度的意见》列举了聘用单位可以随时单方面解除聘用合同和应当提前30日通知后单方面解除聘用合同的八种情形，并规定了相应的经济补偿标准。但对于聘用单位单方解聘的程序未作具体规定，这导致司法实践中高校在单方解聘的程序和具体解聘时间上因界定不明而发生纠纷。

程序的规范是确保减少聘用合同纠纷的有力屏障。世界上许多国家都非常重视解聘程序的法定化和规范化。美国试用期的教师受解聘不能要求法律程序的保护，但可以获得被给予通知和听证的程序权；终身聘用教师的解聘必须有州法律明确规定的充分理由，州法律通常规定了解聘终身职教师之前应遵循的程序，终身职教师在接到书面解聘警告之后，正式解聘之前，可以要求法律程序的保护。在英国，解聘教师必须履行正当程序，具体包括正式警告、提醒教师改正、下达“解聘警告通知书”、地方教育当局可作出解聘该教师的决定等，对地方教育当局解聘决定有异议的教师可申请法律仲裁或法律诉讼。

高校聘用合同不仅关系高校的稳定和发展，更影响着高校聘用人员的根本利益。因此，世界上许多国家在高校与其聘用人员签订聘用合同之前，往往先有一份由工会代表受聘人员与学校签订的集体聘用合同。集体合同是工会依靠集体优势、凭借集体的力量与学校就聘用的主要条件和重大事项进行协商谈判签订的，它明确了双方的权利义务，有利于减少因经济实力或权力失衡导致的不平等。这种集体合同对于缓解高校与其聘用人员之间的冲突、维护受聘人员的合法权益起着重要的作用。

第五节　高校聘用合同的法律特征

我国事业单位的人事制度改革是以人员聘用作为一种用人制度，于法律角度而言，国家希望通过聘用合同这种法律形式去重新定义事业单位及其工作人员之间的人事关系。根据相关法律规定，我国聘用合同大致分为以下三种：一是有关国家公务员的聘用合同。聘任作为考试任用的一种补充方式，在公务员制度中多用于需要具备专门技术的公务员任用。聘任制公务员必须在国家核定的编制名额和国家批准的增员指标内进行，在聘用期间该公务员享有同级公务员的待遇。二是企业人员聘用合同。用人单位通过招聘或聘请的方式和被聘人员之间签订明确双方责任以及权利义务，同时确立劳动关系的协议。三是高校与高校聘用人员之间所签订的高校聘用合同，是高校与其聘用人员之间确立双方权利义务关系的协议。目前，随着聘用制改革的深入，公务员聘用合同适用公务员法，企业聘用合同由劳动法调整，而高校聘用合同，由于在教育体制转型过程中，高校聘用人员不属于公务员规范，同时也不同于企业的聘用合同，因此其法律性质存在一定的特殊性，受到广泛关注。目前我国学界对高校聘用合同存有“行政合同说”“雇佣合同说”“混合合同说”“劳动合同说”“人事合同说”“民事合同说”等几种主要观点。下面基于《事业单位人事管理条例》(2014）的相关规定，对高校聘用合同的法律特征进行分析。

一、高校聘用合同的属性特征

（一）高校聘用合同与劳动合同的“同质性”

依据通说，劳动合同所反映的劳动关系的基本特点可以总结为“主体特定”和“两个兼容性”，顾名思义，“主体特定”是指在确定的自然人或法人之间签订劳动合同，而“两个兼容性”则是指，作为我国劳动法调整对象的个别劳动关系是兼有人身关系和财产关系性质，兼有平等关系和隶属关系特征的社会关系。[①] 这两个特征也在聘用合同中有所体现。在聘用关系中，双方主体为事业单位（用人主体）与其工作人员（劳动者），既能体现双方主体之间的平等性，又能体现从属性，即工作人员必须服从所在事业单位的用人管理。此外，在聘用关系中，还体现出有偿劳动的财产性特征和劳动者需要亲自履行聘用合同的人身性特点。与劳动合同一样，聘用合同双方当事人之

① 参见董保华：《劳动法论》，上海世界图书出版公司 1999 年版，第 51 页。

间也存在实力不对等的情况，工作人员相对弱势，需要法律给予倾斜性保护，这恰恰与《劳动合同法》中强调的“单保护”立法宗旨相吻合。

1. 主体具有特定性

高校聘用合同的主体具有特定性是指该合同受聘一方除了必须是具有劳动能力的自然人外，重要的是受聘人员应当具有履行岗位职责的能力，能够坚持正常工作；应聘实行执业资格制度岗位的，必须持有相应的执业资格证书。另外，根据《关于在事业单位试行人员聘用制度的意见》的如下规定：事业单位除按照国家公务员制度进行人事管理的以及转制为企业的以外，都要逐步试行人员聘用制度；使用事业单位编制的社会团体录用专职工作人员，除按照国家公务员制度进行人事管理的以外，也要参照本意见逐步试行人员聘用制度，所以聘用合同的另一方是事业单位和社会团体。高校不同于一般的公司或者企业，我国《公司法》中规定了公司董事可以由选举或聘用产生。公司对董事聘用后，董事所承担的责任是对公司的管理工作，对公司员工和事务进行管理。而高校即使在聘用人员后，仍然是管理者的地位。并且，不管是公司还是企业，其主要的目的是营利性，这与高校有着本质上的不同。对于高校聘用人员一方来说，以高校聘用教师为例，教师除了具有劳动能力，履行岗位职责，能够坚持正常工作，同样还要满足一般性的条件。根据我国《教师法》和《高等教育法》的规定，教师应该满足如下条件，首先，作为高校教师需要具备相关高等院校教师任职的资格，能够胜任工作。其次，高校教师经过审核后符合相关受聘职务的任职条件。最后，高校教师在教学工作中，一方面，需要在科研、教学、思想政治等方面考核合格；另一方面，高校教师能够坚持正常上课等教学工作，身体健康并且在试用期间或见习期满的教师全年所承担的工作要达到高校规定的教学任务量。因此，聘用合同双方主体均具有特定性。

随着我国大力深化事业单位人事、分配制度改革，关于事业单位聘用合同的相关措施逐渐与企业劳动合同制度的改革方向相吻合，聘用关系与劳动关系呈现趋同性。也有学者提出，应当实现对劳动关系、人事关系的“并轨”调整，将其均纳入法律统一进行调整和规制的范畴，事业单位的人事关系应该被劳动关系吸收，劳动法可以适用于改革后的人事关系。① 这一观点也在实践改革中得以显现，近年来，我国正向着劳动人事一体化调整的方向逐渐改革，为了适应这种一体化改革的需求，《最高人民法院关于人民法院审理事业单位人事争议案件若干问题的规定》第1条则明确规定：“事业单位与其工作人员之间因辞职、辞退及履行聘用合同所发生的争议，适用《中华人民共和国劳动法》的规定处理。”而在《劳动合同法》第96条的文字表述中，立法机关则将事业单位的聘用合同直接称为“劳动合同”。除此之外，2008年《劳动合同法》实施后，国家实行“大部制”机构改革，在原有人事部、劳动和社会保障部的基础上进行职责整合，设立了人力资源和社会保障部。这一举措表明，除公务员人事关系外，我国对于其他人事关系与劳动关系的调整已经进入“一体化”管理的时代。与此同时，在我国《劳动争议调解仲裁法》起草过程中，关于人事争议能否纳入该法的调整范围的相关问题，多数部门和专家提出应当制定一部包括人事争议在内的、统一的劳动关系争议处理法。

2. 聘用合同具有有偿性、诺成型与双务性

高校聘用合同具有有偿性是指在聘用合同签订履行过程中，高校方租用了其聘用人员的劳动力使用权，其就应该付出相应的费用与报酬，包括工资、薪酬、科研奖金等其他费用。高校在引进人才的同时，需要将相关工资报酬，福利性住房等其他待遇进行阐明，以免在后续发生很多不必要的纠纷。对于无偿或免费提供的劳动力以及由此而签订的合同或协议，不视为高校聘用合同。高校聘用合同具有诺成性是指从劳动力与价值这一角度来看，有的劳动力可以直接产生价值，而有的劳动力并非直接产生价值。有的劳动力所产生的价值可以估量，而有的劳动力所产生的价值却难以用相关因素来衡量。由于高校聘用合同订立的目的不是在于劳动力成果最终的直接产生，而是在于整个价值产生的过程，即高校聘用人员在完成教学、科研、行政管理等任务的过程，并且，这种聘用合同履行中所产生的价值难以直接去衡量产生的多少，因此双方只需要达成合意即可，所以聘用合同为诺成性合同。高校聘用合同具有双务性是指在签订聘用合同后，高校与其聘用人员的关系是以双方

---

① 参见董保华：《劳动关系调整的法律机制》，上海交通大学出版社2000年版，第55页。

之间产生的合意为前提，而且双方的权利与义务也是对等的，在合同履行的过程中，高校与其聘用人员双方均需要享有合同带来的权利和承担应尽的义务，这种对等性的权利与义务说明了高校聘用合同为双务合同。

3. 高校聘用合同具有弱法定性、强制性

高校聘用合同具有弱法定性、强制性是指根据《关于在事业单位试行人员聘用制度的意见》的规定，订立聘用合同的原则是：“坚持平等自愿、协商一致的原则；坚持公开、平等、竞争、择优的原则；坚持走群众路线，保证职工的参与权、知情权和监督权。”根据此意见关于聘用合同内容和形式的规定，聘用合同应当以书面形式签订，其内容可以包含必备条款、约定条款和专项条款，其中聘用合同必须具备的条款包括聘用合同期限、岗位及其职责要求、岗位纪律、岗位工作条件、工资待遇、聘用合同变更和终止的条件、违反聘用合同的责任。经当事人协商约定，双方可以在聘用合同中约定试用期、培训和继续教育、知识产权保护、解聘提前通知时限等条款。双方当事人还可以根据需要，就出国培训等事项签订专项条款。这些都充分说明了聘用合同较之劳动合同的较弱的法定性和强制性，较强的自主意志性。聘用合同当事人的权利义务，有由法律直接规定的，如合同的必备条款，必须遵守；同时当事人也有协商的余地，如合同中的约定条款，当然即使是双方协商条款或约定的其他内容，也不得与我国的相关法律相抵触。

（二）高校聘用合同具有一定公益性

谈及公益，首先应当对公益的标准进行界定，即如何判断某一事物的公益与否。公益其实是公共利益的简称，其强调的是公益主体的范围为不确定的大多数人。这也就提供了一个公益的认定标准。高校聘用合同具有公益性体现在多个方面，从高校设立目的、职能方面来看，一是高校聘用合同的目的是保证高校的科研、教学的水准提高高等教育的水平，进而行使高校被国家所赋予的教育行政权，完成高校的应尽的职能。二是国家设立高校的目的是具有公益性的，因为国家发展教育事业、设立高校的目的在于提高全社会的知识文化水平，增强我国的科学技术水平、增强国家实力，为社会主义建设培养大批合格的建设人才，从而实现中华民族伟大复兴。三是高等教育面向的是不特定的人群，任何人都有权利接受高等教育，其中的公益性也体现得十分明显。总的来说，高校聘用合同其实就是高校履行职能所不能缺少的一环，其所具有的公益性质也就不言而喻。除此之外，由于高校聘用合同存在一定的公益性，导致高校聘用合同呈现不属于行政合同、不同于一般劳动合同与合同聘用方存在一定公法人特性等法律特征。

1. 高校聘用合同不属于行政合同

相较于行政合同而言，两者在合同目的、合同内容、法律适用等方面都存在着明显差异。即便根据《行政诉讼法》（2017 修正）第 2 条的规定，高校作为事业单位法人，可以归类于“法律、法规、规章授权的组织”①，获得行政法上的主体地位，但这并不代表高校聘用合同与行政合同之间就存在联系，因为行政主体（包括授权组织）签订行政合同的目的是实现行政管理职能，维护公共利益，而非个人经济利益，与此相应的是行政主体对于行政合同的履行享有行政优益权。对于高校聘用合同，高校不享有行政优益权。行政合同双方当事人因为履行行政合同发生争议，受行政法调整，根据行政法的相关原则，通过行政救济方式解决，高校聘用合同发生争议，适用《劳动争议调解仲裁法》，这由《事业单位人事管理条例》第 37 条明确规定。高校聘用合同与民事雇佣合同不同，民事雇佣合同的合同主体法律地位完全平等，不存在隶属关系和依附关系，雇主也没有为受雇人缴纳各种社会保险的义务。高校聘用合同明确了高校聘用人员的岗位职责、考评标准等，按照国务院颁发的《关于机关事业单位工作人员养老保险制度改革的决定》，今后高校聘用人员将参加社会养老保险，这也说明了高校聘用人员与高校之间是一种隶属关系。高校聘用合同与劳动合同也具有一定的差异性。《事业单位人事管理条例》中明确将聘用合同与劳动合同进行了区分。有学者提出，《事业单位人事管理条例》与《劳动合同法》构成特别法和一般法的关系，对于《事业单位人事管理条例》没有作出特殊规定的内容，应当适用《劳动合同法》。② 也有学者认为，《事业单位人事管理条例》与《劳动合同法》从法律性质和调整对象来看，都有很大差别，两种合同处于并列地位，并非特别法与一般法的

---

① 《行政诉讼法》（2017 修正）第 2 条：“公民、法人或者其他组织认为行政机关和行政机关工作人员的行政行为侵犯其合法权益，有权依照本法向人民法院提起诉讼。前款所称行政行为，包括法律、法规、规章授权的组织作出的行政行为。”

② 参见刘剑文：《高等教育体制改革中的法律问题研究》，北京大学出版社 2005 年版，第 107 页。

关系。这从《事业单位人事管理条例》第38条“事业单位工作人员对涉及本人的考核结果、处分决定等不服的，可以按照国家有关规定申请复核、提出申诉”的规定得以证明。[①]

2. 高校聘用合同不同于一般劳动合同

高校聘用合同较于一般劳动合同存在一定的特殊性，事业单位的设立意图揭示了它们既不属于立法、行政、司法等具有公权力的国家机关，也不是以盈利为目标的公司或个体经济组织，公益性（或称公共性、利他性）、国有性、社会性和服务性等多重角色或功能是其较为显著的特征。因此，事业单位通常被看作一种公共组织，其提供的公共服务，大多数以向社会提供各种“公共产品”或“准公共产品”（如教育、基础研究、公共文化、公共卫生等）来满足公众的公共需求，但由于公共产品和公共需求往往难以或无法通过市场机制来满足，即存在所谓的“市场失灵”现象，因此，对于事业单位的设立、运营和健康发展，需要国家机关的紧密配合。

我国也曾对医疗、教育等公共事业实行了所谓“产业化”取向的改革，部分地方甚至将“市场化原则”作为事业单位改革应遵循的原则之一，这种改革造成社会产生一系列被人诟病的负面效应。有的学者指出：“实行事业单位产业化的政策，虽然具有一定的探索性和启发性，但市场化过度的局限性十分明显，某些方面改革政策实际上已经进入了误区，甚至违背国家举办公益事业单位的基本宗旨，使政府的公益服务职责严重缺位，不仅对实际没有任何指导意义，反而会影响各项社会公益事业的正常发展，有些已产生了一系列社会问题，影响国家的长远利益和综合国力的提高。”当然，后续我国也针对上述问题进行了一系列的改进措施，例如，《中共中央　国务院关于深化医药卫生体制改革的意见》中指出：“坚持医药卫生事业为人民健康服务的宗旨，以保障人民健康为中心，以人人享有基本医疗卫生服务为根本出发点和落脚点，从改革方案设计、卫生制度建立到服务体系建设都要遵循公益性的原则，把基本医疗卫生制度作为公共产品向全民提供，着力解决群众反映强烈的突出问题，努力实现全体人民病有所医。”这表明我国已开始重新调整医

---

① 参见尹力：《依法治教下的新人才观——从何春环诉四川师范学院案谈西部学校如何吸引人才》，载《清华大学教育研究》2001年第2期。

药卫生体制改革的整体思路和基本理念，而医院作为事业单位的另一个典型代表，在一定程度上就表现出国家对于事业单位改革的谋划与思考。

有鉴于医药体制“产业化”取向改革的经验，为了确保事业单位的公益性质的有效运作，国家对事业单位的规范更多地采用了公法手段。比如，国家会对事业单位的用人规模设有编制的限制，事业单位招录工作人员会更倾向于设置“资格准入”要求，且就企业劳动合同而言，在企业劳动关系中我们一般会较多地重视其流动性因素，而从有利于事业单位长远发展及高效发挥其社会服务功能的要求出发，保障事业单位人事关系的适度稳定性无疑会显得更为重要。为此，在当事人行使聘用合同的解除权方面，特别是在关涉事业单位专业技术人员和管理人员的辞职、辞退问题上，法律上应有一些不同于劳动合同一般解除制度的特别设计。事业单位聘用合同的管理制度与对受聘人员实行的定期考核制度紧密相关，事业单位的经费主要由政府财政提供，工资总额主要由政府负担和控制，事业单位工作人员的工资主要是由财政支付，所以对于其工资标准显然就难以采用完全由当事人协商确定的做法，同时在一般情形下亦无实行最低工资制度的必要性，事业单位工作人员的辞职会受到一定的限制等。诚然，事业单位的公益性并不等同于其内部人事关系的行政化，但由于以上这些因素的存在，事业单位的聘用合同的确又不能完全适用有关劳动合同的一般法律规定。

而就企业劳动合同而言，再以工资制度为例，由于在职工加班加点能否支付加班费的问题上也有严格的限制，这些因素均使事业单位的工资制度呈现出与企业工资制度明显的差异性。2006 年 6 月，原人事部、财政部《关于印发事业单位工作人员收入分配制度改革方案的通知》中规定：“对从事公益服务的事业单位，根据其功能、职责和资源配置等不同情况，实行工资分类管理。基本工资执行国家统一的政策和标准，绩效工资根据单位类型实行不同的管理办法。”这表明有关事业单位“基本工资”的政策和标准均属于刚性规定，殆无当事人协商之余地。2009 年 9 月，国务院常务会议又进一步决定在公共卫生与基层医疗卫生事业单位和其他事业单位实施绩效工资，并指出这是事业单位收入分配制度改革的重要内容。

3. 合同聘用方具有一定的公法人特性

谈到法律合同，必然会涉及合同双方法律义务的厘清，我国《民法典》

对合同进行了明确的定义：“合同是当事人之间设立、变更、终止民事法律关系的协议[①]”，因此，探究高校聘用合同的法律特征，应当对合同双方的法律权利、义务以及地位等问题进行明晰，而高校作为聘用合同的聘用方，占据着十分重要的地位，明晰高校聘用合同的法律特征，首先明确聘用合同中高傲的权利义务及法律地位。

一直以来，无论是实行任命制时期还是聘用制时期，高等教育都是属于国家的行政事务范畴。尤其是在新中国成立之初，国家对私立的高校进行了公有化改革，使得中国私立教育在一定程度上大大减少，虽如今私立教育、民办高校。虽然消灭私立高校是新中国成立之初一段时间的改革，而现今中国允许民办高校存在，但这改变不了一直以来我国高校教育是国家行使教育行政权的性质。具体来说国家通过颁布相关的法律法规以及各种的教育政策，主动创办高等院校，并赋予一定的权力达到行使教育行政权，以向社会提供高等教育为目的。结合中国的国情和现实，离开国家的教育行政权，我国高校所承担的教育、科研、教学等任务将无法完成，我国的高等教育事业也将止步不前。

从现行的法律法规来看，高校被授予高校聘用权，是严格依照法律法规来的。我国《教育法》第 29 条规定：“学校及其他教育机构行使下列权力……（六)聘任教师及其他职工，实施奖励或者处分。”《高等教育法》第 41 条规定：“高等学校的校长全面负责本学校的教学、科学研究和其他行政管理工作，行使下列职权：……（四）聘任与解聘教师以及内部其他工作人员，对学生进行学籍管理并实施奖励或者处分。”《教育法》和《高等教育法》在我国的法律体系中是属于教育行政法类的，是公法性质的法律。由此可见高校享有高校任职人员聘用权是国家通过制定法律所授予高校的，是属于国家教育行政权性质的公权力。当我们确定了高校行使任职人员聘用权是属于受国家委托行使的公权力后我们就可以进而确定我国的高校聘用合同聘用一方高校具有公法人性质的身份。

---

① 《民法典》合同编，第464 条。

（三）高校聘用合同双方法律关系具有阶段性

在聘用制条件下，高校与其聘用人员的法律关系在本质上属于聘用合同关系。由于高校的组织特性和其聘用人员的职业特点，使得高校与其聘用人员之间的这种法律关系不同于一般组织与其成员之间的法律关系。一方面，高校作为实施高等教育的社会组织，是学者的社团、探索与传播高深学问的场所，承担着人才培养、科学研究、社会服务的公共职能。另一方面，高校聘用人员从事着高深知识的加工、传播、创造和应用工作，其工作具有探究性、自由性、自主性的特点。因此，在法律关系上，高校与高校聘用人员之间的关系，既不同于企业与其员工之间的关系，也不同于政府与其公务员之间的关系，而是呈现出“主体阶段性”的特征，即以聘用合同的签订为时间节点，合同签订之前（以下简称聘前），高校作为民事主体，在与高校聘用人员平等协商的基础上达成合意，高校与其聘用人员之间具有民事法律关系的特征；合同签订之后（以下简称聘后），在高校对其聘用人员实施管理的过程中，高校作为法律法规授权的行政主体履行公共行政职权，高校与其聘用人员之间具有行政法律关系的特征；在特定情况下，高校受教育行政部门委托，作为被委托主体，代替教育行政部门行使职权，这时高校与其聘用人员之间具有委托行政法律关系的特征。

一方面，在聘前阶段，高校作为学校法人，具有民事主体地位，高校与其聘用人员在平等自愿基础上，按照合同约定确认双方各自的权利和义务，高校与其聘用人员之间具有民事法律关系的特征。

高校聘用制是在国家法律制度下，高校与其聘用人员之间基于平等自愿原则，双方以聘用合同确立各自权利义务的人员管理制度。在高校人员聘用过程中，遵守双方地位平等的原则。在高校聘用制实施过程中，高校作为自主聘任权的主体，与其聘用人员具有平等的主体地位，双方充分协商，基于意见一致或互相同意建立聘用关系，在权利和义务方面双方是对等的，以共同意愿为前提，在这一点上，民事法律关系特征更明显一些。聘用关系的建立是以高校与其聘用人员签订的聘用合同为事实依据，聘用合同充分体现了高校的聘任决定权和高校聘用人员的自主选择权。高校依据实际需要，制定招聘其聘用人员的条件和职务、职位要求及待遇情况，接受竞聘者报名并对其进行资格审查、考核、择优录用。具备资格和符合条件的公民根据自己实际情况决定应聘或拒聘。双方在共同意思表达的基础上签订聘用合同。在合同存续期间，双方遵守合同内容，依约行使权利，履行义务。聘用合同期满，双方聘用关系解除。聘用期间，因高校聘用人员辞职或学校解聘，也会导致聘用关系终止。

另一方面，聘后阶段，在高校对其聘用人员实施管理的过程中，高校作为学校法人，具有行政主体地位，享有法律法规授予的行政权力，高校与其聘用人员之间具有行政法律关系的特征。在应然的状态下，高校与其聘用人员在聘用过程中是平等主体，但是在实然的状态下，高校聘用人员很难以平等主体的身份与高校平起平坐。在高校聘用人员职务评审、职务行为中，高校与其聘用人员之间具有明显的行政法律关系、委托行政法律关系，高校聘用人员作为行政相对人，高校作为被授权的行政主体，被委托的行政主体，双方之间法律地位不平等，高校聘用人员必须服从学校的命令和安排。同时，法律法规赋予高校拥有管理其聘用人员的职权。作为管理者，高校处于领导、管理的地位，高校聘用人员处于被领导、被管理的地位，双方的地位不平等；作为聘任者，高校与其聘用人员又是平等主体，基于共同的意思表示达成聘用合同。这样就形成了高校拥有管理者和聘用者双重身份的微妙格局。在这种微妙格局下，高校往往借助行政手段干预聘用过程，导致形式上的平等协商和实际上的高校聘用人员被动局面。

二、高校聘用合同的实施特征

高校教师具有教学和科研两大职责，因此，高校聘用合同应充分考虑到这两方面的需求，以教师的职业发展和晋升机制作为核心内容。这直接导致高校聘用合同不同于一般事业单位的聘用合同，近年来，高校直面外部竞争压力，凝聚内生改革动力，根据国家统一布置和自身发展需要积极推行聘用制度改革。以 2014 年《事业单位人事管理条例》颁布实施为界，高校聘用管理分前后两个阶段：全员聘用阶段和聘用合同管理阶段。第一阶段，高校以岗位设置管理为契机，推进全员合同聘用。例如，2007 年发布实施的《西安交通大学全员聘用制度实施暂行办法》，按照国家岗位设置管理有关规定落实聘用制，明确了岗位设置、岗位职责、岗位聘用、岗位待遇、聘用合同管理、岗位考核等完整的聘用管理要素。在此阶段，高校逐步明确其聘用人员岗位职责，建立考核机制，部分高校开始了尝试其聘用人员考核不通过而解除或终止聘用关系，高校人员聘用制度基本实现全覆盖。第二阶段，高校深入实施《事业单位人事管理条例》，建立聘用合同管理制度体系。高校聘用合同在实施过程中的特征，具体主要表现在三个方面：一是人才分类评价机制持续优化，二是市场化人才定价机制凸显，三是“非升即走”政策设置得以推广。

（一）人才分类评价机制深入实施

一是岗位分类管理深入实施。在系统分析和研究各类岗位的工作性质、工作任务和工作条件的基础上形成岗位职责规范，再按照岗位职责规范划分各种职务系列，并根据职务系列的职责考核受聘人员，兑现相应的待遇，这是高校岗位分类管理的核心内容。高校围绕高校聘用人员分类设置和分类管理改革试点工作，开辟多个聘用人员发展通道，激发高校聘用人员创造力。清华大学基于岗位聘任制从2001年逐步开展教职工人员分类，将本科以上学历的教员和职员队伍规范为教师系列、职员系列和实验技术系列。不同的职务系列规定不同的职责要求、评价体系和激励机制。2010年，浙江大学试行教师岗位分类管理政策，设置教学科研并重岗、研究为主岗、教学为主岗、社会服务与技术推广岗、团队科研教学岗等5个教师岗位体系，建立多元的教师业绩评估和分类发展体系，在学校专业技术职务评聘过程中，为不同类别岗位上的教师设置不同的职业发展通道。

二是人才评价标准更为细化。人才分类评价机制对岗位分类管理的全面深化，可以区分不同类型、不同层次的人才，不同的评价重点，实现人才评价的专业化取向。根据实施人才分类评价要求，高校结合自身实际情况，实施代表性成果评价、评价方式多元化、科学设置人才评价周期等一系列改革举措，明确了人才评价的政策落地。复旦大学规定，2015年开始将“代表性教学成果”纳入“代表性成果的职称评价机制”，满足科研和教学基本要求的前提下，有代表性教学成果的青年教师也可以晋升职称。北京科技大学则在教学为主型岗位的基础上，自2016年起面向长期在教育教学一线工作的教师增设高级讲师职务，更加突出对教学方面标志性成果的评价。

（二）市场化人才定价机制凸显

当前，尽管人才流动延续了长期形成的地域间向经济发达的东南沿海集中，在高校间向高水平大学集中的态势，然而人才配置市场化倾向却呈现出新动向。因国家和地方一系列人才计划项目的激励，同时由于阻碍人才流动的户籍、社保、档案、住房等政策的松动，更是高校对“人才是第一资源”的深刻认知和学科建设的内在驱动，一段时间以来，竞选各类人才计划和引进各类领军人才成为高校人才工作的“锚”。例如，一些高校动辄开出数百万或上千万的天价招聘学科带头人。市场的调节机制表明，自然属性上的人才流动其实是人力资源的流动，在自利目标的引导下，当人力资源可以自由流动而无人为障碍时，总会向那些边际生产率更高的区域集聚，直到所有区域的边际生产率相对均衡为止。因此，为了提高局部边际生产率，稳定高校聘用人员队伍，高校纷纷效仿国家和地方人才计划，陆续实施了校内的特聘教授岗位制度，通过市场化的薪酬和差别化的服务来“锚定”校内学科带头人和优秀青年教师。值得关注的是，优秀的博士和博士后也成为各大高校竞相招徕的重点。以博士后创新人才计划为例，除了国家提供的60万元固定资助外，很多高校都对2019年博士后创新计划入选者在薪酬待遇和科研经费等方面给予配套支持。

（三）“非升即走”政策设置得以推广

在聘用制提出之前，我国部分知名高校借鉴美国高校教师“常任轨”制度，采用针对高校增量教师的退出机制。该制度起源于20世纪中期的美国，后在美国大学里被逐渐普遍采用。具体来讲，大学对拟申请进入“常任轨”的教师设定考察期，到时需要接受评审，如果通过，则同时获得晋升和终身职位；而如果通不过，则面临离开该校，寻找新工作的危机，这一制度在国内被形象地称为“非升即走”。随着国内人才市场定价体制的逐渐凸显，1993年，清华大学率先试行“非升即走”制度，该项制度逐渐成为高校教师聘用制改革的通行做法，并在实施过程中不断改造，形成了终身教授预备制度、长聘教轨体系、准聘长聘制等各具特色的高校聘用政策。2003年，北京大学公布人事制度改革方案，提出“聘任制和分级流动制”以及学科实行“末位淘汰制”，这些人事制度的改革实质上与“常任轨”的基本内涵存在一定的吻合，但由于涉及面过广致使改革难以全面铺开，最终这一改革无疾而终。但自此之后，全国高校开始普遍面向增量教师实施改革，采取控制“非升即走”政策边界。2013 年，清华大学公布“关于深化人事制度改革、加强教师队伍建设的若干意见”，提出建立教师队伍分系列管理制度，实施教研系列教师岗位准聘长聘制度，并于 2016 年完成教研系列教师岗位准聘长聘制度改革。2015 年，上海交通大学试行“长聘教职制度”规定，“如长聘教轨教师在长聘教轨聘期结束时未能晋升长聘教职，该教师需离开长聘体系”。随着“非升即走”政策的快速推广，北京理工大学、西北工业大学、上海财经大学、哈尔滨工业大学、深圳大学等高校相继实施“常任轨”制度。“非升即走”制度改革成果丰硕，诸如国际化水平显著提升，原创性研究成果涌现，集聚了一大批海外高层次人才，更重要的是针对增量教师建立了流动退出机制。

第二章 “双一流”建设背景下高校聘用合同的立法研究

聘用合同是实现人事聘用制度的重要载体，其自身也是一项独立的法律制度，在人事劳动领域中，其与公务员制度、劳动合同制度一同构成了我国人力资源合理配置的三大制度。《关于在事业单位试行人员聘用制度意见的通知》（国办发〔2002〕35 号）公布和实施以来，我国大部分高校均与教职工签订了高校聘用合同，高校聘用合同制度也慢慢建立和成熟。但实践中聘用合同法律制度不够完善、聘用合同的实施和履行中法律依据寻找困难、法律适用范围模糊等实践问题也渐渐凸显。特别是聘用合同法律规范横跨人事法律规范和劳动法律规范，如何在实行双轨制的合同规范之下完善聘用合同法律制度，明确聘用合同的法律适用，对于维护教师的合法权益、促进高等教育领域人才的合理流动，推进高校人事管理法治化建设及“双一流”建设进程具有重要意义。

第一节 高校聘用合同的法律规制与立法演进

高校人事改革经历了从单位制到聘用制的转型，相应的传统人事管理也向聘用合同制调整。在此过程中，国家出台了一系列的法律法规为事业单位人事改革提供了法治保障，促进了高校聘用合同制度的完备性与规范性。纵观我国的法律体系，与高校聘用合同制度相关的规范主要有《劳动法》《劳动合同法》等法律，《事业单位人事管理条例》等行政法规，最高人民法院出台的相关司法解释以及教育部、人事部发布的一系列零散的行政规章。这些与高校聘用合同的相关规范共同支撑起高校聘用合同法律制度，但总体来看，高校聘用合同的法律规制较为分散，有必要梳理当前的立法现状，促进高校聘用合同法律体系的完善。

一、高校聘用合同法治化的历史发展

国家人事改革随着法治的变迁一同发展，人事改革发展历史也是一部人事管理制度法治发展史。在此前计划经济体制下，教师与政府机关及企事业单位工作人员一样，均享有国家干部身份。此时的教师人事管理由干部法律法规调整，在人员任用、职务晋升、工资待遇等方面，与国家公务员适用同一套管理机制。但随着计划经济向市场经济的转变，干部人事体制开始了以市场经济为中心的一系列改革，在时代的巨浪之下，“国家干部”这一以编制为确定标准的庞大队伍，开始实行分类管理。国家发布了多部法律法规、规范性文件，有力推动了干部人事制度改革，原本作为“国家干部”序列的教师开始适用不同的人事劳动规范而彻底脱离出该群体，“国家干部”这一概念也逐渐成为历史。

（一）起步阶段（1992—2002 年）

1992 年，中国共产党第十四次全国代表大会正式确定我国经济体制改革的目标是建立社会主义市场经济体制，此后国有企业改革正式拉开帷幕，开始向现代企业制度迈进。此过程中需要对国家机关、企事业单位进行分类管理，构建起不同特色的人事管理制度。1993 年《国家公务员暂行条例》颁布，其中第 3 条规定，“本条例适用于各级国家行政机关中除工勤人员以外的工作人员”。该条款对于公务员的范围进行了界定，明确将教师排除出适用范围，被纳入事业单位工作人员的教师与政府机关的公务员由此适用不同的人事制度。

1994 年《劳动法》颁布，其中第 2 条规定“国家机关、事业组织、社会团体和与之建立劳动合同关系的劳动者，依照本法执行”，由此数量庞大、没有编制的自由职业者通过订立具有平等性和隶属性的劳动合同，纳入劳动法调整。随着《劳动法》颁布和实施，这种双方通过自由协商、相互选择，最终以合同的形式确立法律关系的人力管理方式，也逐渐影响着事业单位人事管理制度，事业单位人事管理制度的市场化趋势开始出现。1995 年 11 月，全国事业单位机构和人事制度改革工作会议在郑州召开，迈出了人事制度改革的第一步。随后，原人事部于 1997 年 8 月发布《人事争议处理暂行规定》，当中规定行政机关、事业单位、企业中与其工作人员因履行聘用合同而发生的人事争议适用“一裁终审”，并设立了各级人事争议仲裁委员管辖其辖区内的人事争议，为及时处理人事争议，保护单位与个人的合法权益提供了法律保障。但是《人事争议处理暂行规定》中并没有设置强制执行和司法救济的程序，更多带有“人事行政”的色彩。

2000 年，为加快人事制度改革步伐，国务院发布《深化干部人事制度改革纲要》，要求建立起“能上能下、能进能出、有效激励、严格监督、竞争择优、充满活力”的用人机制，这为事业单位人事改革提供了清晰的目标指引。在此基础上，国家后又连续出台了 4 个指导意见推进事业单位人事制度市场化。

（二）发展阶段（2003—2007 年）

2002 年后，改革进入深入发展阶段，国家在这一时期出台了多部法律法规，为改革的顺利进行提供了法律保障。2002 年 7 月，国务院原人事部发布《关于事业单位试行人员聘用制度的意见》（国办发〔2002〕35 号），专门针对如何在事业单位推行聘用制度的问题作出指导。根据该意见规定，事业单位需要建立符合市场经济体制的人事管理制度，逐步实施聘用制度。[①] 聘用制度下，事业单位与受聘人员通过签订聘用合同的方式明确双方的权利义务关系，人事管理由身份管理向岗位管理发生转变，宣告了聘用制改革的开始。2003 年 9 月，《最高人民法院关于人民法院审理事业单位认识争议案件若干问题的规定》（法释〔2003〕13 号）发布，当中规定事业单位与其工作人员的人事争议案件可适用《劳动法》，当事人若对人事争议仲裁裁决不服，可向人

---

① 《关于事业单位试行人员聘用制度的意见》第 1 条规定：“……通过实行人员聘用制度，转换事业单位用人机制，实现事业单位人事管理由身份管理向岗位管理转变，由行政任用关系向平等协商的聘用关系转变，建立一套符合社会主义市场经济体制要求的事业单位人事管理制度。……事业单位除按照国家公务员制度进行人事管理的以及转制为企业的以外，都要逐步试行人员聘用制度。……”

民法院起诉，同时规定了申请执行制度。[①] 人事争议仲裁与司法审判由此开始接轨，高校人事争议开始进入“有法可依”的阶段。

（三）完善阶段（2008 年至今）

为实施科教兴国战略和“人才强国”战略，这个时期国家出台了多部法律法规，原有的行政机构也进行了重构，事业单位人事制度市场化改革正在社会上全面推动，人事关系和劳动关系逐渐趋同，聘用合同制度和劳动合同制度呈现出并轨式发展的趋势。

2008 年《劳动合同法》颁布，其 96 条规定，事业单位与聘任制工作人员发生争议后，若无其他特别规定，应依照本法有关规定执行。[②] 该条款在无特别法规定的情况下，将本适用于人事法律规范的聘用合同纳入了劳动法律规范进行调整，人事规范与劳动规范发生并轨。2008 年 3 月，政府机构改革方案尘埃落定，在原人事部与劳动保障部基础上新组建的人力资源和社会保障部正式挂牌，对人事关系和劳动关系的管理调整的机构也进入了“一体化”时代。2009 年，人社部颁布《劳动人事争议仲裁办案规则》、2010 年颁布《劳动人事争议仲裁组织规则》，这两部部门规章从程序、仲裁组织上对人事争议和劳动争议进行统一。2011 年《人事争议处理规定》发布，对人事争议的实体问题作出了具体规定。2014 年国务院发布《事业单位人事管理条例》，弥补了人事规范较高层次立法的空白，当中结合了事业单位的独特性质对聘用合同的签订及管理作出专门性规定，有力地推动了聘用制度的发展。

通过整理人事制度法治化的历史发展，可以看出自 1992 年人事制度改革

---

① 《最高人民法院关于人民法院审理事业单位人事争议案件若干问题的规定》第 1 条规定：“事业单位与其工作人员之间因辞职、辞退及履行聘用合同所发生的争议，适用《中华人民共和国劳动法》的规定处理。”第 2 条规定：“当事人对依照国家有关规定设立的人事争议仲裁机构所作的人事争议仲裁裁决不服，自收到仲裁裁决之日起十五日内向人民法院提起诉讼的，人民法院应当依法受理。一方当事人在法定期间内不起诉又不履行仲裁裁决，另一方当事人向人民法院申请执行的，人民法院应当依法执行。”

② 《劳动合同法》第 96 条规定：“事业单位与实行聘用制的工作人员订立、履行、变更、解除或者终止劳动合同，法律、行政法规或者国务院另有规定的，依照其规定；未作规定的，依照本法有关规定执行。”

开始，国家一直高度重视改革工作，从中央到地方不断在推进事业单位聘用合同的深入发展。高校聘用制合同也受多部法律法规调整而形成独立的法律制度，并逐渐走向法治化的道路。当前，高校聘用合同法律制度作为我国劳动合同法的重要分支，极具其自身特色，兼具调整人事关系和劳动关系的双重功能。此种特色源于早期我国事业单位工作人员采取身份管理，而非岗位管理留下的时代烙印，这种烙印至今为止依然对高校聘用合同的法律定位及法律适用产生着重要影响。

二、高校聘用合同的相关法律依据

聘用合同由人事规范和劳动规范共同调整，但在法律层面上，目前尚缺乏与聘用合同相关的人事法律依据，高校聘用合同的法律依据主要是劳动规范，由《劳动法》《劳动合同法》《劳动争议调解仲裁法》等法律构成的劳动法律体系进行调整。这些规范内容为劳动者的地位及合法权益、聘用合同的定位及适用范围、聘用合同发生争议后的法律适用等主要内容作出了明确规定，是当前处理高校聘用合同相关法律问题的主要法律依据。此外，由《教师法》《高等教育法》构成的教育法律体系，针对高校聘用合同的两大主体高校与高校教师也作出了相关的规定，但规定的内容总体而言较为宏观。这些法律均为高校聘用合同制度提供了重要的法治基础，在高校的人事制度改革进程中发挥了不可或缺的作用。

（一）《劳动法》

1. 关于高校聘用合同的相关规定

《劳动法》于1994年7月颁布，由众多部门、工会、学者通力协作，历时15载完成。它的颁布打破了企业所有制界限，通过契约自由和法律强制性规定相结合的方式，保证了劳动者们的合法权益及平等竞争，目的是打造出公平合理的市场环境以推动我国的经济社会发展，对于我国市场经济改革而言意义巨大。《劳动法》当中明确了劳动者在市场经济中的地位，确立起劳动关系这一最基本的社会关系，发挥着保护劳动者和用人单位的合法权益的功能，且倾向性保护相对用人单位处于弱势一方的劳动者。《劳动法》对劳动报酬、工作时长、休息休假、劳动争议等方面作出明确规定，厘清了劳动者的权利与义务，为我国广大劳动者的权益提供了法律保障，是实现劳动市场上的实质公平，在市场经济条件下调整新型劳动关系的“基准法”。

《劳动法》经历过2009年、2018年两次修正，但综观当前《劳动法》总共107条法律条文，当中对于我国高校聘用合同的相关规定极为有限。《劳动法》并没有在法律中明确高校人事管理的法律属性，根据《劳动法》无法辨清高校人事聘用合同的法律性质。《劳动法》第2条规定的适用范围为：“在中华人民共和国境内的企业、个体经济组织（以下统称用人单位）和与之形成劳动关系的劳动者，适用本法。国家机关、事业组织、社会团体和与之建立劳动合同关系的劳动者，依照本法执行。”显然《劳动法》仅针对高校中与其签订劳动合同的劳动者，即一般所言的并无编制的工勤人员，对于订立聘用合同的教师是否属于劳动者，聘用关系是否从属于劳动关系并没有明确。高校属于事业单位，高校聘用合同的主体——教师，从法律定位上处于国家公务员和企业劳动者之间的中间地带，教师与高校的关系既具有行政管理色彩，又带有劳动契约的性质，在《劳动法》缺少相关规定的情况下，聘用合同的法律定位可谓相当模糊。

2.《劳动法》对于高校聘用合同的影响

1995年8月原劳动部发布《关于贯彻执行〈中华人民共和国劳动法〉若干问题的意见》（劳部发〔1995〕309号），当中第4条明确指出事业组织的工作人员不适用劳动法。[①] 由此，根据《劳动法》的内容无法明确高校人事管理关系的法律性质，根据劳部发〔1995〕309号文，高校教师作为比照实行公务员制度的事业组织工作人员，被排除在劳动法的适用范围。虽然《劳动法》已经发布，但是高校与高校教师之间的聘用合同若产生争议，无法依照《劳动法》来寻求司法救济，高校聘用合同制度仍然还处于无法可依的状态，这也为高校人事制度改革设置了一定的障碍。

即使《劳动法》对于高校聘用合同制度的规定极其有限，但其对于人事管理制度产生了重要影响。在《劳动法》颁布之前，我国高校劳动关系属于

---

① 《关于贯彻执行〈中华人民共和国劳动法〉若干问题的意见》第4条规定：“公务员和比照实行公务员制度的事业组织和社会团体的工作人员，以及农村劳动者（乡镇企业职工和进城务工、经商的农民除外）、现役军人和家庭保姆等不适用劳动法。”

纵向的行政关系，高校与教职工之间采取的是与国家机关或国有企业相同的人事管理模式，即高校与教职工之间是身份管理，属于纯粹的人事关系。但《劳动法》颁布后，高校劳动关系区分为纵向的人事管理关系和横向的劳动合同关系。《劳动法》虽未明确事业单位的劳动聘用关系，仅针对事业单位非正式编制的劳动者适用该法，但高校与教师之间传统上下级的人事关系逐渐呈现出向与市场相适应的劳动关系转变的趋势，此过程中亟须更加平等、规范的劳动法律关系予以保障。《劳动法》尽管没有为高校聘用法律制度提供依据，但《劳动法》的颁布将平等的劳动关系以及尊重保护人权、倾斜保护劳动者等劳动法基本原则引入人事制度改革之中，为我国高校人事管理改革进程注入了“强心针”。《劳动法》的颁布无疑有力地推动了高校的人事管理体制的改革进程，促使高校劳动人事关系向人力资源管理关系过渡，在此过程中也影响了高校聘用合同制度的法治化发展。

（二）《劳动合同法》

1. 关于高校聘用合同的相关规定

总体而言，《劳动法》对于劳动关系的规范更多是原则性的规定，并且没有相关的条文涉及高校聘用合同，导致高校人事劳动纠纷在具体操作中仍处于无法可依的状态，这对事业单位人事管理滞后的立法现状提出了新的要求。2008 年《劳动合同法》颁布，对于高校人事管理法治化进程意义重大。

《劳动合同法》主要通过对劳动关系的重要依据——劳动合同进行规范，从而调整劳动关系，平衡合同双方的权利义务。当中规定了劳动合同从最初的订立到最后的终止或解除的全过程，包括合同期限、合同必备条款、试用期、服务期等合同订立时的具体内容；劳动报酬、用人单位的变更、合并等合同履行、变更时的具体内容；以及劳动者、用人单位解除合同等解除与终止时的情形、程序。其颁布直接影响了我国劳动人事管理体制改革，也影响了高校聘用合同法律制度。首先，《劳动合同法》第 2 条承继了《劳动法》第 2 条的内容，规定企业等组织与劳动者建立劳动关系，与劳动合同相关的事宜适用本法，而事业单位与其劳动者建立劳动关系，与劳动合同的相关事宜依照本法执行[①]。此条文将“适用本法”与“依照本法执行”的情况进行了区分，可在一定程度上推知事业单位与其建立劳动关系的劳动者并非完全适用《劳动合同法》。其次，《劳动合同法》对于高校聘用合同影响最大的是其第96条，当中规定“事业单位与实行聘用制的工作人员订立、履行、变更、解除或者终止劳动合同，法律、行政法规或者国务院另有规定的，依照其规定；未作规定的，依照本法有关规定执行”。该条文将事业单位与其实施聘用制的工作人员之间签订的“聘用合同”也称为“劳动合同”，从而令事业单位的人事关系也纳入劳动法律规范进行调整，反映出事业单位内的聘用关系本质为劳动关系，为聘用合同为特殊的劳动合同提供了一定的法律依据。最后，《劳动合同法》第96条还确定聘用合同的法律适用应当遵循“特别法优于一般法”原则，只有在人事法律规范缺位的情况下，才可适用劳动法律规范，即高校对于教师的人事管理首先应当适用事业单位法律法规，如《事业单位人事管理条例》《教师法》等，在人事规范没有缺乏相关规定时才适用《劳动合同法》。

由此，上述第2条和第96条的内容共同确立起事业单位与其工作人员之间法律适用的两种情形：（1）事业单位中没有编制的工作人员，这些劳动者与事业单位之间签订劳动合同，从而建立“劳动关系”，事业单位与劳动者因为劳动合同的订立、履行、解除等原因出现纠纷时，应当直接适用劳动合同法的相关规定；（2）事业单位有编制的工作人员，这些劳动者与事业单位签订的是聘用合同，从而建立“聘用关系”，当聘用合同的订立、履行等原因发生纠纷时，应当首先由“法律、行政法规或者国务院另有规定”进行调整，在上述属于“另有规定”的人事法律规范缺位时，才可依照《劳动合同法》的相关规定作出处理。

2.《劳动合同法》对于高校聘用合同的影响

相较于《劳动法》概括式规定，《劳动合同法》更加具体细致地对劳动关系进行全面规制。将排除在《劳动法》适用范围之外的聘用合同，纳入

① 《劳动合同法》第2条规定：“中华人民共和国境内的企业、个体经济组织、民办非企业单位等组织（以下简称用人单位）与劳动者建立劳动关系，订立、履行、变更、解除或者终止劳动合同，适用本法。国家机关、事业单位、社会团体和与其建立劳动关系的劳动者，订立、履行、变更、解除或者终止劳动合同，依照本法执行。”

《劳动合同法》调整范围之中，让《劳动合同法》成为处理事业单位人事关系的兜底性法律，不仅为高校的人事制度改革提供了基础性法律规范，也改变了高校劳动人事管理无法适用《劳动法》的尴尬局面。《劳动合同法》的颁布也意味着事业单位人事管理制度开始形成人事关系与劳动关系的并轨，对高校人事管理意识、纠纷解决机制等方面都产生巨大影响，同时也对高校人事管理制度提出了新的挑战。

（1）对高校人事管理的影响

传统的高校人事关系是典型的上下级管理关系，高校教职工依附于高校，高校在其与教职工的关系中处于绝对强势的地位，两者之间存在明显的不对等，实践中高校发生的人事纠纷通常为高校侵犯教师的合法权益而引起。而过去的人事法律规范多数内容是为了加强人事管理，提高事业单位管理效能，教职工作为劳动者的合法权益并没有得到有效保障，由此引发的人事争议长期以来难以有效解决。《劳动法》将事业单位的受聘人员排除在适用范围之外，这令高校教师在较长的时期内，遭遇人事关系纠纷时缺乏法律上的救济渠道。而《劳动合同法》的颁布，将事业单位聘用合同也纳入劳动法的范畴之中，承认了高校与教职工之间的劳动关系，劳动关系开始与人事关系呈现并轨发展的态势。

这对于高校人事管理的首要影响是高校与教职工地位的变化。传统的高校人事制度并没有建立“以人为本”的管理体制，更多的高校教职工认为自己属于编制内人员，拥有“铁饭碗”，对于高校有着极强的依赖性。这不仅难以建立起“激励与制约结合”的管理方式，也导致教职工在权益受到侵犯时难以寻求救济。《劳动合同法》的内容侧重保护劳动者，对用人单位设置了大量的约束性条款，强化了市场经济下劳动者的权益保障，通过高校聘用合同的制定，尽可能地将高校与教职工两大劳动主体置于平等的关系之中，从法律层面上尽可能地维持高校与教职工两者间的平衡。《劳动合同法》通过对劳动者一方的倾斜性保护，令用人单位与劳动者法律上处于平等地位，这对于高校与教职工之间传统的人事管理观念向双方平等的劳动法观念的转变发挥了积极的影响。此外，激励与制约结合的管理方式也更有助于激发高校教职工作为脑力工作者和科研创新者的工作积极性和创新活力。

其次，《劳动合同法》从合同订立时即提供全过程的法律保障，并且对于劳动者进行了倾斜式的保护，增加了高校的人事管理成本。例如当中第 19 条对于试用期的规定，增加了高校对于教职工的入职成本。[①] 第 22 条对于服务期的规定，增加了高校的培训成本和违约风险。[②] 第 37 条对于劳动者解除合同程序的规定减轻了劳动者的解约成本，无形也增加了高校人才流失的风险。[③] 这些倾斜保护劳动者的相关内容，显然是此前带有明显行政法律关系的人事规范不曾规定的，《劳动合同法》的出台使得高校的管理成本、用工成本、承担的教职工离职风险均明显增加。

最后，高校依据《劳动合同法》进行人事管理，不仅增加管理的成本和用人风险，并且代表教职工利益的工会权利也在扩大。工会在劳动法律制度中不仅起到监督作用、救济作用，在管理制度的制定上还能起到一定的决定作用。虽然这些《劳动合同法》新增的内容对于高校而言加重了其法律义务与法律责任，但也令高校聘用合同在法律层面、具体制度实施层面更加规范，从而进一步推动了高校人事制度改革进程。

（2）对高校教师用工规范的影响

高校教师聘用制一般被划分为两个阶段：第一阶段为“以人定岗”阶段，以 1982 年《关于〈国务院关于高等学校教师职务名称及其确定与提升办法的暂行规定〉的实施意见》的发布为标志，高校教师的职务工作开始被纳入制度化轨道，“教授、副教授、讲师”等职称被视作职务来对待，呈现出重职务、重身份的特点。第二阶段为“以岗定人”阶段，以 1986 年《关于实行专业技术职务聘任制度的规定》和《高等学校教师职务实行条例》、1993 年《教育法》、1994 年《教师法》、1995 年《高等教育法》的发布为标志，这些法律法规进一步推进了高校教师聘用制度的相关规定的发展，我国高校聘用合同制度也逐步走向全面化、法治化和规范化，呈现出重岗位、重聘任的特

---

① 《劳动合同法》第 19 条第 1 款规定：“劳动合同期限三个月以上不满一年的，试用期不得超过一个月；劳动合同期限一年以上不满三年的，试用期不得超过二个月；三年以上固定期限和无固定期限的劳动合同，试用期不得超过六个月。”

② 《劳动合同法》第 22 条规定：“劳动者违反服务期约定的，应当按照约定向用人单位支付违约金。违约金的数额不得超过用人单位提供的培训费用。用人单位要求劳动者支付的违约金不得超过服务期尚未履行部分所应分摊的培训费用。”

③ 《劳动合同法》第 37 条规定：“劳动者提前三十日以书面形式通知用人单位，可以解除劳动合同。劳动者在试用期内提前三日通知用人单位，可以解除劳动合同。”

点。但我国根深蒂固的“官本位”思想让社会公众对于“编制”尤为看重，事业单位实行聘用制还缺乏一定的社会基础，使得高校教师聘用制度虽然开始推进，但是在各地的实际落实情况往往大打折扣，真正意义上的高校聘用制度还未能建立完善。通观全国各地的高校，仅有北京大学、清华大学等重点公立高校进行了全面的教师聘用制度改革。虽然一定程度上推动了高校人事劳动制度的发展，但在此期间发生的一些人事劳动案件也引起了全社会的巨大争议，亟须相关法律规范保障高校聘用合同制度全面推行，保护聘用合同制度实行过程中高校教职工的合法权益。

《劳动合同法》第 2 条与第 96 条对高校教师的聘用合同作出相应规定，明确了高校与教职工之间劳动关系，对劳动用工的规范提出了制度性要求。当中对于试用期、合同期限等内容均作出了明确规定，为教师的合法权益以及劳动关系的合同化、合法化提供了法律保障。当然，鉴于高校聘用合同自身的特殊性，高校教师的权利义务与一般劳动者的权利义务尚存在一定区别，《劳动合同法》第 96 条“特别法优于一般法”的规定符合当前现状。总体而言，《劳动合同法》扮演高校聘用合同制度中兜底性的法律，不仅为高校人事聘用制度改革提供了完善的法律基础，还为高校教职工提供了有效的法律救济的渠道，在新一轮高校人事制度改革中发挥了不可或缺的作用。

（3）对高校纠纷解决的影响

《劳动合同法》的颁布将聘用合同也纳入劳动法律规范的适用范围内，令传统的高校人事关系呈现出向劳动关系并轨的趋势，高校教职工逐渐意识到作为劳动者所应拥有的权利，一定程度上提高了高校教师自我维权的意识和对高校纠纷解决机制的要求。并且劳动法律规范侧重劳动者一方的权益保护，较之用人单位赋予了劳动者更多的权利，也从法律上设置了一系列保障措施，如不订立书面劳动合同的法律责任、违法约定试用期的法律责任等，这些都对高校与教职工之间的劳动关系产生了积极影响。高校教师作为脑力工作者和科研工作者，同时也是劳动者，其会将自身与高校之间的人事关系比照《劳动合同法》适用，有利于教师法律维权意识的建立。但随着高校教师维权意识的增强，以及《劳动合同法》颁布后高校与教职工对于法律条文理解的不同，也势必引发越来越多的聘用合同争议，显然，这将导致高校用工风险逐渐上升。各地高校人事劳动纠纷发生率不断增加的同时，实质上是对高校劳动纠纷解决机制提出了更高的要求。高校人事管理在劳动合同法颁布后，监督与保障制度尚未建立，高校人事制度仍然存在明显的不足，我国亟须建立一套完善的人事聘用合同纠纷解决机制。

（三）《劳动争议调解仲裁法》

《劳动争议调解仲裁法》于2007年通过，其中关于高校聘用合同的内容主要体现在第52条规定：“事业单位实行聘用制的工作人员与本单位发生劳动争议的，依照本法执行；法律、行政法规或者国务院另有规定的，依照其规定。”该法采取与其同年颁布的《劳动合同法》相似的立法模式，即针对事业单位聘用制争议采取“特别法优于一般法”。

一方面将受聘人员与事业单位发生的劳动争议纳入其法律适用的范围之内，另一方面考虑到当前聘用合同相较于劳动合同尚存在一定的特殊性，无法完全地纳入统一的劳动法轨道，仍然首先适用人事法律规范，只有在人事法律规范无相关规定时才可适用劳动法律规范。本法与《劳动合同法》分别从纠纷解决的程序和实体两方面，对高校聘用合同制度的运行提供法律保障。

（四）《教师法》《高等教育法》等教育相关法

1993年《教师法》通过，并于2009年进行了修正。其中第7条规定了教师享有的按时获取工资报酬，享受寒暑假带薪休假等的各项权利。[①] 第13条规定了高校教师资格认定的行政部门，以及取得教师资格的人员首次任教，

① 《教师法》第7条规定：“教师享有下列权利：（一）进行教育教学活动，开展教育教学改革和实验；（二）从事科学研究、学术交流，参加专业的学术团体，在学术活动中充分发表意见；（三）指导学生的学习和发展，评定学生的品行和学业成绩；（四）按时获取工资报酬，享受国家规定的福利待遇以及寒暑假期的带薪休假；（五）对学校教育教学、管理工作和教育行政部门的工作提出意见和建议，通过教职工代表大会或者其他形式，参与学校的民主管理；（六）参加进修或者其他方式的培训。”

应当有试用期。[①] 第 39 条规定教师的申诉权，为教师提供了权利救济的途径。[②] 这些法律规范规定了教师应享有的权利及权利救济途径，为保障教师的合法权益，建设好我国的教师队伍发挥了重要作用。

1998 年《高等教育法》发布，并于 2015 年、2018 年经历两次修正。《高等教育法》主要针对高等教育活动作出了的专门性规定，在《教师法》的基础上，对高校教师这一群体规定得更加具体。其中第 47 条规定高等学校实行教师职务制度，设助教、讲师、副教授、教授职务，建立起高校教师职务的法治化轨道。[③] 第 48 条规定高校实行聘任制，由校长与教师签订聘用合同。[④]。第 29 条、第 39 条、第 40 条、第 41 条规定了高校由国务院教育行政部门或者省级人民政府审批，代表国家在高等教育领域对学生或者教师实行相关的行政管理职能，如高校校长有权聘任与解聘教师，对学生进行学籍管理并实施

---

① 《教师法》第 13 条规定：“中小学教师资格由县级以上地方人民政府教育行政部门认定。中等专业学校、技工学校的教师资格由县级以上地方人民政府教育行政部门组织有关主管部门认定。普通高等学校的教师资格由国务院或者省、自治区、直辖市教育行政部门或者由其委托的学校认定。具备本法规定的学历或者经国家教师资格考试合格的公民，要求有关部门认定其教师资格的，有关部门应当依照本法规定的条件予以认定。取得教师资格的人员首次任教时，应当有试用期。”

② 《教师法》第 39 条规定：“教师对学校或者其他教育机构侵犯其合法权益的，或者对学校或者其他教育机构作出的处理不服的，可以向教育行政部门提出申诉，教育行政部门应当在接到申诉的三十日内，作出处理。教师认为当地人民政府有关行政部门侵犯其根据本法规定享有的权利的，可以向同级人民政府或者上一级人民政府有关部门提出申诉，同级人民政府或者上一级人民政府有关部门应当作出处理。”

③ 《高等教育法》第 47 条规定：“高等学校实行教师职务制度。高等学校教师职务根据学校所承担的教学、科学研究等任务的需要设置。教师职务设助教、讲师、副教授、教授。高等学校的教师取得前款规定的职务应当具备下列基本条件：（一）取得高等学校教师资格；（二）系统地掌握本学科的基础理论；（三）具备相应职务的教育教学能力和科学研究能力；（四）承担相应职务的课程和规定课时的教学任务。教授、副教授除应当具备以上基本任职条件外，还应当对本学科具有系统而坚实的基础理论和比较丰富的教学、科学研究经验，教学成绩显著，论文或者著作达到较高水平或者有突出的教学、科学研究成果。高等学校教师职务的具体任职条件由国务院规定。”

④ 《高等教育法》第 48 条规定：“高等学校实行教师聘任制。教师经评定具备任职条件的，由高等学校按照教师职务的职责、条件和任期聘任。高等学校的教师的聘任，应当遵循双方平等自愿的原则，由高等学校校长与受聘教师签订聘任合同。”

奖励或者处分。[①] 这些法律规定均为高校聘用合同的有效实施提供了相关保障。

三、高校聘用合同的相关司法解释、行政规章及地方性法规

与高校聘用合同相关的司法解释有《最高人民法院关于人民法院审理事业单位人事争议案件若干问题的规定》《最高人民法院关于事业单位人事争议案件适用法律等问题的答复》等；行政法规有《事业单位人事管理条例》《关于在事业单位试行人员聘用制度意见》《人事争议处理规定》等；各地方为深化事业单位人事制度改革，根据上述法律、司法解释及行政法规的精神，结合本区域实际制定了相关的地方性法规，如2005年江苏省政府发布的《江苏省事业单位人员聘用制暂行办法》等。这些司法解释、行政规章及地方性法规绝大多数是在劳动法律体系之下，依据事业单位自身的特殊性，对事业单位人事管理作出的具体性规定，囊括了包括人事管理、争议处理等方面的众多内容，一齐构成了人事管理规范体系，是高校处理聘用合同纠纷最重要的实体法规范。

（一）与高校聘用合同相关的司法解释

为正确审理事业单位人事争议案件，最高人民法院于2003年发布《最高人民法院关于人民法院审理事业单位人事争议案件若干问题的规定》（法释〔2003〕13号）。该规定第1条规定因聘用合同发生的争议，适用《劳动合同

---

① 《高等教育法》第29条第1款规定：“设立实施本科及以上教育的高等学校，由国务院教育行政部门审批；设立实施专科教育的高等学校，由省、自治区、直辖市人民政府审批，报国务院教育行政部门备案；设立其他高等教育机构，由省、自治区、直辖市人民政府教育行政部门审批。审批设立高等学校和其他高等教育机构应当遵守国家有关规定。”第39条规定：“国家举办的高等学校实行中国共产党高等学校基层委员会领导下的校长负责制……”第40条规定：“高等学校的校长，由符合教育法规定的任职条件的公民担任。高等学校的校长、副校长按照国家有关规定任免。”第41条规定：“高等学校的校长全面负责本学校的教学、科学研究和其他行政管理工作，行使下列职权：（一）拟订发展规划，制定具体规章制度和年度工作计划并组织实施；（二）组织教学活动、科学研究和思想品德教育；（三）拟订内部组织机构的设置方案，推荐副校长人选，任免内部组织机构的负责人；（四）聘任与解聘教师以及内部其他工作人员，对学生进行学籍管理并实施奖励或者处分；（五）拟订和执行年度经费预算方案，保护和管理校产，维护学校的合法权益；（六）章程规定的其他职权。高等学校的校长主持校长办公会议或者校务会议，处理前款规定的有关事项。”

法》的规定处理；第2条规定当事人对于人事争议仲裁机构作出的裁决不服时，可寻求的司法救济的途径和法院强制执行的依据，这也首次衔接起人事仲裁机制与司法救济机制两种人事救济机制；第3条明确了规定中所指的人事争议的含义。[①]

为进一步明确法律适用，最高人民法院于2004年发布《最高人民法院关于事业单位人事争议案件适用法律等问题的答复》（法函〔2004〕30号），对法释〔2003〕13号司法解释规定的“适用《劳动合同法》的含义”作出了进一步的明确。当中规定因聘用合同引起的人事争议适用《劳动合同法》，是指程序上适用《劳动合同法》的相关规定，但实体上首先应当适用人事法律规范，在涉及如劳动者权利等人事法律规范未规定的内容，才适用劳动法律规范进行补位。[②] 进一步明确了聘用合同的法律适用问题，解决了劳动规范与人事规范的适用争议。至此，高校聘用合同的法律适用相对清晰，即程序层面上适用《劳动法》等相关劳动法律规范，实体层面上首先适用事业单位人事管理的相关法律规定，在人事制度缺乏相关的具体的劳动权利义务规定时，继而适用劳动法律规范。以上法律适用的规定不仅考虑到人事法律规范与劳动法律规范不可忽视的差别，还以劳动法律规范进行兜底的方式保障事业单位人员的切身利益。

（二）与高校聘用合同相关的行政法规

《事业单位人事管理条例》由国务院于2014年颁布，是人事法律规范中

---

① 《最高人民法院关于人民法院审理事业单位人事争议案件若干问题的规定》第1条规定：“事业单位与其工作人员之间因辞职、辞退及履行聘用合同所发生的争议，适用《中华人民共和国劳动法》的规定处理。”第2条规定：“当事人对依照国家有关规定设立的人事争议仲裁机构所作的人事争议仲裁裁决不服，自收到仲裁裁决之日起十五日内向人民法院提起诉讼的，人民法院应当依法受理。一方当事人在法定期间内不起诉又不履行仲裁裁决，另一方当事人向人民法院申请执行的，人民法院应当依法执行。”第3条规定：“本规定所称人事争议是指事业单位与其工作人员之间因辞职、辞退及履行聘用合同所发生的争议。”

② 《最高人民法院关于事业单位人事争议案件适用法律等问题的答复》规定：“‘适用《中华人民共和国劳动法》的规定处理’是指人民法院审理事业单位人事争议案件的程序运用《中华人民共和国劳动法》的相关规定。人民法院对事业单位人事争议案件的实体处理应当适用人事方面的法律规定，但涉及事业单位工作人员劳动权利的内容在人事法律中没有规定的，适用《中华人民共和国劳动法》的有关规定。”

仅有的一部行政法规，在当前人事法律规范中法律效力最高。它的出台在规范事业单位的人事管理、保障事业单位工作人员合法权益等方面发挥了重要作用，对于我国的事业单位人事制度改革意义重大。其中第4章对聘用合同作出了具体性的规定，包括聘用合同解除和履行的期限或条件、订立合同至退休的条件等内容。第8章对于人事争议处理作出的具体性的规定，如第37条规定，事业单位发生人事争议适用劳动争议调解仲裁法的有关规定处理，第38条规定受聘人员对于考核结果、处分不服的，可申请复核、提出申诉①。该条例的出台是运用法治手段推进事业单位人事聘用制改革的重要举措，对促进高校人事管理法治化、提高高校人力资源管理效能等方面发挥了重要作用，充分调动了高校教师的积极性与创新性，为高校形成平等竞争，机制灵活的人事体制机制营造了良好的法治环境。

（三）与高校聘用合同相关的部门规章

1.《关于在事业单位试行人员聘用制度意见》

加入WTO后，我国事业单位的用人机制迫切需要转换，为确保事业单位人员聘用工作的顺利实施，2002年国务院办公厅转发人事部《关于在事业单位试行人员聘用制度意见的通知》（国办发〔2002〕35号），要求将聘用制作为公立高校人事管理的基本形式，并为聘用制度的实施作出了一系列的具体规定，由此在全国范围内开展了新一轮的人事管理制度改革。该通知规定了聘用制度的实施范围，即事业单位除按公务员制度进行管理及转制为企业的以外，均要实行聘用制度。要求各事业单位先定岗后定人，对全面公开招聘的基本程序作出了要求。针对聘用合同的内容，该通知要求合同采取书面形式，并且必须包含如合同期限、岗位要求、工资待遇等条款，对考核制度的建立与完善作出了规定。同时还规范解聘辞聘制度，包括双方协议解除，聘用单位可随时解除、提前书面通知方可解除、不可解除合同的情形，以及受聘人员可随时单方面解除聘用合同的条件。此外，还规定发生人事争议时，

① 《事业单位人事管理条例》第37条规定：“事业单位工作人员与所在单位发生人事争议的，依照《中华人民共和国劳动争议调解仲裁法》等有关规定处理。”第38条规定：“事业单位工作人员对涉及本人的考核结果、处分决定等不服的，可以按照国家有关规定申请复核、提出申诉。”

当事人可以申请当地人事争议仲裁委员会仲裁。这些规定均为聘用制度的推行提供了法律基础，有力推动了高校人事管理由身份管理向岗位管理的转变，此前高校与教师之间的行政管理关系开始向平等灵活的聘用合同关系进行转变。

2.《人事争议处理规定》

为公正及时地处理人事争议，1997 年人事部发布《人事争议处理暂行规定》，2007 年《人事争议处理规定》出台，同时废止暂行规定，并于 2011 年进行了修正。其中第 2 条明确了事业单位与工作人员之间因解除人事关系、履行聘用合同发生的争议适用本规定。第 3 条规定了人事争议发生后，当事人双方的纠纷解决渠道。① 第 16 条规定了人事争议的仲裁时效为 60 日。② 第 33 条规定，发生法律效力的调解书或者裁决书一方当事人逾期不履行的，另一方可申请法院强制执行。③ 此外，本规定还对人事争议仲裁申请书、提交仲裁申请、仲裁的程序等问题均作出具体的规定。《人事争议处理规定》对高校与教职工之间因为聘用合同产生人事争议的处理进行了明确，为公正及时处理聘用合同纠纷，保护教职工合法权益发挥了重要作用，是高校教师处理聘用合同纠纷的重要依据。

（四）与高校聘用合同相关的地方性法规

多数地方为深化事业单位人事制度改革，根据《关于在事业单位试行人员聘用制度的意见》（国办发〔2002〕35 号）精神，结合当地的实际情况，制定了符合其地区特点的地方性法规，对其管辖区域内的事业单位聘用制度进行规范。如 2002 年四川省人民政府发布的《四川省事业单位人员聘用制管理试行办法》；2003 年上海市发布的《上海市事业单位聘用合同办法》；2004

---

① 《人事争议处理规定》第 3 条规定：“人事争议发生后，当事人可以协商解决；不愿协商或者协商不成的，可以向主管部门申请调解，其中军队聘用单位与文职人员的人事争议，可以向聘用单位的上一级单位申请调解；不愿调解或调解不成的，可以向人事争议仲裁委员会申请仲裁。当事人也可以直接向人事争议仲裁委员会申请仲裁。当事人对仲裁裁决不服的，可以向人民法院提起诉讼。”

② 《人事争议处理规定》第 16 条规定：“当事人从知道或应当知道其权利受到侵害之日起六十日内，以书面形式向有管辖权的人事争议仲裁委员会申请仲裁。”

③ 《人事争议处理规定》第 33 条规定：“对发生法律效力的调解书或者裁决书，当事人必须履行。一方当事人逾期不履行的，另一方当事人可以依照国家有关法律法规和最高人民法院相关司法解释的规定申请人民法院执行。”

年浙江省政府发布的《浙江省事业单位人员聘用制度试行细则》，2005 年为更好贯彻试行细则，浙江省人事厅发布《关于执行〈浙江省事业单位人员聘用制度试行细则〉若干问题的意见》；2005 年江苏省政府发布的《江苏省事业单位人员聘用制暂行办法》，2006 年为贯彻落实暂行办法，江苏省人事厅关于印发《关于省属事业单位贯彻实施江苏省事业单位人员聘用制暂行办法有关问题的解释》；2006 年南京市人民政府发布《南京市事业单位人员聘用制管理办法》；2010 年珠海市人力资源和社会保障局发布《珠海市事业单位人员聘用制暂行规定》……这些地方性规范性文件均为事业单位人员聘用制度作出规定，有利于贯彻落实相关的部门规章，根据地方的实际情况全面推进事业单位人事改革，在高校内建立符合其办学规律、充满活力的用人机制。

第二节　高校聘用合同的制度规范分析

通过梳理高校聘用合同的法律规范及演进脉络可知，当前主要有三类法律法规对高校聘用合同法律制度进行规制：第一类是以《劳动法》《劳动合同法》《劳动争议调解仲裁法》及相关司法解释构成的劳动法律规范体系，在人事规范缺少法律层面立法的情形下，劳动法律规范体系为聘用合同提供了程序法上的主要依据及实体法上的补充依据；第二类是以《人事争议处理规定》《事业单位人事管理条例》《关于在事业单位试行人员聘用制度意见》等行政法规、规章及规范性文件构成的事业单位人事法律规范体系，是聘用合同实体法上的主要依据；第三类是以《教师法》《高等教育法》等法律构成的教育法律规范体系。在实际运用中，教育法律规范并没有针对高校教师或者聘用合同作出具体的规定，对高校聘用合同进行具体规制的法律主要是劳动法律规范和事业单位人事法律规范，两者共同支撑起当前的高校聘用合同法律制度。本节将对有关高校聘用合同的劳动法律规范和人事法律规范的文本进行比较，以更加深入地分析当前高校聘用合同的立法和适用现状。

一、人事聘用关系和劳动关系的相似性

高校聘用合同主要受人事法律规范和劳动法律规范的双重调整，在实践

中两者的适用范围存在重合的现象。通过对高校聘用合同的作用、要素及特点进行分析，可发现两种法律规范在适用范围上的重合，最主要的原因是人事聘用关系和劳动关系两者存在很大的相似性。

（一）合同作用的相似性

用人单位与其工作人员之间的人事聘用关系或劳动关系，均是以聘用合同或劳动合同的生效而成立，合同是确定双方聘用关系或劳动关系的重要依据。随着《劳动法》的出台以及事业单位聘用制改革的推行，原本带有行政管理色彩的劳动或聘用关系开始向平等协商的合同关系转变，用人单位和劳动者法律关系的核心聚焦在了合同上。通过订立聘用合同、劳动合同，在人事聘用制度和劳动制度中引入良性竞争，以求建立起人尽其才、能上能下、充满活力的用人机制，发挥使劳动者或受聘人员从“身份”到“契约”转变的重要作用。从作用发挥的角度而言，聘用合同和劳动合同具有很大相似性。

（二）合同要素的相似性

聘用合同和劳动合同均为有名合同，相关的人事法律规范和劳动法律规范对其合同要素都各自作出了规定，在合同要素上两者具有相似性。例如，聘用合同和劳动合同都要求合同中具备合同主体、合同期限、工作内容和工作地点、工作时间和休息休假、劳动报酬、社会保险、违约责任等要素，聘用合同和劳动合同只是在具体要素之下存在差异。

（三）合同本质的相似性

聘用合同与劳动合同具有明显的同质性。上文已经提及，劳动合同的本质属性为从属性，那么，判断劳动合同和聘用合同是否具有同质性，关键在于从属性的判断标准。对于从属性的判断标准在世界各国之间存在较大的差异，主要有：（1）德国的“人格从属性说”：德国联邦法院于1962年提出判断从属性的标准有三点：一是受雇主指示权的约束，二是纳入雇主的劳动组织之中，三是以全部劳动力供雇主支配，以至于自身无法支配自己的劳动力，呈现出劳动力的纯粹利他性，达到以上三点可认定为劳动者。（2）日本在德国的基础上，增加了“经济从属性”：即订立契约时雇主享有主动权，劳动者经济地位处于弱势。(3) 中国台湾地区在德日基础上，又增加了“组织从属性”：即劳动契约区别于民法上的劳务契约，劳动者在组织身份上隶属雇主团队，劳动行为需要遵守其组织内部性规则和程序性规定。①

在高校人事聘用关系中，受聘教师也符合“劳动者”的从属性标准。高校对于受聘教师的管理规定具体详细，从请假、销假制度、考勤管理、学习培训，到教师岗位有关的处分、奖励规定都进行了全面规定，基于管理规定，高校对于教师的个人行为和组织依赖均形成了很强的控制力。人事关系建立后，高校便拥有了对于受聘教师劳动力的支配权，形成了事实上的“人格从属”和“组织从属”。高校教师以自己的专业知识从事脑力劳动，虽然其工资遵循的是国家统一的工资制度，并非直接与单位的经济效益挂钩，但是工资待遇也是高校教师的主要生活来源，与从事其他类型的劳动者以劳动换取收益并无本质区别，符合“经济从属”的特征。受聘教师本质上属于“劳动者”，聘用合同与劳动合同本质上具有相似性，可将聘用合同视为特殊的劳动合同，这点可从《劳动合同法》第96条的规定得到一定印证。

二、人事聘用关系和劳动关系的差异性

总体而言，人事聘用关系和劳动关系存在很强的相似性，聘用合同符合劳动合同“从属性”的特征，受聘人员属于法律上的“劳动者”，可将聘用合同视为特殊的劳动合同。但聘用合同自身也存在不可忽略的特殊之处，也正是这些特殊之处造成了聘用关系不可完全视为劳动关系。

(一) 主体存在差异性

人事聘用关系建立于事业单位与受雇人员之间，如高校、医院等事业单位均带有明显的公益性色彩，事业单位的初衷即为社会公众提供公共产品、服务大众，参与社会事务管理的宗旨是为社会服务，其获取的经济利益往往很难进行评估。而劳动关系往往建立于商业组织与劳动者之间，用人单位通常以提供社会需要的产品服务来获得利益为目的，其宗旨在于追求最大的经

① 参见王松柏：《劳动契约在法律上的地位》，载台湾劳动法学会编：《劳动基准法释义：施行二十年之回顾与展望》，新学林出版社2005年版，第53页。

济利益，获取的经济利益易于计算，经济利益的多少也是日常管理中最重要的指标，可以直接展示企业经营状况的好坏。两者法律关系中主体存在明显差异，聘用关系中事业单位属于公主体，而劳动关系中用人单位属于私主体，公私主体自身的属性导致了其经营目的、宗旨的不同，这在很大程度上影响了法律关系的内容。

（二）法定性存在差异

由于事业单位的功能在于提供公共事业产品，带有服务性和公益性的特征，相比于劳动关系，聘用关系更多涉及公共利益。因此，聘用合同的法定性内容更多，聘用关系更直接地受到法律法规的硬性规定。对于受雇人员的工资待遇，人事聘用关系中主体双方必须严格遵守国家制定的事业单位薪酬制度，薪酬的发放不得像劳动合同中由当事人双方自主约定，聘用关系受到法律规范的约束更强；事业单位实行编制化管理，事业编制由国家事业经费负担，因此编制数量有着严格的限制，由国家编制部门核定，无法像企业一般自由设置岗位；在职位招聘上，事业单位编制内的工作人员需要参加国家人事部门统一组织的公招考试，在岗位晋升需要通过政府人事部门，无法像企业一样自由招录。从此意义上而言，聘用关系和劳动关系在法定性上存在着明显差别，聘用关系中公共属性的一面令其更加类似于公务员的人事关系。

（三）法律规范的重点存在差异性

人事聘用关系更多为服务社会公众，带有强烈的公益性色彩，因此其内容的设定也更多蕴含公法干预的因素，人事法律规范立法的重要目的是规范事业单位人事管理制度，首先强调公共利益和组织利益的保护；其次强调对于受雇人员权益的保护。而劳动合同的内容一般仅在劳动者与用人单位之间发生效力，劳动关系并不带有公益性色彩，因此劳动法律规范更多会倾斜保护劳动者利益，强调劳动者的工作条件、工资待遇、纠纷解决等内容。相关立法对于两者规范的重点存在明显差异。

三、人事法律规范与劳动法律规范的文本比较

从高校聘用合同的作用、要素及从属性的角度来看，聘用关系和劳动关

系两者存在着相似性，因此人事法律规范和劳动法律规范在法律文本上也呈现出相似性的特点，且近年来，聘用关系有向劳动关系并轨发展的趋势，两种法律规范的适用范围重合度更高，法律文本在一定范围内呈现出一致性。但人事聘用关系在主体、适用范围和法定性上有着其不可忽视的特点，事业单位人事聘用制度和劳动制度也有着完全不同发展历程，这些注定了人事法律规范和劳动法律规范在文本上存在不可避免的差异性，这种差异也造成了实践中法律适用上的困难，为劳动人事一体化改革带来巨大的阻碍。

（一）人事规范和劳动规范文本的一致性

在人事法律规范《事业单位人事管理条例》中，明确聘用合同由事业单位与工作人员订立，是聘用合同发生争议后主要依据的法律规范。《劳动法》第 2 条、《劳动合同法》第 2 条均明确了事业单位是劳动法律规范的适格主体，《劳动合同法》第 96 条还将聘用合同纳入劳动法律规范的适用范围。可见，两者在适用范围上具有一致性，聘用合同法律制度实际上受劳动法律规范和人事法律规范的双重调整。人事法律规范和劳动法律规范的文本内容也具有一致性，如《劳动合同法》第 3 条明确了劳动合同“合法、公平、平等自愿、协商一致、诚实信用”的基本原则，35 号文中明确聘用合同“坚持公开、平等、竞争、择优的原则”的基本原则。劳动合同和聘用合同均要求以书面的形式订立，法律文本中均规定了合同的必备条款，设置了合同的试用期，规定了单独解除合同的条件等方面的内容，两种法律规范的文本具有一致性。

（二）人事规范和劳动规范实体法文本的差异性

1. 合同期限规定存在差异

《事业单位人事管理条例》第 12 条、第 14 条对聘用合同的合同期限作出了规定，① 要求聘用合同一般不低于 3 年，并且明确了可订立至退休的合同的情形。《劳动合同法》第 12 条、第 13 条、第 14 条、第 15 条对劳动合同的合

① 《事业单位人事管理条例》第 12 条规定：“事业单位与工作人员订立的聘用合同，期限一般不低于 3 年。”第 14 条规定：“事业单位工作人员在本单位连续工作满 10 年且距法定退休年龄不足 10 年，提出订立聘用至退休的合同的，事业单位应当与其订立聘用至退休的合同。”

同期限作出规定,[①] 其中将劳动合同根据合同期限作出了具体分类，即固定期限劳动合同、无固定期限劳动合同和以完成一定工作任务为期限的劳动合同。在固定期限的合同中，《劳动合同法》较之该条例并未设置不低于 3 年的时间限制，可由用人单位和劳动者协商，聘用合同设置合同最低年限的考虑更多是因为事业单位具有公益性、服务性和知识密集性，提供公共产品需要一定的稳定性，否则可能损害公共的利益。对于无固定期限的劳动合同，条例仅规定受聘人员连续工作满 10 年且距法定退休年龄不足 10 年的情况下可订立，《劳动合同法》较之条例允许订立无固定期限的劳动合同的情形更多：首先用人单位与劳动者协商一致可订立，其次劳动者工作满 10 年的、劳动者在用人单位工作满 10 年且离退休不足 10 年的、连续订立 2 次固定期限劳动合同后，若无单位单方解除合同情形，继续续订劳动合同的，均可订立无固定期限的劳动合同。此外，《劳动合同法》还规定了条例未规定的相关内容，如以完成一定工作任务为期限的劳动合同，此类合同用人单位与劳动者协商一致即可订立。

2. 合同试用期规定存在差异

《劳动法》第 21 条[②]规定了初次就业的工作人员试用期不得超过 6 个月，《劳动合同法》第 19 条[③]在此基础上进一步明确，劳动合同期限在 3 个月至 1

---

① 《劳动合同法》第 12 条规定：“劳动合同分为固定期限劳动合同、无固定期限劳动合同和以完成一定工作任务为期限的劳动合同。”第 13 条规定：“固定期限劳动合同，是指用人单位与劳动者约定合同终止时间的劳动合同。用人单位与劳动者协商一致，可以订立固定期限劳动合同。”第 14 条规定：“无固定期限劳动合同，是指用人单位与劳动者约定无确定终止时间的劳动合同。用人单位与劳动者协商一致，可以订立无固定期限劳动合同。有下列情形之一，劳动者提出或者同意续订、订立劳动合同的，除劳动者提出订立固定期限劳动合同外，应当订立无固定期限劳动合同：（一）劳动者在该用人单位连续工作满十年的；（二）用人单位初次实行劳动合同制度或者国有企业改制重新订立劳动合同时，劳动者在该用人单位连续工作满十年且距法定退休年龄不足十年的；（三）连续订立二次固定期限劳动合同，且劳动者没有本法第三十九条和第四十条第一项、第二项规定的情形，续订劳动合同的。用人单位自用工之日起满一年不与劳动者订立书面劳动合同的，视为用人单位与劳动者已订立无固定期限劳动合同。”第 15 条规定：“以完成一定工作任务为期限的劳动合同，是指用人单位与劳动者约定以某项工作的完成为合同期限的劳动合同。用人单位与劳动者协商一致，可以订立以完成一定工作任务为期限的劳动合同。”

② 《劳动法》第 21 条规定：“劳动合同可以约定试用期。试用期最长不得超过六个月。”

③ 《劳动合同法》第 19 条第 1 款规定：“劳动合同期限三个月以上不满一年的，试用期不得超过一个月；劳动合同期限一年以上不满三年的，试用期不得超过二个月；三年以上固定期限和无固定期限的劳动合同，试用期不得超过六个月。”

年，试用期不得超过1个月，1~3年的试用期不超过2个月，3年以上或无固定期限的不得超过6个月。可见，劳动法律规范对于试用期的限制十分严格，最长也不得超过6个月。相较之下，人事法律规范对于合同订立的期限、试用期时间规定得更长，《事业单位人事管理条例》第12条、第13条[①]规定聘用合同期限一般不低于3年，新员工与事业单位的聘用合同在3年以上的，试用期为12个月，超过劳动法律规范最长6个月的试用期规定。

3. 合同违约金、加班费存在差异

劳动法律规范对于合同违约金作出了明确的规定，《劳动合同法》第22条、第23条规定劳动者违反服务期约定、违反竞业限制约定的，应当支付违约金，并且因违反服务期支付违约金的，违约金数额不得超过用人单位提供的培训费用。[②] 第25条规定除以上两种情形，用人单位不得另外与劳动者约定违约金。[③] 在人事法律规范中，未有相关的规范对于违约金作出规定。

在加班费方面，劳动法律规范也对其作出了具体的规定。《劳动合同法》第31条规定用人单位应当按照国家规定支付加班费。[④]《劳动法》第44条规定了加班费的支付标准：延长工作时间的，支付不低于工资的1.5倍报酬；休息日安排工作且不补休的，支付不低于工资2倍的报酬；法定节假日安排工作，支付不低于工资3倍的报酬。[⑤] 在人事法律规范中，尚未有规范对于加班费作出规定。

---

① 《事业单位人事管理条例》第13条规定："初次就业的工作人员与事业单位订立的聘用合同期限3年以上的，试用期为12个月。"

② 《劳动合同法》第22条第2款规定："劳动者违反服务期约定的，应当按照约定向用人单位支付违约金。违约金的数额不得超过用人单位提供的培训费用。用人单位要求劳动者支付的违约金不得超过服务期尚未履行部分所应分摊的培训费用。"第23条第2款规定："对负有保密义务的劳动者，用人单位可以在劳动合同或者保密协议中与劳动者约定竞业限制条款，并约定在解除或者终止劳动合同后，在竞业限制期限内按月给予劳动者经济补偿。劳动者违反竞业限制约定的，应当按照约定向用人单位支付违约金。"

③ 《劳动合同法》第25条规定："除本法第二十二条和第二十三条规定的情形外，用人单位不得与劳动者约定由劳动者承担违约金。"

④ 《劳动合同法》第35条规定："用人单位应当严格执行劳动定额标准，不得强迫或者变相强迫劳动者加班。用人单位安排加班的，应当按照国家有关规定向劳动者支付加班费。"

⑤ 《劳动法》第44条规定："有下列情形之一的，用人单位应当按照下列标准支付高于劳动者正常工作时间工资的工资报酬：（一）安排劳动者延长工作时间的，支付不低于工资的百分之一百五十的工资报酬；（二）休息日安排劳动者工作又不能安排补休的，支付不低于工资的百分之二百的工资报酬；（三）法定休假日安排劳动者工作的，支付不低于工资的百分之三百的工资报酬。"

4. 合同的监督管理机制的差异性

我国的劳动法律规范对于劳动合同的监督管理机制规定的较为详细，《劳动合同法》第 73 条规定由劳动行政部门负责合同的监督管理工作，工作中应听取工会、企业等各方意见。① 第 74 条规定了监督检查的具体事项，如与劳动者利益相关的规章制度、工作时间、休息休假规定的遵守情况等，通过对于劳动合同的规定及执行情况的监督，保障劳动者的切身利益。② 第 75 条规定了监督检查措施和依法行政、文明执法，第 76 条规定其他如建设、卫生等有关主管部门在其职责范围内有权对于劳动合同进行监督，第 78 条规定了工会监督检查的权利，第 79 条规定了任何个人或者组织均有权对违反劳动合同法的行为进行举报，并可因此获得奖励。

较之劳动合同制度，聘用合同目前还缺乏相应的法律规范对此予以规定。《关于在事业单位试行人员聘用制度意见的通知》（国办发〔2002〕35 号）针对聘用合同的人员聘用程序、合同内容、考核制度、辞职制度等进行了规范，并未提及合同后期的监督管理。在《事业单位人事管理条例》中，也同样未对监督管理制度作出规定。人事法律规范中合同的监督管理体制仍处于立法空白的状态。

（三）人事规范和劳动规范程序法文本的差异性

1. 合同的受案范围存在差异

聘用合同人事仲裁的受案范围主要由《人事争议处理规定》《劳动人事争议仲裁办案规则》两个部门规章作出了规定，前者将人事争议仲裁受案范围

---

① 《劳动合同法》第 73 条规定：“国务院劳动行政部门负责全国劳动合同制度实施的监督管理。县级以上地方人民政府劳动行政部门负责本行政区域内劳动合同制度实施的监督管理。县级以上各级人民政府劳动行政部门在劳动合同制度实施的监督管理工作中，应当听取工会、企业方面代表以及有关行业主管部门的意见。”

② 《劳动合同法》第 74 条规定：“县级以上地方人民政府劳动行政部门依法对下列实施劳动合同制度的情况进行监督检查：（一）用人单位制定直接涉及劳动者切身利益的规章制度及其执行的情况；（二）用人单位与劳动者订立和解除劳动合同的情况；（三）劳务派遣单位和用工单位遵守劳务派遣有关规定的情况；（四）用人单位遵守国家关于劳动者工作时间和休息休假规定的情况；（五）用人单位支付劳动合同约定的劳动报酬和执行最低工资标准的情况；（六）用人单位参加各项社会保险和缴纳社会保险费的情况；（七）法律、法规规定的其他劳动监察事项。”

确定为“因解除人事关系、履行聘用合同发生的争议”[①]，后者确定为“因终止人事关系以及履行聘用合同发生的争议”[②]。对于劳动仲裁的受案范围主要由《劳动争议调解仲裁法》进行规定，其第2条明确了6种适用情形，不仅包括了人事仲裁范围中“解除及履行聘用合同发生的争议”，还包括因确定劳动关系、社会保险、劳动保护、经济补偿、赔偿金等发生的劳动争议。[③] 通过上述法律文本的比较，劳动规范对于仲裁范围的规定明显更加具体明确。对于人事仲裁范围，“除名、辞退和辞职、离职”是否属于“终止人事关系”，“工作时间、休息休假、劳动报酬、工伤医疗费”等是否属于“履行聘用合同”发生的争议，均存在着一定的模糊性，导致仲裁机关对于人事仲裁有着较大的自由裁量权。相对于劳动仲裁，司法实践中人事仲裁更可能因各仲裁机关认定标准不同而导致处理结果迥异的情形发生。

根据《最高人民法院关于人民法院审理事业单位人事争议案件若干问题的规定》，聘用合同的司法受案范围为“因辞职、辞退及履行聘用合同所发生的争议。”而根据《最高人民法院关于审理劳动争议案件适用法律问题的解释（一）》（已失效），劳动合同的司法受案范围不仅包括聘用合同的“因辞职、

---

① 《人事争议处理规定》第2条规定：“本规定适用于下列人事争议：（一）实施公务员法的机关与聘任制公务员之间、参照《中华人民共和国公务员法》管理的机关（单位）与聘任工作人员之间因履行聘任合同发生的争议。（二）事业单位与工作人员之间因解除人事关系、履行聘用合同发生的争议。（三）社团组织与工作人员之间因解除人事关系、履行聘用合同发生的争议。（四）军队聘用单位与文职人员之间因履行聘用合同发生的争议。（五）依照法律、法规规定可以仲裁的其他人事争议。”

② 《劳动人事争议仲裁办案规则》第2条规定：“本规则适用下列争议的仲裁：（一）企业、个体经济组织、民办非企业单位等组织与劳动者之间，以及机关、事业单位、社会团体与其建立劳动关系的劳动者之间，因确认劳动关系，订立、履行、变更、解除和终止劳动合同，工作时间、休息休假、社会保险、福利、培训以及劳动保护，劳动报酬、工伤医疗费、经济补偿或者赔偿金等发生的争议；（二）实施公务员法的机关与聘任制公务员之间、参照公务员法管理的机关（单位）与聘任工作人员之间因履行聘任合同发生的争议；（三）事业单位与其建立人事关系的工作人员之间因终止人事关系以及履行聘用合同发生的争议；（四）社会团体与其建立人事关系的工作人员之间因终止人事关系以及履行聘用合同发生的争议；（五）军队文职人员用人单位与聘用制文职人员之间因履行聘用合同发生的争议；（六）法律、法规规定由劳动人事争议仲裁委员会（以下简称仲裁委员会）处理的其他争议。”

③ 《劳动争议调解仲裁法》第2条规定：“中华人民共和国境内的用人单位与劳动者发生的下列劳动争议，适用本法：（一）因确认劳动关系发生的争议；（二）因订立、履行、变更、解除和终止劳动合同发生的争议；（三）因除名、辞退和辞职、离职发生的争议；（四）因工作时间、休息休假、社会保险、福利、培训以及劳动保护发生的争议；（五）因劳动报酬、工伤医疗费、经济补偿或者赔偿金等发生的争议；（六）法律、法规规定的其他劳动争议。”

辞退及履行合同”发生的争议，还包括因合同定金、保证金、档案转移、社会保险等具体的情形。[①] 司法解释详细列明了九种劳动纠纷的情形，当发生这九种情形时，当事人依法提起诉讼，人民法院应当受理。在此基础上，司法解释第2条还明确规定了“劳动者请求社会保险经办机构发放社会保险金的纠纷”等六种不属于劳动争议的纠纷。[②] 劳动规范从正反两面对劳动争议受案范围进行规定，显然比聘用合同的受案范围更加清晰明确。

通过对劳动法律文本和人事法律文本的比较，人事仲裁和人事司法受案范围明显小于劳动仲裁和劳动司法受案范围。劳动法律规范对于劳动仲裁的受案范围包括了确定劳动关系，订立、履行劳动合同等发生的争议，范围相比于人事仲裁因解除人事关系、履行聘用合同发生的争议的受案范围要明确具体。劳动法律规范对于司法受案范围也规定得更加详细，且超越了劳动合同的限制，承认了事实劳动关系，增加了劳动关系解除后、退休后发生争议的情形，在此基础上还从反面规定了不属于劳动争议的情形，而人事法律规范仅规了为辞职、辞退及履行聘用合同发生的争议的情形。另外，通过对人事法律规范的横向比较，人事争议仲裁范围为解除人事关系、履行聘用合同发生的争议，司法受案范围为辞职、辞退及履行聘用合同发生的争议，司法

---

① 《最高人民法院关于审理劳动争议案件适用法律问题的解释（一）》（法释〔2020〕26号）第1条规定：“劳动者与用人单位之间发生的下列纠纷，属于劳动争议，当事人不服劳动争议仲裁机构作出的裁决，依法提起诉讼的，人民法院应予受理：（一）劳动者与用人单位在履行劳动合同过程中发生的纠纷；（二）劳动者与用人单位之间没有订立书面劳动合同，但已形成劳动关系后发生的纠纷；（三）劳动者与用人单位因劳动关系是否已经解除或者终止，以及应否支付解除或者终止劳动关系经济补偿金发生的纠纷；（四）劳动者与用人单位解除或者终止劳动关系后，请求用人单位返还其收取的劳动合同定金、保证金、抵押金、抵押物发生的纠纷，或者办理劳动者的人事档案、社会保险关系等移转手续发生的纠纷；（五）劳动者以用人单位未为其办理社会保险手续，且社会保险经办机构不能补办导致其无法享受社会保险待遇为由，要求用人单位赔偿损失发生的纠纷；（六）劳动者退休后，与尚未参加社会保险统筹的原用人单位因追索养老金、医疗费、工伤保险待遇和其他社会保险待遇而发生的纠纷；（七）劳动者因为工伤、职业病，请求用人单位依法给予工伤保险待遇发生的纠纷；（八）劳动者依据劳动合同法第八十五条规定，要求用人单位支付加付赔偿金发生的纠纷；（九）因企业自主进行改制发生的纠纷。”

② 《最高人民法院关于审理劳动争议案件适用法律问题的解释（一）》（法释〔2020〕26号）第2条规定：“下列纠纷不属于劳动争议：（一）劳动者请求社会保险经办机构发放社会保险金的纠纷；（二）劳动者与用人单位因住房制度改革产生的公有住房转让纠纷；（三）劳动者对劳动能力鉴定委员会的伤残等级鉴定结论或者对职业病诊断鉴定委员会的职业病诊断鉴定结论的异议纠纷；（四）家庭或者个人与家政服务人员之间的纠纷；（五）个体工匠与帮工、学徒之间的纠纷；（六）农村承包经营户与受雇人之间的纠纷。”

受案范围相比人事仲裁受案范围进行了限缩，导致一些案件可能进入了仲裁，却无法进入诉讼获得救济，不利于受聘人员劳动权益的保护，而劳动法律规范中，人事仲裁范围和司法受案范围则相对保持一致。总体而言，人事法律规范较之劳动法律规范，对受案范围的规定过于狭窄，受案范围模糊、限制性强，并且仲裁与诉讼的衔接不到位，而劳动争议仲裁和诉讼的受理范围则更加广泛、明确，有利于纠纷发生后当事人进行权利救济。

2. 仲裁时效上具有差异性

劳动法律规范中，《劳动法》第 82 条明确劳动仲裁时效为 60 日[①]。《劳动争议调解仲裁法》第 27 条第 1 款规定劳动争议申请仲裁的时效期间为 1 年。[②]根据新法先于旧法，特殊法优于普通法的原则，劳动争议发生后的仲裁时效应为 1 年。

人事法律规范中，《最高人民法院关于事业单位人事争议案件适用法律等问题的答复》（法函〔2004〕30 号）中规定，人民法院审理人事争议案件，程序上适用《劳动法》的相关规定处理，结合《劳动法》的规定，人事争议的仲裁时效为 60 日。随后 2007 年发布的《人事争议处理规定》第 16 条明确规定人事争议仲裁时效为 60 日。[③] 2014 年《事业单位人事管理条例》发布，当中第 37 条规定人事争议依照《劳动调解仲裁法》等有关规定处理，仲裁时效为 1 年。《劳动争议调解仲裁法》第 57 条还规定，“事业单位实行聘用制的工作人员与本单位发生劳动争议的，依照本法执行；法律、行政法规或者国务院另有规定的，依照其规定”。其争议点在于《人事争议处理规定》是否属于“国务院另有规定”，笔者认为，《人事争议处理规定》由人力资源和社会保障部同其他部门一起发布，可视为部门规章，应认为属于“国务院另有规定”，因此当前的人事争议仲裁时效为 60 日。综上，在劳动法律规范确定仲裁时效为 1 年的情况下，现行的人事法律规范规定的人事争

① 《劳动法》第 82 条规定：“提出仲裁要求的一方应当自劳动争议发生之日起六十日内向劳动争议仲裁委员会提出书面申请。仲裁裁决一般应在收到仲裁申请的六十日内作出。对仲裁裁决无异议的，当事人必须履行。”

② 《劳动争议调解仲裁法》第 27 条第 1 款规定：“劳动争议申请仲裁的时效期间为一年。仲裁时效期间从当事人知道或者应当知道其权利被侵害之日起计算。”

③ 《人事争议处理规定》第 16 条第 1 款规定：“当事人从知道或应当知道其权利受到侵害之日起六十日内，以书面形式向有管辖权的人事争议仲裁委员会申请仲裁。”

议仲裁时效仍为60日，劳动法律规范和人事法律规范在仲裁时效上存在较大的差异性。

3. 纠纷解决机制的差异性

人事争议或者劳动争议发生后，一般有五种纠纷解决机制：一是申诉，作为一种内部的解决手段；二是协商，协商虽直接便利，但缺乏程序上的约束力；三是调解，由中立的第三方主持进行调解；四是仲裁，由仲裁委员会对争议作出裁决；五是诉讼，作为权利救济的最后手段。对于劳动争议，我国有《劳动法》《劳动合同法》《劳动争议调解仲裁法》等法律规范对此作出了规定。具体而言，《劳动法》第10章专章对劳动争议的解决作出了规定，当中第77条规定发生争议后，当事人可调解、仲裁、诉讼，也可协商解决；第79条、第82条、第83条、第84条针对第77条提及的纠纷解决方式的程序事项进行了进一步明确；第80条、第81条对劳动争议调解委员会的组成作出了规定。[①]《劳动争议调解仲裁法》在《劳动法》的基础上，对劳动争议调解和仲裁作出了更加明确具体的规定，包括适用范围、劳动争议处理的原则、基本程序、调解组织的类别、调解员的条件、调解方式、劳动争议仲裁委的设立、组成及职责、仲裁员资格条件等一系列具体事项，并且明确了劳动争议处理从申请到受理，从开庭到裁决等一系列具体过程。在相对完善的劳动法律规范的保障之下，劳动合同的争议处理机制较为健全，司法实践中大部分劳动争议均可做到有法可依。

---

① 《劳动法》第77条规定：“用人单位与劳动者发生劳动争议，当事人可以依法申请调解、仲裁、提起诉讼，也可以协商解决。”第79条规定：“劳动争议发生后，当事人可以向本单位劳动争议调解委员会申请调解；调解不成，当事人一方要求仲裁的，可以向劳动争议仲裁委员会申请仲裁。当事人一方也可以直接向劳动争议仲裁委员会申请仲裁。对仲裁裁决不服的，可以向人民法院提起诉讼。”第80条规定：“在用人单位内，可以设立劳动争议调解委员会。劳动争议调解委员会由职工代表、用人单位代表和工会代表组成。劳动争议调解委员会主任由工会代表担任。”第81条规定：“劳动争议仲裁委员会由劳动行政部门代表、同级工会代表、用人单位方面的代表组成。劳动争议仲裁委员会主任由劳动行政部门代表担任。”第82规定：“提出仲裁要求的一方应当自劳动争议发生之日起六十日内向劳动争议仲裁委员会提出书面申请。仲裁裁决一般应在收到仲裁申请的六十日内作出。对仲裁裁决无异议的，当事人必须履行。”第83条规定：“劳动争议当事人对仲裁裁决不服的，可以自收到仲裁裁决书之日起十五日内向人民法院提起诉讼。一方当事人在法定期限内不起诉又不履行仲裁裁决的，另一方当事人可以申请人民法院强制执行。”第84条规定：“因签订集体合同发生争议，当事人协商解决不成的，当地人民政府劳动行政部门可以组织有关各方协调处理。因履行集体合同发生争议，当事人协商解决不成的，可以向劳动争议仲裁委员会申请仲裁；对仲裁裁决不服的，可以自收到仲裁裁决书之日起十五日内向人民法院提起诉讼。”

人事法律规范中，主要由《事业单位人事管理条例》《人事争议处理规定》《劳动人事争议仲裁办案规则》等法规、规章对人事纠纷的处理作出了规定。具体而言，《人事争议处理规定》当中主要规定了仲裁，但对于其他的纠纷解决机制却并未提及。《事业单位人事管理条例》第 8 章专章对人事争议处理作出了规定，但仅有 4 个条文，法律规范的缺少和模糊导致聘用合同争议解决机制的不健全及程序的不规范。如《事业单位人事管理条例》第 38 条规定本人对考核结果、处分不服，可以申请复核、申诉，第 39 条规定了纠纷解决时的回避制度，[①] 除此之外，对于争议解决的其他内容都没有规定。第 37 条规定，发生人事争议，按照《劳动争议调解仲裁法》等有关规定处理，但具体的适用规则则没有相关的法律规范进行明确，这就导致如上述《人事争议处理规定》是否属于“国务院另有规定”等法律适用问题存在争议。《劳动人事争议仲裁办案规则》第 56 条对人事争议处理的规定，要求本规则所涉及事项，依照《人事争议处理规定》有关规定执行，这种模糊性的规定造成了人事纠纷法律适用上的困难。可以看出，与劳动法律规范相比而言，人事法律规范规定的纠纷解决机制则显得尚不完善。人事规范的缺乏导致发生争议后需要于劳动规范中寻找法律依据，但多数条文的模糊性规定令聘用合同是适用人事法律规范还是劳动法律规范存在较大的争议。高校聘用合同的双方发生争议后，往往很难找到明确的法律依据，法律适用模糊不清的问题较为严重。

第三节　高校聘用合同立法存在问题分析

高校聘用合同制度经过不断摸索，逐步建立起了自身的法律规范制度，在一定程度上保护了高校与受聘教师的合法权益。但通过前述对人事法律规范和劳动法律规范文本的比较，可以发现我国的聘用合同法律制度远远没有

---

① 《事业单位人事管理条例》第 38 条规定：“事业单位工作人员对涉及本人的考核结果、处分决定等不服的，可以按照国家有关规定申请复核、提出申诉。”第 39 条规定：“负有事业单位聘用、考核、奖励、处分、人事争议处理等职责的人员履行职责，有下列情形之一的，应当回避：（一）与本人有利害关系的；（二）与本人近亲属有利害关系的；（三）其他可能影响公正履行职责的。”

劳动合同法律制度健全。我国法律对于高校人事管理的规定可谓落后，以至于实践中有关高校聘用合同的相关争议无法诉至司法机关寻求救济，或者由于法律规范模糊、法官自由裁量等因素造成实践中存在法院裁判不一的现象，无法适应当前“双一流”建设对于人事制度改革的要求。具体而言，我国高校聘用合同立法尚存在以下问题。

一、高校聘用合同法律体系不完善

一项法律制度能否有效实施，最关键的因素在于其是否有法可依，能否良法善治，而有法可依是法律制度建设的前提。体现在聘用合同法律制度中，“法”的效力渊源决定了聘用合同相关规范的遵守与执行。当前聘用合同在实际运行中存在的争议，一定程度上源于高校聘用合同法律体系尚不完善，具体表现为人事法律规范立法层次过低、规范之间冲突严重等问题。

（一）实体法立法层次低

在聘用合同法律制度方面，最重要的法律规范是国务院办公厅发布的《关于在事业单位试行人员聘用制度的意见》（国办发〔2002〕35号）。在聘用合同相关单行法处于空白的状态下，该意见对于规范人事聘用工作的实施，推进事业单位人事制度改革起到了重要作用。但从其效力层级而言，不属于法律与行政法规，也不属于国务院的部门规章，仅为国务院的规范性文件，法律效力层级较低。并且，根据《劳动合同法》第96条规定，聘用合同的法律适用应当遵循“特别法优于一般法”原则，即存在“法律、行政法规或者国务院另有规定”的人事规范时，应当适用人事规范，若无此方面规定的，再依照《劳动合同法》的有关规定执行。因为我国现有的人事法律体系中，法律、行政法规并没有对“聘用合同法律制度”作出规定，仅有《关于在事业单位试行人员聘用制度的意见》可作为“国务院另有规定”而适用，35号文作为唯一专门对聘用合同制度作出规定的“特别法”，更进一步凸显出其立法层次过低。此外，35号文作为国务院规范性文件可算作“国务院另有规定”，但35号文并非严格的法律形式，根据第96条“国务院另有规定”可优先于人大常委会通过的《劳动合同法》适用，也有违背法理之嫌。在事业单位人事管理方面，主要的法律规范有《事业单位人事管理条例》《事业单位试行人员聘用制度有关问题的解释》《事业单位工作人员处分暂行规定》《事业单位领导人员管理暂行规定》《事业单位公开招聘人员暂行规定》等，其法律效力最高为行政法规《事业单位人事管理条例》，其次为部门规章《事业单位工作人员处分暂行规定》，其他的均为党内法规制度和部门规范性文件，也显然缺少高层级的立法规范。

（二）程序法立法层次低

在人事争议处理方面，当前主要法律规范有《人事争议处理规定》《劳动人事争议仲裁办案规则》《最高人民法院关于人民法院审理事业单位人事争议案件若干问题的规定》等，从法律效力方面而言，效力最高的为部门规章《劳动人事争议仲裁办案规则》，其他的均为党内法规制度以及司法解释。可以看出，关于人事争议处理的相关法律规范被零散地规定在各种“规定”“意见”“决定”之间，立法层次低且各自为政，内容滞后且操作性差，不利于高校教师寻求权利救济。并且根据我国《立法法》第8条的规定，“诉讼和仲裁制度”只能制定法律，依据法治原则，人事仲裁的有关事项只可通过法律予以确认和规范。而在当前的法律《仲裁法》当中，只针对经济仲裁进行了规定，将劳动仲裁和人事仲裁排除在其适用范围之外。《劳动法》对劳动仲裁作出了规定，确定了劳动争议发生后先裁后审的程序制度。随后的《劳动争议调解仲裁法》劳动仲裁中进行了具体的规定，劳动仲裁立法的合法性已经毋庸置疑，但人事仲裁的合法性却仍存在问题，表现为立法层次上本应由全国人大及其常委会制定的专门性法律目前依旧缺失。

从上述对于人事法律规范的法律效力进行梳理来看，人事法律规范中法律效力最高的也仅为行政法规，且数量有限，仅有《事业单位人事管理条例》一部，大多数的人事规范是形形色色的繁杂的各种规章、政策性文件、党内法规、地方性法规等。人事法律制度拆分为人事聘用合同法律制度、事业单位人事管理方面、人事争议处理等多方面的内容，法律规范彼此各自为政、缺乏衔接，内容滞后且可操作性差。因为上述的法律规范出台于不同的历史时期，所以各自均带有自身的历史烙印，一些2000年前后出台的规范性文件甚至至今仍然具有效力，法律规范之间存在互相矛盾的现象。当前，人事法律规范存在立法层次低且不统一的问题，有必要在立法上进行梳理统一并提高立法层级，为聘用合同法律制度提供规范性的统一和指引。

（三）高校聘用合同法律体系规范之间存在冲突

高校聘用合同法律体系中，相关的法律规范之间存在严重冲突。虽然通过上文梳理，聘用合同法律规范数量并不多，但是由于颁布的时间、立法的社会背景、立法技术的局限，导致相同的事项存在多种法律可以同期被适用的情况，规范之间冲突严重。2002 年人事部发布《关于在事业单位试行人员聘用制度的意见》推行事业单位人员聘用制度，希望建立起与公务员人事制度不同的聘用人事制度，以适应市场经济体制的需求。但其发布的意见中关于聘用制的规定很多仍与公务员人事制度相同或者类似，并没有完全地使合同关系替代行政任用关系，其本身即存在着冲突。在《劳动合同法》出台之后，其第 96 条的规定将事业单位聘用合同也纳入其适用范围。在人事规范没有相关规定时，便按照《劳动合同法》的规定执行。但是劳动合同法是从劳动关系的角度调整合同内容，直接对聘用关系进行调整，可能导致人事规范适用的冲突。正是因为实体法律规范之间存在上述冲突，导致聘用合同法律制度在法律适用上困难，在实践过程中发挥的作用受到一定限制，难以有效发挥出维护事业单位及受聘人员利益的功能。从程序法律规范而言，程序法是实体法内容有效实施的根本保证，但实体法上的冲突也造成程序法适用困难。事业单位人事纠纷可由《人事争议处理规定》《劳动人事争议仲裁办案规则》等人事法律规范调整，也受到《劳动合同法》《劳动争议调解仲裁法》等劳动法律规范的调整。然而人事争议程序法和劳动争议程序法对于争议具体的处理途径、受理范围、仲裁时效等方面均存在一定差异，造成实践中争议处理的程序法适用也相应地存在困难，这不仅不利于纠纷的及时解决，也不利于聘用合同制度的目标实现。

二、高校聘用合同实施范围不明确

聘用制度自 2002 年推行以来，至今已运用近二十年，但实施过程中聘用合同的法律适用仍没有完全明确，聘用合同和劳动合同混合不清的现象一直存在，这也导致了事业单位在人事管理中存在对法律法规选择性适用的问题。当前，高校的人事劳动管理制度下，聘用制、劳动合同制、劳务派遣制、人事代理制等多种用工形式并存，一些事业单位会从自身利益出发，利用法律实施模糊的现状，规避用人单位本应承担的法律义务和责任，侵害劳动者和聘用人员的合法权益。

（一）当前聘用合同法律文本规定的适用范围

根据《关于在事业单位试行人员聘用制度的意见》（国办发〔2002〕35号），聘用制度的适用范围是“除按照国家公务员制度进行人事管理的以及转制为企业的以外”人员，即在事业单位中的工作人员均适用聘用合同。在国人部发〔2003〕61号文中，再次明确了聘用制度的实施范围。[①] 根据该解释的规定，事业单位所有人员也均被纳入聘用制度，成为聘用合同的主体，其用工形式包括参照公务员法管理的人员，具有事业单位编制的工作人员及工勤人员，与事业单位签订劳动合同的无编制人员和劳务派遣的人员等。这是根据当时的社情制定，在聘用制推行之初并没有对合同的实施范围进行统一的界定，但随着社会的发展，在实践中显然无法将事业单位所有的工作人员都纳入聘用制度。

（二）高校聘用合同的主体争议

高校聘用合同的争议主体是指聘用合同的双方当事人，即事业单位和受聘人员。事业单位经过改制后，有的转为行政机关，有的转为企业，通常能进行清晰的划分，但是也存在“一个机构，两个或者多个牌子”的情况，这类事业单位既履行社会公益职能，又以企业名义参与市场经济活动，这对于主体性质的判断存在模糊之处，需要根据事业单位履行的职能及合同的内容，再行判断是否属于人事纠纷。具体到高校聘用合同中，对于高校事业单位的主体资格认定一般较为清晰，公立高校均为事业单位。然而，民办高校既履

---

① 《事业单位试行人员聘用制度有关问题的解释》（国人部发〔2003〕61号）第1条规定：“聘用制度实施范围：1. 事业单位（含实行企业化管理的事业单位）除按照国家公务员制度进行人事管理的以及转制为企业的以外都要逐步试行人员聘用制度。2. 试行人员聘用制度的事业单位中，原固定用人制度职工、合同制职工、新进事业单位的职工，包括工勤人员都要实行聘用制度。3. 事业单位的党群组织专职工作人员，在已与单位明确了聘用关系的人员范围内，按照各自章程或法律规定产生、任用。”

行社会公益职能，又以企业名义参与市场经济活动，其利用非国家财政性教育经费举办，不属于事业单位，其与教师签订的合同一般为劳动合同。根据聘用合同的相关法律文本，事业单位无论编制内外的工作人员均为聘用合同的主体。按此规定无疑会造成劳动法律关系和人事法律关系的混同。聘用合同主体的认定应当看是否具有事业编制，而非以“聘用合同”的名称进行判断，实践中有些事业单位的工勤人员签订的是聘用合同，有些有事业编制的工作人员签订的是劳动合同，但这些均不影响聘用合同的判断。此外，聘用合同也非事业单位独有，如武警军队、社会团体等单位也存在事业编制的岗位，具有事业编制的工作人员都应当签订人事聘用合同，经过公开招录程序，具有事业编制的受聘人员才能成为聘用合同的主体。

针对高校的具体情况，受聘人员可分为以下几类：（1）具有高校编制，签订聘用合同，当然应认定为聘用关系。（2）具有高校编制，未签订聘用合同或签订其他形式的合同，此时认为已经形成事实上的人事聘用关系。（3）没有编制但签订的是聘用合同，不能认定为聘用关系。（4）签订聘用合同，享受编内待遇，但是编制只落实到岗位，未落实个人，此种情况常见于高校行政岗位的人事代理制度。此种情形存在争议，有人认为未能证明受聘人员在编，应当按劳动关系处理，有人认为受聘人员在编内，应由高校先解决编制，再按人事关系处理。（5）受聘人员的编制不明，此种在实际中发生争议的情况最多。实践中可以根据受聘人员的工资是否由财政统一发放、受聘人员招录的形式、受聘人员签订合同的具体内容等情况进行判断是否为聘用关系，若为聘用关系，则主体适格，否则则适用劳动关系。编制不明是实践中造成高校聘用合同适用范围模糊的重要因素之一，也因为聘用合同实施范围的模糊，有些高校将编制内编制外的合同均列入人事聘用合同进行管理或者将编制外的工作人员全作为劳务派遣用工，从而规避本应承担的法律责任，用人单位的此类做法均值得商榷。

（三）人事规范和劳动规范的适用不清

高校聘用合同是否适用以及如何适用劳动法律规范，实务界中均存在较大的争议，人事规范和劳动规范适用混乱直接影响了法律实施的效果。《劳动合同法》第2条将事业单位纳入其适用范围，但此条规定事业单位的劳动者并非聘用人员，他们从事的岗位属于工勤辅助或者其他技能要求较低的岗位，并不是人事聘用关系的主体，不具有事业编制。此条虽提及事业单位，但更多的作用是明确了事业单位能够成为劳动法中的适格主体，允许事业单位通过聘用编外人员的方式来保障工作的顺利开展，相互之间成立的是劳动法律关系，应当适用劳动法律规范调整。此条规定的情形与聘用制法律合同规范的并非同一类法律主体，在聘用合同制度中不具有普遍意义。

一般认为，《劳动合同法》对聘用制合同进行规范的条文是第96条，该条文在司法实践中一直存在较大争议，主要是因为立法者采用的是模糊性的法律语言，虽然从增强法条的弹性和法律的灵活性等方面而言，使用模糊性的语言存在其合理性，但同时也增加了对于第96条的适用难度。第96条将事业单位和其实行聘用制的工作人员订立的合同称为劳动合同，不禁使人疑惑：实行聘用制的工作人员具体概念是什么？聘用合同是否等同于这里的劳动合同？这些都需要配套的规范予以解释。而当前的法律规范、司法解释均处于缺位的情况，只能依据法条的行文逻辑进行解释。根据行文逻辑，如果此处“实行聘用制的工作人员”为编制外人员，则该合同实际上即为劳动合同，应当直接适用《劳动合同法》第2条即可，没有必要再规定第96条。可推测出立法者的原意是此处的“工作人员”为编制内人员，该“劳动合同”即为事业单位人事聘用合同，在该语境中两种合同实际上已经混同。同样还有《劳动争议调解仲裁法》第52条规定聘用制工作人员与事业单位发生“劳动争议”的，适用本法。[①] 但相关的行政法规或部门规章，对于双方解除人事关系或者履行聘用合同发生的争议均称为人事争议，那么第52条中的“劳动争议”能否认为等同于人事争议，还是说这里的劳动争议仅指譬如涉及工作时间、社会保险等被排除在“解除人事关系、履行聘用合同”人事争议之外的其他争议？在“聘用合同”和“劳动合同”、“人事争议”和“劳动争议”尚存在概念区分的情况下，立法的混用和模糊，无疑给司法实践的适用带来了巨大的争议。《事业单位人事管理条例》出台时，三部门负责人就条例内容答记者问，当中指出《事业单位人事管理条例》未作规定，应当依照劳动合

---

① 《劳动争议调解仲裁法》第52条规定：“事业单位实行聘用制的工作人员与本单位发生劳动争议的，依照本法执行；法律、行政法规或者国务院另有规定的，依照其规定。”

同法及其实施条例执行。[①] 这意味着官方承认聘用合同是特殊的劳动合同，《劳动合同法》是《事业单位人事管理条例》的上位法，人事聘用关系实际受到人事法律规范及劳动法律规范的双重调整。根据相关法律规定，当前理论上可以确立起一套人事规范和劳动规范的适用规则，即事业单位人事争议的实体法律适用事业单位人事管理的法律规范，程序规范首先适用人事法律规范，如果人事程序规范中没有规定的才适用《劳动合同法》《劳动争议调解仲裁法》等劳动法律规范。

虽然进行理论解释可在一定程度上明确法律的适用规则，但缺乏相关立法、司法解释或者案例指导的情形下，实践中仍难以避免实体规范或程序规范区分不清、法官自由裁量等因素造成法院裁判不一现象的发生。综上而言，劳动制度和聘用制度目前尚存在较大差别，劳动和人事法律规范的双重调整进一步混淆了人事关系和劳动关系，导致当前人事规范和劳动规范适用不清的问题尤为突出。

三、高校聘用合同内容不完善

在推进事业单位聘用制改革过程中，人事争议时有发生，而高校聘用合同法律制度在立法上尚未达到内容的具体性与完整性，导致实践中围绕聘用合同的相关操作缺少法律规范予以保障和救济。具体而言，从对人事法律规范和劳动法律规范文本的比较中可以发现，人事法律体系较之劳动法律体系对于合同期限、违约金、试用期等方面均未作出明确，这导致人事聘用合同发生争议后，难以如劳动合同一般得到妥善解决。

（一）合同期限规定不完善

较之劳动法律规范，人事法律规范对于合同期限的规定并不完善。在上一节法律文本的比较之中，《劳动合同法》比《事业单位人事管理条例》规定得明显更加全面，也更能体现出对于职工的关怀。如《劳动合同法》明确双方连续订立两次固定期限合同，且没有第 39 条（过失性辞退）和第 40 条

---

① 《国务院法制办、中央组织部、人社部三部门负责人就〈事业单位人事管理条例〉答记者问》，载中央政府门户网，http：//www. gov. cn/xinwen/2014 -05/15/content_ 2679936. htm。

（无过失性辞退）规定的情形，续订应当订立无固定期限的劳动合同。并且在经济性裁员时，重点留任签订较长期限合同或无固定期限合同的人员，这些均在一定程度体现了对于单位老员工的关怀。而在人事法律规范中，仅有《事业单位人事管理条例》规定在本单位工作满10年且离退休不足10年，应订立聘用至退休的合同，并未如劳动法律规范充分反映对老员工的照顾。事业单位较之企业，一般而言岗位技术性更强，职工对于工作稳定性的需求更高，在无固定期限聘用合同的签订条件上应当更为宽松，体现出对于本单位老员工的照顾。此外，《事业单位人事管理条例》规定初次就业订立的合同一般不得低于3年，但对于“初次就业的工作人员”却未在相关解释中明确。该条规范与《事业单位人事管理条例》颁布前各地方自己制定的相关规范性文件，如《浙江省事业单位实行聘用制暂行办法》当中“聘用单位聘用新进职工”是否所指的是同一概念并没有作出具体说明，“一般不得低于三年”但“一般”以外的情形也未明确。

（二）合同试用期较长

相较而言，人事法律规范对于聘用合同试用期期限规定较长，《事业单位人事管理条例》第13条规定新员工与事业单位的聘用合同在3年以上的，试用期为12个月，多于劳动法律规范中不得超过6个月的规定。相比劳动规范，人事规范为初次就业的工作人员设置了3年以上的合同期及1年的试用期，没有充分显示事业单位对于新员工的照顾。诚然，如此对于事业单位而言易于将人才留住，更有利于工作的平稳有序开展。特别针对于公益性色彩浓烈的事业单位，人员能否有序开展工作直接影响公共服务质量，人员若不稳定会给公共服务带来一定的损害。如高校授课教师的频繁更换很容易打乱学生学习知识的连贯性。事业单位公益性的特点令其设置较长的合同期限和试用期具有一定的合理性，但也应当关注在较长的合同期和试用期之下，如何保障新就业的工作人员的利益。在现实生活中，初入职场的教师自身职业经验不足，尤其需要工作的稳定，但从规范内容而言，较长的合同期和试用期却可能使得新教师在合同地位上处于不利位置，人事法律规范应当适当增加对其的照顾，对于新入职教师的待遇、保障等切身利益方面作出具体性的规定。

（三）合同违约金与加班费

劳动法律规范对于劳动合同的违约金与加班费作出了具体的规定，劳动者违反服务期约定、违反竞业限制约定的，应当支付违约金。但除此之外，要求用人单位不得再约定违约金的事项。劳动法律规范从法律上限制劳动合同约定的违约金适用范围及数额，能够避免劳动者陷入不利的境地。虽然上述的劳动法律规范大大削弱了违约金的惩罚性质，侧面也加重了企业单位的用人成本，但对违约金进行具体规定有利于合同的规范订立，能让合同的纠纷解决有法可依。劳动法律规范对延长工作时长、休息日节假日安排工作的报酬最低额都作出了明确规定，这为劳动者的休息权提供了法律保障。

而主要的人事法律规范《事业单位人事管理条例》对于聘用合同违约金和加班费均未作出规定，人事管理立法并未达到内容的完整性。由于缺乏聘用合同全国统一管理规范，导致各地方关于违约金、加班费等合同管理的细节性规定存在差异，造成地方规范存在政策冲突，有损法制的统一性。例如上海市组织部、人力资源和社会保障局2018年发布的《上海市事业单位聘用合同管理办法》（沪人事规〔2018〕33号），当中允许聘用合同约定违约金的情形只有下列两种：第一违反服务期约定的，第二违反保守单位秘密约定的。而2002年四川省人民政府发布的《四川省事业单位人员聘用制管理试行办法》（川办发〔2002〕40号）第44条规定，受聘人员或聘用单位任何一方违反聘用合同约定的，应当承担违约责任，需要给付对方违约金，违约金数额由双方当事人自行约定。还有一些地方在其人事管理办法中并没有对违约金明文作出规定，而是交由双方自由协商确定，甚至存在一个系统内各部门间的政策不统一。这种因条块管辖导致政策相互矛盾、人事政策繁杂混乱的现象，使在人事争议中法律适用困难，这些规范内容都需要在国家层面进行统一。

（四）聘用合同的监督管理机制薄弱

自20世纪90年代事业单位开始人事制度改革后，我国各事业单位开始全面推行聘用制，双方通过签订合同明确权利义务，希望以合同为核心建立平等灵活的人事聘用关系。但在实践中，多数单位的聘用合同并没有起到其应该发挥的法律效果，聘用合同在实际工作中被束之高阁，聘用合同约定的工作内容、期限等款项并没有引起受聘人员的注意。新工作人员未能充分关心合同的内容，老工作人员仍然按照签订合同之前的工作方式继续工作，事业单位的岗位管理仍然是“铁饭碗”，聘用合同沦为一纸空文，只是扮演了事业单位实行全员聘用制的形式功能，甚至一些单位更多将其作为任务和考核进行完成。从立法的角度而言，人事法律规范中并没有规定聘用合同的监督管理机制，在人事规范缺位的情况下，只能援引劳动规范的相关规定对聘用合同进行监督管理。但具体的劳动法律条文无法直接适用于人事制度，例如以《劳动合同法》进行补位，那么负责聘用合同监督管理的行政部门是谁？监督检查的事项有哪些？这些问题均须人事法律规范结合事业单位的特点作出自己的规定。当前人事法律规范尚未对聘用合同的监督管理进行规定，聘用合同缺乏监督管理机制不利于聘用合同的落实，也不利于事业单位聘用制改革的实质性推进。

（五）聘用合同规定可操作性差

法律对现有法律关系进行调整，法律规范来源于社会生活，最后也必须运用至社会生活中去，因此法律规定必须具有可操作性，否则立法目的落空沦为“僵尸法”。人事法律规范对于聘用合同在内容上的规定欠缺可操作性，一些条文是根据国家相关的法规政策制定的原则性的条文。例如，《事业单位人事管理条例》第 35 条对受聘人员享受社会保险待遇仅作出方向性的规定，①所以很多事业单位聘用合同中对于社保的相关条款也仅作此规定，对于具体的参保方式、参保时间、参保路径均没有在配套规范中明确。又如，在事业单位工资制度方面，《事业单位人事管理条例》第 32 条规定在事业单位建立激励与约束相结合的工资制度，但在实践中，受聘人员的工资并没有相应的配套措施，“激励与约束相结合”无从谈起。“干多干少报酬一样，干得越多错得越多。”这种“大锅饭”集体主义思想在一些事业单位普遍存在，只有原则性规定没有相关的具体配套措施，容易让事业单位产生惰性，挫伤受聘人员的积极性和主动性。此外，《事业单位人事管理条例》在奖惩、考核、晋升

① 《事业单位人事管理条例》第 35 条规定：“事业单位及其工作人员依法参加社会保险，工作人员依法享受社会保险待遇。”

等方面的规定同样缺乏可操作性，事业单位的考核和奖惩并没有得到很好的落实，特别在高校推行聘用制之前的教职工，不称职的没有受到相应的惩罚，优秀的没有得到激励，在人员晋升、工资增长方面并没有发挥出聘用合同的激励与约束作用。聘用合同对于社保、工资、奖惩等方面的规定缺乏操作性，实践中人员能进能出、职务能上能下的理想局面并未实现。

总言之，高校聘用合同的相关内容，如合同期限、试用期、违约金及加班费等问题，在劳动法律规范中都有较为详细的规定，但是在人事法律规范中，要么存在与劳动法律规范冲突（试用期），要么规定的不尽合理（合同期限），要么处于立法空白（违约金、加班费及监督管理制度）。人事法律规范并没有对于聘用合同全面的管理规范，聘用合同的订立、履行、变更、解除及终止等许多必要环节规范缺失，在工资、奖惩、职务晋升等制度规定上缺乏可操作性。实体法上的缺位与模糊，往往只能按合同中当事人的另行约定来处理，但我国绝大多数的高校聘用合同并没有对上述内容作出约定，这些立法问题在实践中给纠纷处理带来了极大阻力。

四、人事争议处理机制不健全

在劳动纠纷领域，劳动合同纠纷处理机制较为完善，立法上有《劳动法》《劳动合同法》《劳动争议调解仲裁法》等法律法规构建的纠纷处理体系。相较之下，人事争议处理机制尚不健全，当前的主要依据是《劳动人事争议仲裁办案规则》，而其中对于合同的受案范围、仲裁时效等方面存在规定模糊、适用不清的问题。人事争议发生后，难以找到专门的法律依据，聘用合同纠纷解决是适用劳动争议抑或其他争议解决机制？法律规定的不明确导致受聘人员的合法权益难以得到有效保障。聘用合同发生的人事争议不可避免，如何让争议在法律的框架内，通过规范的程序和渠道得以妥善解决，是我国法治社会建设的必然要求，人事争议处理机制需要立法的进一步完善。

（一）人事聘用合同的受案范围争议

通过对人事法律规范和劳动法律规范关于受案范围相关法律文本的比较来看，人事争议仲裁范围和司法受案范围均显得过于狭窄。劳动法律规范对于劳动仲裁范围和司法受案范围的规定极为详细具体，对于劳动仲裁适用的具体情形一一列明。其中对于劳动纠纷司法受案范围，司法解释还从反面规定了不属于劳动争议的情形。而人事法律规范针对人事争议仲裁范围的规定仅为“因解除人事关系、履行聘用合同发生的争议”，司法受案范围规定仅为“因辞职、辞退及履行聘用合同发生的争议”。上述的概括式规定未明确如“解除、履行”等规范的具体含义，给予了仲裁机构或者法院较大的自由裁量空间，从而造成实践中诸多争议。譬如，因工作时间、工资待遇、保险福利等问题发生的争议是否属于履行聘用合同发生的争议？没有签订聘用合同的工作人员与事业单位发生的争议是否属于法院的管辖范围？随着时代的发展，这种单一式的受案范围显然已经很难满足日益增长的高校与教师之间的纠纷矛盾的处理。

1. 聘用合同的人事仲裁受案范围狭窄

事业单位人事聘用合同争议日益增多，而人事仲裁的受案范围过于狭窄，为了应对纷繁复杂的合同纠纷，人事规范的仲裁范围存在不同的扩张解释，但当前并没有相关的规范统一适用范围，导致各地的仲裁受理的标准存在差异。具体而言，由于《劳动争议调解仲裁法》将第 2 条第 2 款与第 4 款的两种情形列为引起争议不同的事由[①]，这造成涉及工作时间、社会保险等事项是否属于人事仲裁受案范围并不明确，实践中也没有统一的受理标准。有观点认为，扩张解释仍然需要围绕“聘用合同”进行，即围绕着聘用合同的解除、履行，仅对“解除劳动关系、履行聘用合同”作扩张解释，将社会保险、经济补偿或者经济赔偿等发生的争议排除在适用范围之外，现实中根据不同情形，具体分析是否属于人事仲裁的受案范围。而另一种观点认为，根据劳动仲裁相关法律规范，人事聘用合同的受案范围应当等同劳动仲裁的受案范围，即包括确认劳动关系，因订立、履行、变更、解除和终止劳动合同发生的争议，以及因工作时间、工资待遇、保险福利、经济赔偿等一系列的争议均可申请仲裁。笔者支持此种观点，聘用合同作为一种特殊的劳动合同，在合同

---

① 《劳动争议调解仲裁法》第 2 条规定：“中华人民共和国境内的用人单位与劳动者发生的下列劳动争议，适用本法：（一）因确认劳动关系发生的争议；（二）因订立、履行、变更、解除和终止劳动合同发生的争议；（三）因除名、辞退和辞职、离职发生的争议；（四）因工作时间、休息休假、社会保险、福利、培训以及劳动保护发生的争议；（五）因劳动报酬、工伤医疗费、经济补偿或者赔偿金等发生的争议；（六）法律、法规规定的其他劳动争议。”

纠纷适用范围上并没有特殊性，应与劳动法律规范保持一致，目前有必要通过立法适度扩大人事仲裁的受案范围。

2. 聘用合同的司法受案范围狭窄

对于聘用合同的司法受案范围，存在大量聘用合同人事争议因未被法院认定属于司法受案范围而不予受理。司法解释对受案范围的规定是“因辞职、辞退及履行聘用合同发生的争议”，但是此受案范围的具体边际各地法院存在不同的认识，高校与教师之间因为福利待遇、职业培训、社会保险等问题发生的纠纷是否在受案范围内也在实践中存在争议。确认人事关系、退休等问题都是高校人事争议的重要问题，但可能因为司法受案范围的限制难以得到实体审理。

在实践中，辞职、辞退以及履行聘用合同产生的争议几乎不可避免地包含因工作时间、工资待遇、保险福利等事由，如果双方订立的聘用合同中对此方面事项作出了规定，则属于“履行聘用合同发生的争议”而可被纳入受案范围，法院当然应该受理此类案件；可如果未签订聘用合同，或者合同中并未对此方面内容作出规定，是否受理此类案件则存在争议。有观点认为，应该对其进行严格解释，只要不是因辞职、辞退、履行聘用合同发生的争议均不予受理。如果作严格解释，以不属于法院的受案范围为由不予处理，似乎是合法的且也应当如此，但却显得不合理。不予受理此类案件会鼓励事业单位不与工作人员签订聘用合同，即使签署合同也不对工作时间、工资待遇、保险福利、经济赔偿等内容在合同中作出明确从而达到规避法律约束的目的。在人事法律规范并没有对聘用合同的内容作出强制性规定的情况下，事业单位会以此方式回避自己的法律义务和责任，这更加不利于事业单位工作人员的权利救济，长此以往高校教师人事纠纷的救济更加难以解决。此外，《人事争议若干问题规定》对受案范围的模糊规定，也让实践中的案件进入法院只能依据法官的自由裁量来决定是否受理。对于“辞职、辞退”的界定较为容易，但法官对于“履行聘用合同”的理解却并不统一。有的法院对其进行严格解释，有的法院则较为宽松，还有的则遵循具体情况具体对待，实践中法院对于聘用合同司法受案范围裁判尺度不统一的问题突出，这都可能造成社会对司法工作的不信任。特别在“双一流”背景下越来越多高校深入推行聘用制，聘用合同纠纷数量逐年上升，放任此情形将严重损害司法的公信力和司法权威。

3. 仲裁受案范围与司法受案范围衔接问题

我国的人事争议解决机制实行的是“一裁两审制”，人事仲裁是诉讼的前置程序，在此多层纠纷解决机制下，立法者希望在最大限度保障当事人的合法权益。但仲裁与诉讼有着本质的区别，其机构设置——人事仲裁委员会和人民法院也是两套独立的纠纷解决系统，二者在法律政策的适用、案件处理标准、受案范围上均存在较大的差异。例如，在法律适用上，人事争议仲裁委员会兼具行政和司法属性，其适用的法律包括国务院部门规章或者政策性文件，一般而言法律位阶较低，甚至一些文件不具有法律效力，对于这些规范，人民法院审理案件时可能并不会予以适用，规范效力的认定不同、法律适用的选择不同都可能直接影响案件的结果。并且在受案范围上，上文已提及人事争议仲裁范围与司法受案范围并不一致，司法范围“辞职、辞退”相对于仲裁范围“解除人事关系”进行了限缩，这就产生仲裁与诉讼如何衔接的实践问题。有的观点认为应当扩大人事争议受案范围的内容和类别，不仅将除辞职、辞退以外解除合同的情形纳入司法受案范围，而且对“履行”合同进行扩张解释，将工作时间和休假、工资待遇、社会保险、女员工的特殊保护等内容均纳入受案范围，使绝大多数的人事争议可以通过法治轨道解决。但也有观点认为，应当严格按照司法解释的受案范围受理案件，“履行合同”仅仅针对合同上的约定内容，而且严格限定“辞职、辞退”进行解释，对于除辞职、辞退外的合同解除争议外一律不予受理。该观点认为，既然司法解释缩小了司法受案范围，就应当严格遵守规定，并且国家规定了人事争议的其他维权途径，纠纷发生后可以通过行政途径进行救济，司法更应当扮演最后一道防线。正是因为仲裁和司法两种纠纷解决机制受案范围和法律适用上的差别，造成了仲裁机构和法院对于高校聘用合同争议产生不同的理解，影响了实践中仲裁和司法两者的衔接。

（二）人事争议仲裁时效规定混乱不清

人事争议仲裁时效制度是保障事业单位及其工作人员合法权益的重要制度，关系着高校与其教职工发生争议后能否及时有效地进行救济。通过上述对于人事法律规范和劳动法律规范法律文本的比较，可以看出人事规范和劳动规范在仲裁时效上存在较大的差异，法律适用选择的不同将直接影响纠纷的处理结果。

1. 法律规范规定混乱不清

1997 年《人事争议暂行规定》是早期处理事业单位人事争议主要依据的法律规范，当中第 12 条规定人事争议的仲裁时效为 60 日。随后事业单位人事制度改革开始在全国展开，相关的法律规范和政策频出，关于人事争议的仲裁时效的规定繁杂，出现了现实中法律规范适用不清的局面。35 号文是当时处理事业单位人员聘用合同争议的主要法律规范，但是当中却未对仲裁时效作出规定。针对法律实践中细节性问题存在空白的状况，最高人民法院发布了司法解释法释〔2003〕13 号《关于审理事业单位人事争议案件若干问题的规定》，规定因辞职、辞退及履行聘用合同发生争议，适用《劳动法》处理。随后最高人民法院在法函〔2004〕30 号中，对此处进行进一步解释：适用劳动法是指在程序上适用劳动法，在实体上仍然适用人事法律规范。此时，无论是《劳动法》还是《人事争议暂行规定》，对于仲裁时效的规定均为 60 日。

2008 年《劳动合同法》开始实施，当中第 96 条规定了事业单位聘用合同的法律适用。随后发布的《劳动争议调解仲裁法》第 27 条将劳动争议仲裁时效规定为 1 年，第 52 条规定了事业单位劳动争议的处理方式。在这两部劳动法律规范中，对于事业单位人事争议均表达了统一的法律适用方式，即首先适用人事法律规范，在无相关规定的情况下再适用劳动规范。与此同时，为适应事业单位人事改革的发展，2011 年《人事争议处理规定》发布，此规定并没有采用《劳动争议调解仲裁法》的规定对仲裁时效进行变动，其第 16 条仍然将仲裁时效规定为 60 日。至此，劳动法律规范与人事法律规范对于人事争议的仲裁时效出现了差别。2009 年《劳动人事争议仲裁办案规则》发布实施，当中并没有规定仲裁时效，但其第 56 条中规定“未作规定的人事争议仲裁涉及事项，依照《人事争议处理规定》有关规定执行。”按此规定，《劳动人事争议仲裁办案规则》确定的仲裁时效也为 60 日。2014 年《事业单位人事管理条例》颁布实施，当中第 37 条规定人事争议依照《劳动争议调解仲裁法》等有关规定处理，按此规定则仲裁时效又确定为 1 年。2017 年《劳动人事争议仲裁办案规则》进行了修正，修正后的规则将原第 56 条规定的内容予以删除。至此，案件应当适用人事法律规范中的60天的仲裁时效，还是劳动法律规范中1年的仲裁时效，实践中仍然存在不小的争议，各地法院采取的法律适用也并不统一，存在有的判决适用60日、有的适用1年时效的混乱情形。

2. 司法解释规定未能明确

针对立法上关于仲裁时效规定含混不清的现状，最高人民法院曾试图出台司法解释对该问题进行廓清。2013年《最高人民法院关于人事争议申请仲裁的时效期间如何计算的批复》（法释〔2013〕23号）通过，当中批复：“当事人自知道或者应当知道其权利被侵害之日起一年内申请仲裁，仲裁机构予以受理的，人民法院应予认可。”从其内容来看，显然最高人民法院希望明确人事争议仲裁时效适用劳动法律规范的1年仲裁时效。但因措辞原因，导致该司法解释从字面解释仍具有模糊性。法院对1年仲裁时效认可的前提是仲裁机构予以受理，如果仲裁机构按照60日的仲裁时效对人事争议不予受理时，那法院能否予以认可呢？因此，该司法解释将法院是否认可的决定权抛给了仲裁机构，这并没有解决当前对于仲裁时效适用不清的问题，仲裁时效是适用1年还是60日当前仍未明确。

3. 司法实践中法律适用各不相同

立法的模糊令实践中各地法院对该问题的处理也是莫衷一是。例如，在赵某与西安交通大学人事争议纠纷上诉案［（2017）陕01民终8953号］的判决书中，[①] 本案的争议焦点即是原告赵某申请人事仲裁是否超过法定的仲裁时效，一审法院根据《条例》第37条、法函〔2004〕30号第1条、《劳动争议调解仲裁法》第27条、法释〔2001〕14号第3条的规定，将人事仲裁时效认定为1年，从而作出判决。在二审中法官查明后认定一审事实属实，维持了原判，但在法律适用上却根据《人事争议处理规定》第16条规定，认为仲裁时效为60日。在陈某基诉内蒙古大学劳动争议纠纷案［（2014）内民提一字第19号］之中，[②] 吴某伟与重庆交通大学人事争议纠纷上诉案［（2017）

① 参见陕西省西安市中级人民法院（2017）陕01民终8953号民事判决书。
② 参见内蒙古自治区高级人民法院（2014）内民提一字第19号民事判决书。

渝05民终8584号]之中,[①] 均是根据《人事争议处理规定》第16条的规定作出判决，认为仲裁时效应当为60日。

但与此同时，全国也有大量的判决在仲裁时效的问题上适用了1年的仲裁时效规定。例如，在陶某、蒋某龙与湖南科技大学人事争议纠纷案[(2015)潭中民一终字第104号]之中[②]，仲裁时效同样成为案件审理的争议焦点，一审法院认为，虽然《人事争议处理规定》将仲裁时效规定为60日，但根据最高人民法院公布法释〔2013〕23号及该批复中的相关司法精神,[③] 法院依据《劳动争议调解仲裁法》第27条、第52条的规定和法释〔2013〕23号的规定，适用了1年的仲裁时效。由此可见，由于立法规定模糊不清，令司法实践中法律适用也各不相同。人事争议仲裁时效尚未有明确的法律适用，导致了同案不同判的现象出现，立法上亟须进一步的完善。

（三）教师申诉制度不健全

宪法规定公民享有申诉权，《教师法》在此基础上对教师的申诉权进行明确，规定了教师申诉制度。根据《教师法》第39条的规定，教师对于学校侵犯其合法权益的，可向教育行政部门提出申诉，由教育行政部门依照法定程序对教师的申诉进行救济，以保障教师的合法权益。教师申诉制度的确立，对于教师的人事纠纷解决和权利救济起到了一定的积极作用，是教师人身权、财产权、教书育人权、科研学术权、进修访学权等权利的重要救济手段，也是高校依法管理的重要途径。但1993年的《劳动法》颁布至今已近30年，虽经过2009年小幅度修改，但在实践过程中面对日益增多的人事争议，教师申诉制度制度不健全的问题也日益凸显，这也给教师在申诉的过程中设置了种种障碍，这些问题均需要在立法上尽快完善明确。

1. 申诉纠纷解决功能发挥不通畅

申诉制度在我国多部法律中均有规定，在高校教师申诉制度中，根据申诉对象的不同，可分为校内申诉和行政申诉。当前大多数高校并未设置其内

---

① 参见重庆市第五中级人民法院（2017）渝05民终8584号民事判决书。

② 参见湖南省湘潭市中级人民法院（2015）潭中民一终字第104号民事判决书。

③ 参见湖北省武汉市中级人民法院（2017）鄂01民终4937号民事判决书。

部的纠纷调解和申诉处理机构，即使存在，也是由学校的人事处承担，由人事处的行政工作人员进行调解。但人事处作为高校机关下设的职能机构，由其在纠纷调解过程中发挥主导作用，实际上并不能发挥良好的效果。程序正义要求“任何人均不得担任自己诉讼案件的法官”，高校作为人事关系双方规则的制定者，由其下设的机构作为纠纷的裁判者，很难保证裁判在人事争议处理的过程中不有所偏颇，在一定程度上违背了“程序正义”。另外，由学校的行政人员承担纠纷解决的工作，其工作人员大多缺乏法治的理念，调解也更多带有行政化的色彩，在缺乏具体的人事争议调解规则的情况下具有极大的随意性，常常出现同类争议多种规则的现象，这样的处理结果难免会令当事人对其公正性表示怀疑。

《教育法》第 39 条确立行政申诉制度，[①] 顾名思义，行政申诉是纠纷主体向行政机关提起的申诉。实践中，教师通过行政申诉解决纠纷的效果也并不理想，教师的权利并不能得到充分的保障。原因主要有该行政申诉制度并未出台具体性的规定，“有关部门”究竟是哪个部门在一些地方工作中并未明确。我国的绝大多数的教育行政部门并未设置专门的教师申诉处理机构，更没有专门的申诉处理人员，这导致教师在寻求救济时可能会遭遇部门与机构之间相互推诿的问题，教师的合法权益无法及时得到保障。对于一些教育部、工信部等国家部委的直属高校，当地的教育行政部门是否有权处理申诉等问题也并未明确。高校与当地的教育行政机关的关系一般非常微妙，在多数情况下，当地的教育行政机关往往偏向高校，教师申诉案件的行政决定多数也是由教育行政部门参与和发布的，这些因素均使得高校教师的权益难以及时有效地得到解决。此外，哪些事项可诉，哪些不可诉，并未进行明确，根据《国家教委关于〈中华人民共和国教师法〉若干问题的实施意见》第 8 条的规定，司法审查范围仅限于涉及人身权、财产权，可以依法提起行政诉讼或行政复议，那么职称评定、考核结果、学习培训等事项是否可以申诉？学校与

---

① 《教师法》第 39 条规定：“教师对学校或者其他教育机构侵犯其合法权益的，或者对学校或者其他教育机构作出的处理不服的，可以向教育行政部门提出申诉，教育行政部门应当在接到申诉的三十日内，作出处理。教师认为当地人民政府有关行政部门侵犯其根据本法规定享有的权利的，可以向同级人民政府或者上一级人民政府有关部门提出申诉，同级人民政府或者上一级人民政府有关部门应当作出处理。”

教育行政部门内部行为和外部行为的界限在哪？相关部门不予受理后如何救济？这些问题均没有相关的法律政策进行明确，这使复议机关或者人民法院对于高校聘用制纠纷案件缺少统一的参考标准，受理机关自由裁量权过大，造成实践中本应得到司法救济的案件却被拒之在诉讼门前，这些都给教师行使申诉权带来了的阻碍。

2. 申诉制度的程序存在问题

程序正义要求裁判者应当处于中立的位置，而行政申诉的受理机关——教育行政机关正是高校的上级主管部门，或者高校内部申诉受理机关与受聘教师存在利益关系的情况下，如何通过程序的设置来保障公平正义的结果至关重要。当前高校教师申诉制度并没有具体明确的规定。比如在总体的程序设计上，在行政机关处理高校纠纷时应当适用的回避制度、公开制度、听证制度、说明理由制度均没有相应的规范。申请人能否拥有请求回避的权利，是裁判者中立裁判的重要保证。申诉部门能否在作出决定的同时附上作出决定的理由，明确该决定的事实依据和法律依据是否正确，是处理结果公正恰当的重要保证。但这些重要的程序制度在教师申诉制度中并没有明确规定，在这些制度均处空白的状态时，教师申诉制度能在多大程度上发挥教师人事纠纷解决的功能，多大程度上保证公正性和合法性均存在不小的疑问。在现实中，“缺乏说明理由”已经成为教师对于申诉结果难以认可的重要因素。在申诉制度难以保证公平正义处理纠纷的情况下，申诉制度就难以成为纠纷解决的主渠道，经过申诉后教师往往还要寻求其他的行政救济方式。

3. 申诉制度的内容及后期救济尚不完善

《教师法》颁布较早，虽2009年进行了修改，但并未进行实质性的改动，新的法规和管理制度也未对教师申诉制度进行具体明确，导致在实践中出现了不少的问题。比如高校教师申诉制度存在受理事项不清的问题，根据《教师法》第39条规定的“合法权益”的范围并未明确，教师的人身权、财产权受到侵犯是否也如同教书育人权、进修访学权可以提出申诉？教师招聘中、考核中、职称评定中遇到的问题是否也可以进行申诉？这些在法律规范中均未明确。此外，申诉制度只规定了向何机关部门提出申诉，如果受理申诉的部门或政府不予答复或者不予受理，教师是否有救济途径？如果对申诉的决定不服，教师是否可以对其申诉的结果提起行政诉讼？这些均没有相关的法律规范进行明确，高校聘用制度管理存在不同程度的非法治现象，使教师在寻求权利救济的过程中容易陷入不利的局面。

第四节 高校聘用合同的立法完善及法律适用

英国法学家梅因（Main）在《古代法》中的一个著名观点是：“所有社会进步的运动，到此处为止，是一个‘从身份到契约’的运动。”高校聘用制改革也是如此，即通过改革希望实现高校的人事管理由身份管理向岗位管理的转变。建设世界一流大学和一流学科的第一要素是师资队伍，师资承担着学科建设、人才培养等重任，稳定的师资是高校之间核心竞争力的表现，“双一流”建设水平的一个重要影响因素是人事聘用能否和谐有效地运行，而法律规范正是这一过程的保障。目前，人事聘用合同相关的行政法规、部门规章、司法解释、政策性文件以及《劳动合同法》等劳动法律规范构成了我国高校聘用合同制度的基本法律规范。但毋庸讳言，当前的高校聘用合同法律制度远未完善，规定较为粗疏，甚至在法律适用等重要问题上语焉不详，在司法实践中表现为人事法律规范与劳动法律规范的适用不清，两者之间缺乏统一性和协调性。高校聘用合同制度尚未建立脉络清晰、逻辑统一的法律体系，有必要在立法上作出进一步完善。

一、完善聘用合同法律体系

在高校聘用合同领域实行法治建设的前提是有法可依，建立高校聘用合同法律制度的首要任务是完善聘用合同法律体系。在我国全面依法治国的时代背景下，完善聘用合同法律体系，建立起聘用合同法律制度，才能明确受聘人员的法律地位，明确法律规范的正确适用，才能保障受聘人员的合法权益，深化推进事业单位聘用制改革。

（一）完善聘用合同制度的必要性

事业单位聘用制改革早已在我国如火如荼地展开，在人事劳动管理领域，形成了聘用制度和劳动制度的双轨制。但聘用制度和劳动制度的双轨制在现实运行中出现了种种问题难以长久维系，有必要在聘用合同法律制度上进行改革与完善。

第一，双轨制的立法模式降低了聘用合同制度的适应性。聘用制度和劳动制度双轨并行，聘用合同常常需要配合劳动法律规范的相关规定，而其中由于法律规定的模糊、法官对相关规范理解的不同导致法律适用的混乱，是否应当适用人事法律规范在多个情形下均存在争议，人事聘用合同的适应性受到影响。第二，双轨制下合同主体权利的救济存在较大的差异。劳动合同制度建立了完善全面的法律体系，劳动者权益受到侵害后一般可通过法律途径及时得到救济。相较之下，聘用合同法律救济途径并不完善，导致聘用合同争议的解决需要适用劳动法律规范进行纠纷解决。第三，双轨制有并轨的趋势。事业单位工作人员脱胎于公务员行列，因此其曾经的人事管理带有强烈公务员模式的标签。但当前合同式管理早已全面实行，各事业单位全面推进聘用制改革，以合同建立人事聘用关系，试图以此打破“铁饭碗”，打破身份界限，引入竞争机制。在与企业用人管理日益趋同的背景下，聘用合同和劳动合同存在着并轨发展的趋势。在高校，对于新聘教师均采用合同式管理，以企业模式进行聘用合同管理。同时在法律适用上，将聘用合同视为特殊的劳动合同，以劳动法律规范辅助聘用合同制度的管理，例如，在《事业单位人事管理条例》、《关于人民法院审理事业单位人事争议案件若干问题的规定》之中均作出了此类规定。在机构设置上，人事部和劳动部于 2008 年进行整合，成立人力资源和社会保障部。劳动争议仲裁和人事争议仲裁也合二为一，由劳动人事争议仲裁委员会进行处理，两者并轨发展的趋势可谓明显。当前的聘用制度不能满足事业单位深化改革的发展，受聘人员的合法权益、平等地位无法得到充足的保障，有必要对当前的人事聘用法律制度进行完善，实现聘用合同主体双方的法治化管理。

（二）聘用合同法律制度立法模式的选择

人事聘用合同制度的相关立法普遍层级较低，更是缺乏全国人大及其常委会于法律层面上立法，从聘用合同的法律渊源来看，首先有必要填补法律层面上人事聘用合同的立法空白。当前对于人事聘用合同的立法模式，主要有以下三种：

第一，单独立法。通过制定《人事聘用合同法》，将人事聘用合同制度的相关法律问题汇至一处，进行统一的调整和规制。借鉴《劳动合同法》的立法经验，参照其立法体例和内容，35号文的相关内容与精神，制定单独的《人事聘用合同法》，当中的内容可以涵盖如立法宗旨、适用范围、基本原则、规章制度等总则内容，设置聘用合同的订立、聘用合同的履行和变更、聘用合同的解除与终止、特别规定、监督检查、法律责任、争议处理机制等分章内容，以完善围绕聘用合同的相关法律制度，加强聘用合同的订立与事业编制公开招聘制度、人事聘用合同管理和事业单位岗位管理的衔接。该种模式希望对聘用合同相关法律问题进行统合，制定单独的《人事聘用合同法》，使其成为与《劳动合同法》《公务员法》并行的法律制度，作为我国劳动人事领域的“三驾马车”。此种模式，最突出的特点是对聘用合同和劳动合同进行概念区分，令两者相互独立，各自运行。

第二，合并立法。将人事聘用合同与劳动合同的相关法律内容进行整合，将两种法律制度的内容汇至一部法律之中。通过体例调整，以一部法律分别对两种法律制度进行规制。此种模式的特点是将聘用合同和劳动合同合二为一，更确切的是将聘用合同完全并入劳动合同法律制度当中，虽仍然是两种法律制度，但法律形式上完成了整合。

第三，作为劳动合同法的特别法。通过在《劳动合同法》中设立专章或者在相关法律规范后对聘用合同的特殊情形单独规定的方式，对人事聘用合同制度进行调整。将聘用合同作为特殊的劳动合同，以特别规范的方式作出规定，此种模式的特点，是将人事聘用合同视作了特殊的劳动合同。

综观三种立法模式，第一种单独立法与第二种合并立法较为激进，第三种是两种模式之间的中间选择。聘用合同和劳动合同存在多种相似性，可以说聘用合同就是特殊的劳动合同，但是也存在差异性。其中，最重要的差异即聘用合同是国家授权并以公权力行使，招聘的事业单位工作人员是以自身的专业知识为国家、群众提供服务的公职人员。聘用关系中不仅包含合同主体的私人利益，更重要的是包含着公众利益、国家利益，并且在聘用关系中需要遵循着公共利益优先的原则。单独立法更加关注聘用合同和劳动合同的差异性，认为人事聘用合同有着劳动合同无可覆盖的特点，且三千多万的事业编制人员也并非一类小群体，对其单独立法更有利于在我国构建起逻辑清晰的劳动人事法律关系，形成公务员、人事聘用合同、劳动合同三种制度并存的局面。但从上述分析来看，无论是机构合并、法律适用的规定，聘用合同与劳动合同在适用法律上逐渐趋同，从建立“能上能下”的灵活的用人制度来看，聘用合同和劳动合同并轨发展趋势明显。公共利益与合同主体的私人利益并非非此即彼的排斥关系，在注重公共利益的前提下，合同主体的合法权益同样应当得到充足的法律保障。在存在健全的劳动合同法律体系，聘用合同作为“特殊的劳动合同”，适用相关劳动法律规范即可解决绝大多数问题的情况下，对聘用合同单独立法并不妥当。

与此同时，聘用合同较之劳动合同，仍然表现出其一系列的特殊性，若采取第二种合并立法的模式，将聘用合同纳入劳动合同体系之中还并未到达最好时机。现阶段的事业单位聘用合同牵涉三千多万人，如何恰当地立法关系着社会和谐稳定，也关系着法治社会的发展。立法应当循序渐进，依据“特别法优于一般法”原则，首先应适用人事法律规范，在人事法律规范没有明确的情况下，次而通过劳动规范来处理相关的问题。具体立法措施是对当前繁杂的人事法律规范进行梳理整合，通过修改《条例》、发布相关司法解释、指导性案例的方式明确法律概念中模糊的内容，修改与劳动合同法相冲突的内容，令聘用合同和劳动合同能够有效、有序地衔接，保证整个法律体系中的统一性，此举也是为将来劳动合同和聘用合同并轨打下法治基础。此后继续深化事业单位人事制度改革，将聘用合同和劳动合同的并轨作为改革的重点内容推进。更新劳动法理念，改变劳动合同、聘用合同长期以来的分类现象。在合同的订立、解除等方面适用统一标准，对于聘用合同中产生的纠纷，应设置专门负责聘用合同争议处理的机构，在普通劳动争议程序下处理纠纷。待相关配套措施逐步成熟后，再采用第二种合并立法的模式，将聘用合同纳入劳动合同制度的统一管理体系之中。

（三）梳理人事聘用合同的规范性法律文件体系

确定了人事聘用合同的立法模式，选择将聘用合同法作为劳动合同法的特别法后，首先要做的是对人事聘用合同的规范性法律文件体系进行梳理。从本章第一节对于当前聘用合同法律规范的整理、第三节对于聘用合同当前问题的分析，可以明显感受到人事制度法律体系的繁杂，法律文件相互交叉、缺位、矛盾、滞后等现象突出，有必要从以下三个方面梳理人事聘用合同法律体系：第一，形成以行政法规为主体的规范性法律文件体系。事业单位分布于全国各省各地，各行各业，涉及的单位不仅有高校、医院，还有武警、军队等单位，其共同点都是在事业编制之下，对聘用单位和受聘人员进行法律调整，有必要规定全国行业内同行的规范性法律文件体系，调整事业单位聘用合同的具体适用，以防止各地区内、各行业内各自为政的混乱局面。第二，减少低层次的人事法律规范。由于部门规章立法层级较低，可能造成只能在行政管理或者仲裁中适用，在司法诉讼中不能成为裁判的依据，导致仲裁和诉讼处理的结果不一致；或者由于地方性法规或地方性政府规章的局限性，导致类案因地域不同而处理不同的现象。因此，有必要对当前人事聘用合同相关的部门规章、地方性法规、地方性政府规章进行整理，由国务院牵头，将不合理、不必要或者与劳动法律规范冲突的部门规章、地方性政府规章及时废止，对于合理的内容上升为行政法规，由各省人大常委会牵头，对照修改后的行政法规，修改相关的地方性法规。第三，在诉讼和仲裁的过程中，及时制定司法解释对聘用合同立法进行补充和完善，协调诉讼或仲裁等纠纷处理机制实体或程序法律规范，保证诉讼仲裁的有效衔接。

二、明确高校聘用合同的性质及合同范围

高校聘用合同是实现高校人事聘用制度的法律形式，当前高校聘用合同的性质并未在法律中予以明确，实践中高校与教师之间的关系更多偏向于纵向的行政法律关系，导致聘用合同双方的法律地位难言平等。高校作为管理者，处于绝对的优势地位，对聘用合同中的工作内容、教师权利保障等方面的话语权明显强于教师。在立法上有必要对聘用合同的性质进行明确，进而廓清高校聘用合同的适用范围。

（一）立法应尊重统一化趋势

国家在持续推进事业单位人事制度改革过程中，出台了《关于进一步深化事业单位人事制度改革的意见》《关于印发分类推进事业单位改革配套文件的通知》《事业单位人事管理条例》等多项制度，逐渐呈现出人事规范和劳动规范并轨发展的趋势。特别在《条例》出台后，学界中主张人事聘用合同应

当与劳动合同并轨的呼声更高，这些学者通常认为聘用合同属于一种特殊的劳动合同。[①] 实践中各高校新教师入职均严格签订聘用合同，并且在合同期限、入职待遇、服务期等方面严格按合同管理，力图转变此前事业编制“铁饭碗”的弊端，确保建立“岗位能上能下、人员能进能出、待遇能高能低”的岗位动态管理机制。随着各规范的出台、人事劳动机构的整合，立法也应当顺应人事劳动并轨的趋势，将聘用合同的性质定位于劳动合同。因为无论从合同的内容，合同的主体关系，还是适用法律的依据，高校聘用合同都应当视作一种特殊的劳动合同。建议在立法中将聘用合同关系明确为劳动合同关系，将教师的法律定位明确为劳动者，尊重实践中人事制度和劳动制度统一化趋势。

（二）立法应兼顾聘用合同的特殊性

当前聘用合同制度和劳动制度合同制度仍然属于两套系统，分别由人事规范和劳动规范进行调整，但因为聘用合同法律规范并不完善，往往需要劳动法律规范予以补充，经常存在聘用合同由劳动规范调整，从而使两套并行的制度出现交叉并轨，呈现出劳动人事合一的趋势。但劳动规范当前尚无法完全覆盖聘用合同，因为聘用合同本身具有其一系列的特殊性，其特殊之处当前无法被劳动合同涵盖。因此，在尊重统一化的趋势下，也应当兼顾聘用合同的特殊性。应当保证人事法律规范和劳动法律规范在立法理念上处于一致。聘用合同制度虽然具有一定的公益性，但在保障公共利益的同时，也要充分照顾教师作为劳动者的合法权益，在人事聘用领域构建发展和谐的劳动关系。聘用合同法律制度需要以劳动法的立法理念为指引，建立与劳动法相一致的受聘人员权利保障体系，做好两者之间的衔接工作。与此同时，人事法律规范中在实体法由于其本身的特性，比如公开招聘和竞聘上岗程序、合同期限、试用期、社会保险福利等方面存在自身特性，难以完全按照劳动法律规范来适用，应当采用一般规定与特殊规定相结合的方式，特别规定优先适用，在无相关的人事法律规范规定时再适用劳动法律规范。概言之，在人

---

① 参见龙玉其：《事业单位聘用合同的法律性质探究——兼论聘用合同与劳动合同的异同》，载《行政与法》2014 年第 2 期。

事法律规范修法过程中应当秉持保障劳动者合法权益的立法理念，在此之下兼顾聘用合同的特殊性完善相关的人事法律规定。实体法层面，因为聘用合同存在其无法被劳动合同涵盖的特性，应当优先适用人事法律规范；程序法层面，首先应当在立法上消除两者之间的冲突，做好人事规范和劳动规范的衔接，若两者仍存在冲突，应当秉持有利于劳动者权益保障的理念，于两规范间优先选择适用有利于受聘人员的法律规范。

（三）立法应明确高校聘用合同的适用范围

当前人事法律规范存在一定的模糊性，导致司法实践中存在不同的理解和认识，立法上需要对这些法律概念进行明确。比如“用人单位”的概念，应当确定事业单位属于“用人单位”，明确在劳动法中的性质。根据《劳动合同法》第2条的规定，[①] 当前并没有将事业单位纳入“用人单位”的范围中，事业单位在劳动法中的性质不明。聘用合同制度相对于劳动合同，有着其一系列的特殊性，而劳动法律规范中没有明确事业单位是劳动法上的用人单位，因此聘用合同在法律适用上处于较为尴尬的境地。在劳动制度和聘用制度并轨的趋势下，立法上应当将事业单位纳入“用人单位”，确立事业单位在劳动法上的地位。立法层面还须明确高校教师的法律地位，使其保护自身的合法权益时有法可依，有规可循，为完善聘用合同权利保障的法律体系提供基础。对《教师法》《高等教育法》等相关法律规范进行修订，将实行聘用制的教师及工作人员定义为“劳动者”，享有作为劳动者的“倾斜保护原则”，从而改变当前高校与教师之间实际地位不平等现状。最后，在相关法律概念明晰的基础上，推进全员聘用制度，高校的教师必须与单位签订聘用合同。根据对高校人事聘用分类管理的具体规定对合同的名称性质进行明确，避免聘用合同与劳动合同混用不清的现象。高校中的参公人员由《公务员法》等相关的法律规范进行调整；高校中享有事业编制的教师，无论其通过公开招聘、政策性安置、组织任命和涉密的其他形式中的何种形式进入高校，都应当签

---

① 《劳动合同法》第2条规定：“中华人民共和国境内的企业、个体经济组织、民办非企业单位等组织（以下简称用人单位）与劳动者建立劳动关系，订立、履行、变更、解除或者终止劳动合同，适用本法。国家机关、事业单位、社会团体和与其建立劳动关系的劳动者，订立、履行、变更、解除或者终止劳动合同，依照本法执行。”

订人事聘用合同，优先适用《事业单位人事管理条例》等人事规范进行调整；不具有事业编制的工勤人员、辅助人员以及其他人员，应当与高校签订劳动合同，适用劳动法律规范进行调整。

三、立法上完善高校聘用合同内容

人事规范相关内容的缺失以及相关法律的规定模糊，是造成聘用合同法律适用困难、高校教师遇到人事纠纷后难以及时有效救济的主要原因。人事规范调整着高校与教师之间的人事关系，从法的性质而言其应当具备确定性和指引性。立法应当对相关的法律概念进行明确，令社会对于聘用合同规范有着统一的认识；对高校聘用合同的内容进行完善，维护高校与教师之间平等的法律地位。

（一）出台人事聘用合同实施细则

在《事业单位人事管理条例》颁布前，人事法律规范实体法上一直缺少高位阶的实体法依据，程序法依据也是杂乱无章。《事业单位人事管理条例》的出台确立了事业单位人事管理的基本制度，很大程度解决了因人事立法层次低导致实践中约束力差的问题。并且当中对于聘用合同的有关事项进行了明确，完善了聘用制度法律体系。如《事业单位人事管理条例》第19条彻底解除了困扰实践中受聘人员人员流动的问题，为聘用合同解除后，人事聘用关系也随之解除提供了法律依据①。上述制度规范的变化，确保了人事聘用合同制度更具有操作性，有力推动了事业单位人事制度改革。但《事业单位人事管理条例》很多规定较为原则，并没有相应的实施细则，如上述聘用合同的违约金、加班费、合同期限等条款及合同解除事项，应当针对聘用合同的实施细则出台相关的规范性文件。

此外，在实施细则中应当明晰聘用合同条款的设置。当前，高校在聘用合同关系中处于强势地位，其对格式合同的设定、履行期间对合同的解释具有绝对的发言权，这显然与《合同法》《劳动合同法》中自由、平等的法律

① 《事业单位人事管理条例》第19条规定：“自聘用合同依法解除、终止之日起，事业单位与被解除、终止聘用合同人员的人事关系终止。”

原则相左，不利于聘用制度的深入推进，有必要明晰聘用合同条款的设置。目前，高校和教师之间可以对工作任务、服务期违约金等内容进行约定，按照意思自治原则，这些条款均是纠纷解决的依据。但聘用合同毕竟具有一定的公益性，特别对于高校聘用合同，双方若随意地自由约定合同，可能影响高等人才培养事业。教育行政部门应当对于高校聘用合同中涉及公共利益的条款进行一定限制，避免高校相对于教师的权限过大，也防止各高校之间对于聘用合同条款内容设置的差异过大，同时也可以解决高校聘用合同缺少具体的参照条款而导致实践中出现的混乱状态。

（二）完善高校聘用合同法律法规

当前人事部门、教育部门均未出台针对高校聘用制的相关规范，实践中出现“一校一规”的现象，即各个高校根据自己的情况制定各自的规章，这令违约金、合同解除等方面在不同高校之间的差异很大。高校作为管理者的地位，往往会将自己的意志加入合同的条款之中，或者在合同实施过程中从校方的利益角度对条款进行解释，从而有利于自己的管理操作，教师面对格式合同，往往也只能将自己的意志压制，双方的权利与义务出现严重的不对等，损害了教师的合法权益。从目前出台的有关高校聘用合同制度的有关规定来看，人事法律规范多为原则性规定，相关的内容并没有阐述清晰，实践中并不具有很强的参考性和实践性。建议尽快制定或修改高校聘用制度相关的法律法规，完善高校聘用制度的具体内容。一方面，国务院已经出台《事业单位人事管理条例》等人事法规或规章，教育部门应该在相关的事业单位人事规章之下，针对高校出台具体的关于聘用制度的相关办法或者条例，以指导各高校以此为参考标准建立一套民主公平的聘用合同管理制度。另一方面，各高校在教育部该套参考标准之下，结合学校自身情况制定本部门的规章制度。在此过程中，应当建立管理科学、运行民主的规章制定机制，规章需要经过全校教师的民主讨论或者听证，将教师的意愿落实到聘用合同中，防止合同沦为高校单方意志的产物。

（三）强化聘用合同的监督管理

聘用合同不仅需要保证合同的履行，侧重公共事业的良好稳定，其作为特殊的劳动合同，还应当重视聘用合同双方当事人的权利义务，尤其应重点保护处于弱势地位的劳动者的合法权益。劳动合同法建立了相对完善的对于劳动合同的监督管理体系，在聘用制度与劳动制度并轨的趋势下，有必要在聘用合同的监督管理上建立与劳动合同相类似的管理机制。《劳动合同法》中建立了各级劳动合同制度的监督管理体制，对实施劳动合同的情况进行监督，明确了劳动行政部门监督、其他有关主管部门监督、工会监督、任何组织或者个人对违法行为的举报等途径。而人事聘用合同制度由于相关人事法律规范的缺失，以及相应的制度建立不健全，人事聘用合同缺乏上述的监督管理机制。建议在修改人事聘用制度相关法律的过程中，强化聘用合同的监督管理机制，尤其加强工会监督以及劳动行政部门的监督途径，在教师工会或者劳动行政部门成立专门的监督小组，承担其所在区域内的高校聘用合同监督任务，从而尽可能地维护受聘人员的权益。

四、健全人事争议处理机制

目前我国正处于“双一流”建设的关键时期，新形势对于高校的师资队伍建设也提出了更高的要求，在各高校人事改革的过程中必然会出现很多矛盾与冲突，因此对于高校教师的权利救济是一项复杂的系统性工程。“在一定条件下，把价值问题转换为程序问题来处理也是打破政治僵局的一个明智选择①。”基于高校与教师之间的关系兼具行政与民事的双重色彩，可以基于这种双重法律关系，在立法上建立与之对应的双重救济体系。

（一）协调各人事争议处理机制的受案范围及法律适用

第一，协商与申诉作为高校人事纠纷内部救济机制，其目的是在矛盾发生后给予高校自我修正的机会，其受案范围应当是相当广泛的。比如高校行使行政管理权作出职称评定、岗位定级、人员考核等决定，教师对这些决定不服的均可以向申诉委员会提出申诉。申诉作为高校内部的救济制度应当具有灵活性，立法上可以选择通过部门规章、地方政府规章规范人事争议申诉

① 张勇敏：《从缺位到归位：聘任制下高校教师权利救济的法律保障》，载《教育发展研究》2011年第4期。

处理程序，高校及其主管部门可以建立申诉处理制度，充分发挥原则性与灵活性相结合的特点。第二，调解协议发生在双方之间，调解协议仅对调解双方发生效力，具有合同的约束力，因此调解除了强制性规定不能调解的事项以外，其他均可以通过调解解决；程序上，负责调解的工作人员应当严格按照《人民调解法》《劳动争议调解仲裁法》规定的程序开展工作；实体法上，首先应当尊重当事人意识自治，在符合国家法律法规的前提下，尊重当事人对于自身权利处分的权利。第三，仲裁具有准司法性质，诉讼是司法程序，仲裁作为诉讼的前置程序，两者在受案范围上应当保持一致，建议扩大当前人事争议诉讼的受案范围。在实体上，仲裁与诉讼应当适用统一的实体法律规范，在对聘用制度法律进行修订的过程中，应当在其中设置专章对人事争议进行规定，以此作为统领。在行政法规的层面上出台对人事争议处理的细化规定，将现行已经存在的《人事争议处理规定》《劳动人事争议仲裁办案规则》等部门规章及相关的司法解释吸收后上升为行政法规，便于在仲裁与诉讼中统一适用。

（二）建立完善相关的争议处理机构

各高校应当建立由高校代表、聘用教师代表及高校工会代表组成的高校劳动争议调解委员会，对于高校与教师间因聘用合同引发的争议进行调解，维护高校与教师双方的权益，并且重点保护处于弱势一方的受聘教师。调解委员会作为调解机构，促成双方调解达成协议，并且负责监督争议双方对于调解协议的履行情况。与此同时，调解委员会还应当对于受聘教师的相关法律法规、规章制度、地方政策、学校规定进行宣传学习，提高高校教师的法律意识及维权意识，促进矛盾纠纷前置预防化解，协助仲裁委员会针对本校的人事争议案件进行调查。除此之外，还有必要设置高校劳动争议仲裁委员会，由于仲裁委员会涉及教师的合法权益、高校管理权等事宜，应当由客观中立的机构进行仲裁。如果由各级政府专门在其辖区内设置高校仲裁委处理高校劳动力争议，无疑花费的人力、财力、物力太大，建议由当地的仲裁委设立专门的高校仲裁分管部门，并于《教育法》修改时予以明确。同时鼓励高校设置本校的仲裁委员会，其人员构成相对于调解委员会应当更侧重于吸收法律专家、人事资源管理专家等专业人员担任仲裁委委员。

（三）加强人事仲裁与诉讼的协调

前文提及，人事争议的处理流程是“先裁后审”，如果仲裁委作出的裁决，当事人在仲裁时效内没有提起诉讼，便具有了既判力。若提起诉讼，受聘人员便可再依据司法途径寻求救济，这里就涉及仲裁与诉讼的衔接问题。当前的人事规范规定的仲裁受案范围和司法受案范围并不一致，实践中存在受聘人员收到仲裁机构不予受理的裁定，前往法院提起诉讼，法院却受理案件并作出裁判，或者受聘人员收到仲裁结果后提起诉讼，法院却认为不属于其受案范围的情况发生，这些均是仲裁与司法衔接不畅的表现。即便争议均被受理，也经常发生仲裁与诉讼的结果差别很大的情况。出现上述现象的原因在于，仲裁委与法院对于法律适用的关注点不同。一般而言，仲裁委侧重聘用关系，法院侧重合同内容，并且依据的法律依据也不同，有些效力级别低的规章文件可能无法被法院采用。有必要加强仲裁与诉讼之间的衔接，劳动人事仲裁委员会要加强与法院之间的协作，不仅仅发挥人事争议仲裁在程序上前置的作用，还可以尝试在诉讼与仲裁之间构建类似于一审、二审的关系，以提升仲裁在人事争议纠纷处理中的作用。如上所述，在立法中规定仲裁与诉讼的受理范围、法律适用保持一致的前提下，法院在对高校人事争议案件仲裁结果的审查既符合法律规定，也有助于审理时限和流程，但这种审查不要求像民事二审对一审的那种全面审查，应当着重审查仲裁机构的法律适用以及程序问题，针对事实部分，除非出现明显的仲裁错误，否则法院应当尊重人事仲裁的裁决结果。故法院的审理方式主要可以依据书面审理的方式，如果各方均无异议，法官可以直接作出相应裁判，如果案件争议较大，法院则应当开庭审理，由此提高人事争议案件的审理效率，缩短人事争议案件的审理周期。

第三章　高校聘用合同文本的实证考察

近年来，我国高等教育体制改革不断深化，高校教师聘用制度也进行了积极的探索和改革。在这一背景下，高校与教师之间的聘用合同成为管理与合作的重要桥梁。高校在与教师签订聘用合同后，需要在此基础上展开有效的管理工作，而教师也应按照聘任合同的要求履行职责，这使“合同管理”成为高校人事管理法治化和规范化的必然要求。首先，合同管理为高校和教师之间的权益保护提供了明确的法律依据，合同明确了双方的权利和义务，包括工作内容、薪酬待遇、聘期等方面的约定。这些条款的制定和执行，有助于保障双方的合法权益，降低了管理和工作纠纷的风险。其次，合同管理强调了高校的管理责任和职责，高校在签订聘用合同后，有责任提供必要的工作条件和支持，以确保教师能够顺利履行合同约定的职责，这包括提供研究经费、教育资源、培训机会等方面的支持，有助于提高教师的教育和科研水平。最后，合同管理倡导了职业道德和职业操守，合同中通常包含了教师的职业道德和职业操守的规范，教师需要遵守这些规范，保持专业精神，提供高质量的教育和科研成果。

随着人才竞争日益激烈，高校对用人制度进行了改革，不断完善了教师聘任制。高校教师聘任制下的聘用合同管理应该遵循三大原则，即公平性、规范性以及个性化原则。为推进“双一流”建设，增强人才吸引力和人才黏性，高校在合同管理中需要不断完善考核体系，全面加强教师资源管理，加强契约精神建设，确保高校和教师都能在契约管理方式下，切实履行各自的权利和义务，进而促进我国高等教育事业的发展。

第一节 高校聘用合同的主要内容

一、国家关于高校聘用合同的相关规定

（一）《关于在事业单位试行人员聘用制度的意见》中对聘用合同的规定

《关于在事业单位试行人员聘用制度的意见》第4条中对高校聘用合同的相关内容作了详细的规定。具体如下：

聘用合同由聘用单位的法定代表人或者其委托的人与受聘人员以书面形式订立。聘用合同必须具备下列条款：（1）聘用合同期限；（2）岗位及其职责要求；（3）岗位纪律；（4）岗位工作条件；（5）工资待遇；（6）聘用合同变更和终止的条件；（7）违反聘用合同的责任。

经双方当事人协商一致，可以在聘用合同中约定试用期、培训和继续教育、知识产权保护、解聘提前通知时限等条款。

聘用合同分为短期、中长期和以完成一定工作为期限的合同。对流动性强、技术含量低的岗位一般签订3年以下的短期合同；岗位或者职业需要、期限相对较长的合同为中长期合同；以完成一定工作为期限的合同，根据工作任务确定合同期限。合同期限最长不得超过应聘人员达到国家规定的退休年龄的年限。聘用单位与受聘人员经协商一致，可以订立上述任何一种期限的合同。对在本单位工作已满25年或者在本单位连续工作已满10年且年龄距国家规定的退休年龄已不足10年的人员，提出订立聘用至退休的合同的，聘用单位应当与其订立聘用至该人员退休的合同。

聘用单位与受聘人员签订聘用合同，可以约定试用期。试用期一般不超过3个月；情况特殊的，可以延长，但最长不得超过6个月。被聘人员为大中专应届毕业生的，试用期可以延长至12个月。试用期包括在聘用合同期限内。聘用单位与受聘人员订立聘用合同时，不得收取任何形式的抵押金、抵押物或者其他财物。聘用单位对受聘人员的工作情况实行年度考核；必要时，还可以增加聘期考核。考核结果是续聘、解聘或者调整岗位的依据。

（二）《事业单位人事管理条例》（2014 年国务院令第 652 号）中对聘用合同的规定

《事业单位人事管理条例》中第 4 章对聘用合同作了相关规定，具体如下：事业单位与工作人员订立的聘用合同，期限一般不低于 3 年。初次就业的工作人员与事业单位订立的聘用合同期限 3 年以上的，试用期为 12 个月。事业单位工作人员在本单位连续工作满 10 年且距法定退休年龄不足 10 年，提出订立聘用至退休的合同的，事业单位应当与其订立聘用至退休的合同。事业单位工作人员连续旷工超过 15 个工作日，或者 1 年内累计旷工超过 30 个工作日的，事业单位可以解除聘用合同。事业单位工作人员年度考核不合格且不同意调整工作岗位，或者连续两年年度考核不合格的，事业单位提前 30 日书面通知，可以解除聘用合同。事业单位工作人员提前 30 日书面通知事业单位，可以解除聘用合同。但是，双方对解除聘用合同另有约定的除外。事业单位工作人员受到开除处分的，解除聘用合同。自聘用合同依法解除、终止之日起，事业单位与被解除、终止聘用合同人员的人事关系终止。

二、高校聘用合同实证研究

随着教师聘任制在高校中的全面施行，教师聘用合同管理成为高校一项日常的管理工作。在“双一流”建设的背景下，进行高校聘用合同实证研究具有极其重要的意义。首先，这项研究有助于更好地适应高等教育的现代化需求。“双一流”建设旨在提高中国高等教育在国际上的竞争力，这意味着高校需要拥有更具竞争力的师资队伍，通过深入研究聘用合同，可以了解如何更好地吸引和留住高水平的教育和科研人才。其次，聘用合同研究有助于高校管理的现代化。“双一流”建设要求高校提高管理水平，建立更加科学和灵活的管理制度。研究聘用合同的制定、执行和变更过程，可以揭示管理中存在的问题和“瓶颈”，为管理体制改革提供重要参考，推动高校管理的现代化。另外，聘用合同研究有助于提升教师的工作积极性和创新性。“双一流”建设强调教育创新和科研成果，通过了解合同中的激励机制和工作条件，可以更好地激发教师的工作热情，促进他们在教学和科研方面的创新表现。最后，聘用合同实证研究还有助于政策制定。政府和高校管理部门可以通过研究合同管理的实际情况，更好地了解高校教师队伍的需求和问题，制定更为科学和针对性的政策，推动高等教育体制改革和教育质量的提升。

通过研究我们可以看到，当前各级各类高校在吸纳人才时主要通过师资博士后、高层次人才引进、招聘优秀博士毕业生等方式来进行。虽然招聘模式不同，但是在实施层面大部分涉及“非升即走”“非升即转”的问题，均属“准聘—长聘”制范畴，其核心思想就是给予新进教师若干年试用期，并签订短期的“准聘”合同，试用期满接受考核，通过考核者进入“长聘”序列，获终身教职；反之必须离职或接受转岗安排。笔者对若干“双一流”985高校、“双一流”211高校、普通省属非“双一流”高校等的新入职教师聘用合同进行了实证研究，具体合同文本如下。

例1：

聘用合同书（某“双一流”、985高校）

甲方（聘用单位）：

乙方（受聘人）：

根据《事业单位人事管理条例》（中华人民共和国国务院令第652号）等文件及国家有关法律、法规、规章、政策以及北京市的地方性法规、规章和学校相关文件规定，经甲乙双方在平等自愿，协商一致的基础上，签订如下聘用合同条款，共同遵照履行。

本合同一式四份，甲方两份，乙方和甲方基层单位各执一份。

一、聘用合同期限

本合同按聘用期限不同分为有固定期限合同（短期或中长期）、签订至乙方达到法定退休年龄终止的合同和以完成一定工作任务为期限的合同。

第一条 本合同期限按下列第____项执行。

二、岗位及职责要求

第二条 甲方同意聘用乙方为____学科的教师（教学为主型、教学科研型、科研为主型）。新聘岗位须经甲方相关机构审议确定。

第三条 乙方按甲方的有关规定，通过公开招聘，聘用到相应岗位工作，完成相应的岗位任务并达到规定的工作质量标准。乙方具体的岗位职责要求由甲方确定，乙方所在的基层单位可视具体情况与乙方签订附加岗位职责协议并作为本合同的组成部分，附于合同之后。

第四条 在聘期内，甲方可以根据工作需要，与乙方协商后，调整乙方的工作岗位。

三、岗位纪律

第五条 甲方有权按照岗位职责，建立健全各项考核制度，做到职权清晰、责任明确、考核严格、奖惩分明。

第六条 乙方应严格遵守国家和北京市的各项法律、法规。遵守甲方的各项规章制度和岗位纪律，服从甲方的领导和管理，遵守新时代教师职业行为准则。

第七条 乙方如违反规章制度、岗位纪律、新时代教师职业行为准则，甲方有权进行批评教育，按照有关规定给予相应的处理。

第八条 乙方应当根据国家、甲方的有关规定保护甲方的知识产权，技术秘密，遵守国家有关涉密人员的管理规定。

四、岗位工作条件和劳动保护

第九条 甲方严格执行国家规定的工时制度和休假制度，对乙方实行符合职业特点的工作日制。

第十条 甲方为乙方履行职责提供符合甲方状况的物质技术条件，提供符合国家规定的安全、健康的工作环境，依据岗位的需要采取有效的劳动安全卫生防护措施。

第十一条 甲方根据工作需要为乙方提供职业道德、专业技术、业务知识、安全生产和规章制度等方面的培训。

五、工资、福利和保险待遇

第十二条 甲方根据国家政策和甲方的有关规定、乙方从事的岗位以及乙方的工作表现、工作成果、贡献大小和考核结果，以货币形式支付乙方的工资报酬。乙方工资报酬的标准按照国家及甲方有关规定执行。

第十三条 乙方工资调整，奖金、校发津补贴以及特殊情况下的工资支付等均按照国家政策和甲方的有关规定执行。

乙方享受国家和甲方规定的各项福利待遇。本合同中未尽的权益，乙方在合同期内因工或非因工负伤、致残、疾病及死亡等事宜按照国家政策和甲方的有关规定执行。

第十四条 甲方按照国家和北京市的有关规定、工作部署按期为乙方缴纳社会保险、住房公积金。甲乙双方分别承担各自应承担部分的费用。乙方个人应缴纳的部分可以由甲方从乙方的工资中代为扣缴，统一办理有关手续。

六、聘用合同变更

第十五条 甲乙双方协商一政，可以变更本合同的相关内容：

1. 乙方年度考核不合格，甲方可以调整乙方的工作岗位。

2. 本合同订立时所依据的法律、法规、规章和政策已经发生变化的，应当依法变更本合同相关内容。

3. 因组织调动，乙方在甲方内部调整工作岗位，或因乙方职务职称、工作任务发生变动，其岗位职责、待遇应作相应变更，合同期限不变。

4. 甲乙双方协商一致，而且不损害国家和双方利益的。

第十六条 合同期间，有下列情形之一，不参加年度考核，聘用合同仍然有效，聘用期限不变，但乙方的职责、待遇按照甲方有关规定，作相应变更：

1. 经甲方批准，在校外（含公派出国、出境）学习、进修或工作等，且规定期限为半年及其以上的人员。

2. 经甲方批准，出国（出境）随行随任人员。

3. 经甲方批准，借调到外单位工作，且在规定借调期内的人员。

4. 经甲方批准，公派、因私出国（出境），属于其他不参加考核情形的人员。

5. 病休（含非因工负伤）半年及其以上，在规定的医疗期内的人员。

6. 事假年累计20个工作日及其以上，病事假年累计60个工作日及其以上的人员。

7. 正在接受纪律审查或司法调查尚未作出结论的人员。

8. 按照国家及甲方规定其他不参加考核的人员。

对上款1、3项情形，也可根据情况，经甲乙双方协商一致，将乙方聘期延长至规定期限结束。

第十七条 本合同确须变更的，应由甲乙双方按照规定程序签订《聘用合同变更书》，以书面形式确定合同变更的内容。

七、聘用合同的解除

第十八条 经甲乙双方协商一致，可以解除本合同。

第十九条 有下列情形之一的，甲方可以随时单方面解除本合同：

1. 乙方在试用期间被证明不符合录用条件的。

2. 乙方不服从甲方工作安排或不完成甲方安排的工作任务的。

3. 乙方违反本合同第 8 条规定的。

4. 乙方连续旷工超过 15 个工作日或者 1 年内累计旷工超过 30 个工作日的。

5. 乙方未经甲方同意擅自出国或经甲方批准出国后逾期不归的。

6. 乙方违反工作规定或操作规程，发生责任事故，或失职、渎职，造成严重后果的。

7. 乙方严重扰乱工作秩序，致使甲方、其他单位工作不能正常进行，或严重违反职业道德的。

8. 乙方违反甲方《关于禁止教职工经商、办企业、办学校和擅自校外任实职等的决定》的。

9. 乙方提供虚假个人信息、隐瞒个人实际情况及用其他不正当手段欺骗甲方的。

10. 乙方被依法追究刑事责任的。

11. 乙方受到开除处分的。

12. 乙方若为甲方选留的应届毕业生，在毕业当年未获得相应学位的。

13. 国家法律、法规和政策规定的其他情形。

第二十条 有下列情形之一的，甲方可以单方面解除本合同，但应提前 30 日以书面形式通知乙方：

1. 乙方患病或非因工（公）负伤，医疗期满后，不能从事原工作也不能从事由甲方安排的其他工作的。

2. 根据甲方考核、岗位职责、聘任和酬金等有关文件的规定，乙方年度考核不合格，又不同意甲方调整其工作岗位的，或虽同意调整工作岗位，但到新岗位后考核仍不合格的。

3. 连续两年年度考核不合格或一次聘期考核不合格的。

4. 乙方违反学术道德，造成恶劣影响的。

第二十一条 乙方年度考核不合格的，甲方可以调整其岗位（以一次为限），或安排其离岗接受必要的培训后调整岗位（以一次为限）。岗位变化后，应当改变乙方的岗位工资待遇，并对其聘用合同进行相应变更。乙方无正当理由不同意变更的，甲方有权单方面解除聘用合同。

第二十二条 有下列情形之一的，甲方不得依据本合同第20条的规定单方面解除聘用合同：

1. 乙方患病或负伤，在规定的医疗期内的。

2. 女职工在孕期、产期和哺乳期内的。

3. 乙方因工（公）负伤，医疗期满后经劳动能力鉴定机构鉴定为1级至4级丧失劳动能力的。

4. 乙方正在接受纪律审查或司法调查尚未作出结论的。

5. 属于国家规定的不得解除聘用合同的其他情形的。

第二十三条 有下列情形之一的，乙方可以随时单方面解除聘用合同：

1. 经甲方批准，参加考试，考入普通高等院校的。

2. 经甲方批准，被录用或者选调为公务员的。

3. 依法服兵役的。

第二十四条 本合同订立时所依据的客观情况发生重大变化，致使合同无法履行，经甲乙双方协商不能就变更合同达成协议的，双方均可以单方面解除本合同。

第二十五条 除第23条规定的情形外，乙方提出解除聘用合同，应当提前30日以书面形式通知甲方。未能与甲方协商一致的，乙方应当坚持正常工作，继续履行聘用合同；6个月后，再次提出解除聘用合同仍未能与甲方协商一致的，即可单方面解除聘用合同，但双方约定服务期的除外。乙方在6个月内不履行聘用合同的，甲方有权按照《关于在事业单位试行人员聘用制度的意见》的规定，为乙方办理人事档案关系和社会保险关系调转手续。

第二十六条 乙方在涉密岗位工作的，解除本合同应当遵守国家关于涉密人员管理的规定。

八、聘用合同的终止

第二十七条 有下列情形之一的，本合同终止（法律、法规、国家政策有规定的，从其规定）：

1. 本合同期限满的。

2. 乙方按照国家有关规定退休或退职的。

3. 乙方死亡或者被人民法院宣告死亡的。

4. 甲方被依法注销、撤销或者解散的。

5. 合同约定的其他终止条件出现的。

第二十八条　签订《解除聘用合同证明书》或《终止聘用合同证明书》，并办理离校手续（包括了结各项关系和缴纳应交费用及其他应办手续等）。甲、乙双方应当在15个工作日内办理人事档案转移手续。甲方不得以任何理由扣留乙方的人事档案，乙方不得无故不办理档案转移手续。乙方未在规定期限内办理的，甲方有权按照《关于在事业单位试行人员聘用制度的意见》的规定，为乙方办理人事档案关系和社会保险关系调转手续。因乙方原因导致人事档案未按期从甲方转出的，甲方将终止其社会保险，由此造成的乙方社会保险待遇损失，将由乙方自行承担；人事档案滞留在甲方不能作为乙方继续为甲方工作的证据。

九、聘用合同的续签

第二十九条　本合同期满前，甲乙双方协商一致，可以按照规定的程序续签聘用合同。其中乙方如不再续签聘用合同，应当提前30日以书面形式通知甲方；甲方如不再续签聘用合同，应当提前30日以书面形式通知乙方。续签的聘用合同期限和工作内容等由双方协商确定，并签订《聘用合同续签书》。续签合同时，乙方在本合同期限内的聘期考核尚未结束的，若乙方本合同期限内的聘期考核结果为不合格，则续签的合同在聘期考核结果确定之日即行解除。

十、违反和解除聘用合同的经济补偿、违约责任

第三十条　有下列情形之一解除聘用合同的，甲方应当根据乙方在甲方的实际工作年限向其支付经济补偿：

1. 甲方提出解除聘用合同，乙方同意解除的。

2. 乙方患病或非因工（公）负伤，医疗期满后，不能从事原工作也不能从事由甲方安排的其他工作，甲方单方面解除聘用合同的。

3. 乙方年度考核不合格，又不同意甲方调整其工作岗位的，或虽同意调整工作岗位，但到新岗位后考核仍不合格，甲方单方面解除聘用合同的。

4. 乙方连续两次年度考核或一次聘期考核不合格，甲方解除聘用合同的。

经济补偿以被解聘人员（乙方）在甲方每工作1年，支付其本人1个月的上年月平均工资（职务等级工资）为标准；被解聘人员（乙方）工作不满1年的，按1年计算。月平均工资高于北京市事业单位月平均工资3倍以上的，按3倍计算。甲方分立、合并、撤销的，应当妥善安置人员；不能安置乙方到相应单位就业而解除聘用合同的，应当按照上述规定给予经济补偿。

第三十一条 甲方违约责任

有下列情形之一的，甲方应依法向乙方承担违约责任：

1. 克扣或者无故拖欠乙方工资的。

2. 解除本合同后，未按规定支付乙方经济补偿的。

因甲方违反本合同约定而造成乙方损失的，甲方应当按照乙方的实际损失承担赔偿责任。甲方违反本合同约定，造成乙方中断履行合同的，应继续履行合同，同时负责赔偿在合同中断期间乙方的经济损失。

第三十二条 乙方违约责任

1. 违反聘用合同规定的。

2. 聘用合同未到期（含服务期未满），又不符合解除条件，单方面解除聘用合同的，甲方有权要求乙方支付合同期未满或未满服务年限的违约金或损失费。

3. 在首个聘期内或服务期内。因第18条、第19条、第20条、第23条第1项情形解除合同的，应按照第32条第2项约定的标准缴纳违约金或损失费。

4. 乙方由甲方出资培训或参加学习，培训或学习期间以及约定的服务期未满而提出解除聘用合同的，均应向甲方赔偿培训费或学费，标准为按照甲方在职学习、培训的规定和在职学习合同书执行。

5. 乙方由甲方公派出国（出境）超过3个月，应签订回校服务《协议书》。在规定的服务期内，乙方要求解除聘用合同的，应按学校有关文件和回校服务《协议书》的规定执行。

6. 乙方违反本合同的约定，使用或者允许他人使用甲方的知识产权、技术秘密的，应当依法承担法律责任。

因乙方违反本合同约定而造成甲方损失的，乙方应当按照甲方的实际损失承担赔偿责任，乙方违反本合同约定，造成甲方中断履行合同的，应继续履行合同，同时负责赔偿在合同中断期间甲方的损失。

第三十三条 双方共同约定的其他违约条款。

第三十四条　甲方有关规章制度以及乙方与甲方签订的其他协议。作为本合同的附件，双方共同遵守执行，甲方有关规章制度作出修订时，按修订后的规章制度执行。

第三十五条　本合同中未涉及的，按照有关规定执行。

第三十六条　其他事项：

1. 乙方如享受了甲方在住房方面提供的优惠待遇，在乙方合同解除或终止时，应按甲方有关规定结清相关关系。

2. 如乙方享受了甲方提供给乙方的子女在甲方附属中学、附属小学就读。幼儿园入托的优惠待遇，在乙方合同解除或终止时，此优惠待遇予以终止。

3. ____如因考虑乙方的具体情况而被甲方聘用的，乙方合同解除或终止时，____的聘用合同同时解除。

4. 乙方和乙方配偶同为甲方职工，不属于本条第 3 款的情形的，不受本条第 2 款的限制。

5. 在首个聘期内或服务期内，乙方因私出国（出境），应向甲方备案并按照甲方规定的相关程序办理有关手续。

6. 本合同填写说明作为本合同的一部分，甲乙双方认真阅读并共同遵守。

7. 甲方如有无法当面告知或送达的事项，须通过其他方式告知或送达乙方的，以乙方提供的信息为准。

第三十七条　双方协商补充的其他内容。

十一、人事争议处理

第三十八条　甲乙双方因履行聘用合同发生争议的，由当事人双方协商解决。当事人也可以自争议发生之日起 1 年内向劳动人事争议仲裁机构申请仲裁；对仲裁裁决不服的，可以自收到仲裁裁决之日起 15 日内向甲方所在地或聘用合同履行地的基层人民法院提起诉讼。一方当事人在法定期间内不起诉又不履行仲裁裁决的，另一方当事人可以向人民法院申请执行。

甲方（签字）　　　　　　　　　　乙方（签字）

法定代表人（签字）

（公章）

签订日期：　　　　　　　　　　　签订日期：

例 2：

聘用合同（某“双一流”、211 高校）

根据《中华人民共和国教师法》《中华人民共和国劳动法》《中华人民共和国劳动合同法》等法律法规以及《关于在事业单位试行人员聘用制度的意见》《事业单位人事管理条例》等文件精神，结合学校人事管理制度，就甲方聘用乙方事项，经甲、乙、丙三方平等协商，签订本合同，共同遵守本合同所列条款。

第一条　合同三方基本情况

甲　　方：（高校）　　　　　　　法定代表人：

甲方地址：　　　　　　　　　　　邮政编码：

乙　　方：（青年教师）　　　　　联系方式：

居民身份证号码：

丙　　方：（所在院系）　　　　　部门负责人

第二条　工作岗位

乙方同意根据甲方工作需要，被聘用在____________（二级单位）从事__________（岗位名称）岗位工作。如果部门和岗位发生变化，双方应重新确认乙方的工作部门和岗位并享受相应岗位的待遇。

第三条　管理模式

乙方在合同期限内属于学校事业编制，其人事关系管理、专业技术职务评聘、考核、收入分配、进修培训、出国（境）、劳动纪律管理等均按照甲方现有相关文件执行。

第四条　聘期

甲方与乙方签订固定期限聘用合同。

合同期为____年，即自________年____月____日至________年____月____日。

试用期为____个月，即自________年____月____日至________年____月____日。

第五条　工作要求

1. 岗位基本工作要求：

专任教师和实验研究岗位：热爱教育事业，教书育人，为人师表，具备较强的科技创新能力、工程实践能力和较高的授课水平；按照《教师资格条例》的规定取得高等学校教师资格。

其他岗位：具备较强的组织协调能力、服务意识和奉献精神，能够认真履行岗位职责，对工作做到有思考、有总结、有提高。

2. 具体工作要求（由丙方填写）：

____________________（所在单位规定的受聘期内须完成的工作任务或达到的工作目标）。

第六条 福利待遇

1. 乙方在合同期内各项待遇执行校内同级同类人员标准（试用期时限和待遇按照国家规定执行）。具体办法详见《校内津贴分配办法调整方案》和《教师绩效考核及校内津贴调整方案》等相关文件规定。

2. 甲方按照国家和河北省相关规定为受聘人员统一办理相关社会保险手续，缴纳社会保险费和住房公积金，乙方个人应缴纳的部分由甲方按规定从其工资中代扣代缴。

3. 甲方按规定向符合条件的乙方提供住房、供暖补贴等。

第七条 聘用合同履行时间

1. 甲、乙双方应当按照聘用合同约定的起始时间履行聘用合同。

2. 聘用合同期限内，有下列情形之一的，聘用合同可以中止履行：

（1）乙方履行国家法定义务的；

（2）乙方因客观原因暂时无法履行聘用合同的义务，但仍有继续履行的条件和可能的；

（3）法律、法规和规章规定或者聘用合同三方约定的其他情形。

3. 聘用合同的中止履行，自甲方确认前款所列情形发生并作出中止履行聘用合同的决定之日起生效。

4. 在聘用合同中止履行期间，乙方不得与其他单位建立聘用（劳动）关系；在聘用合同期限内，中止情形消除后，聘用合同继续履行。

5. 聘用合同中止履行期间，甲方和乙方互相不承担聘用合同约定的权利和义务。

6. 中止履行聘用合同期间，甲方不计算乙方在本校的工作年限，甲方按照社会保障部门的有关规定办理社会保险暂停缴纳手续（受聘人员履行国家法定义务的除外）。

7. 聘用合同期满或者约定的聘用合同终止条件出现，同时不属于第八条第3款第（1）（2）（4）（5）（6）（7）（8）（9）（10）（11）（12）（13）（14）（15）项规定的，乙方有下列情形之一，聘用合同期限顺延至下列情形消失：

（1）因工负伤，在规定的医疗期内的；

（2）在孕期、产期和哺乳期内的；

（3）正在接受违纪审查尚未作出结论的；

（4）法律、法规规定聘用合同顺延的其他情形。

第八条　聘用合同续签、解除和终止

1. 甲方依据《新进教职工聘用管理办法》文件规定，处理乙方聘用合同续签相关事宜。

2. 乙方有下列情形之一的，甲方应提前30日以书面形式通知乙方，甲方可以解除聘用合同：

（1）乙方患病或者非因工负伤，医疗期满后，不能从事原工作也不能从事甲方安排的其他工作的；

（2）聘用合同订立时所依据的客观情况发生重大变化，致使原聘用合同无法履行，经协商不能就变更聘用合同达成一致的；

（3）乙方符合《教师绩效考核及校内津贴调整方案（试行）》和《职员、其他专业技术人员、工勤人员考核办法（试行）》文件中规定解除聘用合同的条件；

（4）聘用合同中约定的甲方经提前通知可解除聘用合同的其他情形。

3. 乙方有下列情形之一的，甲方可以随时解除聘用合同，并书面通知乙方：

（1）违反党的路线、方针、政策，造成不良影响者；

（2）参加非法组织，宣扬封建迷信、歪理邪说者；

（3）在试用期内被证明不符合现岗位要求的；

（4）向甲方提供虚假信息或证明文件的；

（5）违反学术道德规范，有抄袭、剽窃、侵吞他人学术成果，伪造、篡改数据文献，或者捏造事实等学术不端行为的；

(6) 连续旷工超过15个工作日，或者1年内（按考核年度计）累计旷工超过30个工作日的；

(7) 未经甲方同意，同时与其他用人单位建立聘用关系或劳动关系的；

(8) 未经甲方批准，在校外兼职而严重影响本职工作或侵犯甲方权益者；

(9) 未经甲方同意，擅自攻读全日制学历学位的；

(10) 未经甲方同意，擅自出国或者出国逾期不归的；

(11) 违反教学科研纪律或者工作规定，发生责任事故，或者失职、渎职的；

(12) 扰乱教学、科研、工作秩序，致使甲方或丙方工作不能正常进行的；

(13) 被依法追究刑事责任的；

(14) 受到开除处分的；

(15) 有其他严重违纪行为者。

4. 乙方有下列情形之一的，甲方不得解除聘用合同：

(1) 患病或者负伤，在规定的医疗期内的；

(2) 在孕期、产期和哺乳期内的；

(3) 因工负伤，治疗终结后经劳动能力鉴定机构鉴定为1级至4级丧失劳动能力的；

(4) 正在接受违法调查，尚未作出结论的；

(5) 法律、法规规定不得解除聘用合同的其他情形。

5. 有下列情形之一的，乙方可以随时解除聘用合同，并书面通知甲方：

(1) 在试用期内的；

(2) 考入普通高等院校深造的；

(3) 被录用或者选调到国家机关工作的；

(4) 依法服兵役的；

(5) 甲方未按照聘用合同的约定支付工资报酬、提供工作条件和福利待遇的；

(6) 甲方以暴力、威胁或者非法限制人身自由的手段强迫乙方工作的；

(7) 法律、法规规定乙方可以随时解除聘用合同其他的情形。

6. 有下列情形之一的，乙方不得解除聘用合同：

（1）在涉及国家秘密岗位上工作，处在规定保密期限内的；

（2）正在接受违法调查，尚未作出结论的；

（3）在约定的服务期限内的；

（4）法律、法规规定乙方不得解除聘用合同的其他情形。

7. 有下列情形之一的，聘用合同终止：

（1）甲乙双方协商一致同意终止聘用合同的；

（2）乙方符合《新进教职工聘用管理办法》文件规定中不再聘用的条件；

（3）甲方与乙方约定的其他聘用合同终止条件出现的；

（4）乙方死亡，或者被人民法院宣告死亡或者宣告失踪的；

（5）法律、法规规定终止聘用合同的其他情形。

8. 除第8条第5款规定外，乙方要求解除或者终止聘用合同的，须明确解除或者终止聘用合同原因，提前30日报甲方和丙方审批。甲方和丙方应当自乙方提出解除或者终止聘用合同之日起20日内予以答复；未予答复的，视为同意解除聘用合同。

第九条　离校手续办理

聘用合同解除或者终止的乙方应按照学校通知，由乙方本人或者以书面形式委托他人前往甲方相应职能部门办理离校手续，并在规定时间内完成人事档案转出、社会保险关系转移等手续。涉及经济补偿的根据国家有关规定办理。

第十条　其他

1. 甲方依法制定或修订的有关规章制度适用于甲、乙双方，丙方及甲方相关职能部门负责开展具体工作。乙方签字时，已学习并了解与本合同相关的学校文件内容。合同期内如遇国家、地方以及甲方政策调整，按照调整后的政策执行。甲方负责向乙方主动公开相关调整政策内容。

2. 乙方保证所提供的个人资料真实有效，如提供虚假材料视为欺诈，合同无效，甲方有权终止合同，并追究乙方的赔偿责任。

3. 乙方个人信息发生变化，需要及时通知甲方。

4. 甲方鼓励乙方赴海外学习和访问。经甲方批准到海外学习或访问，并按期返校的，学习和访问时间计入乙方的聘期履职和专业技术职务任职时间。

5. 乙方解除合同后，违反规定使用或者允许他人使用甲方的知识产权、技术秘密的，须依法承担法律责任。乙方在涉密岗位工作，解除本合同时应当遵守国家有关涉密人员管理的规定。

6. 甲乙双方因履行本合同发生争议的，乙方可向甲方劳动争议调解委员会申请调解或依照《中华人民共和国劳动争议调解仲裁法》的有关规定处理。

7. 本合同未尽事宜，由甲、乙、丙三方协商解决。经协商一致，可以签订《补充协议》，作为合同附件，具有同等效力。

8. 本合同一式三份，甲、乙、丙三方各执一份。

9. 甲方引进的高层次人才、甲方人事代理和外聘员工不适用本合同。

甲方（盖章）

法定代表人或委托代理人（签字）

乙方（签字）

丙方（盖章）

部门负责人或委托代理人（签字）

签订日期：　　年　　月　　日

例3：

师资博士后工作聘用合同（某“双一流”、211高校）

根据《中华人民共和国劳动合同法》《博士后管理工作规定》《国务院办公厅关于改革完善博士后制度的意见》《（某高校）博士后管理办法》等文件精神，结合学校人事管理制度，就甲方聘用乙方事项，签订本合同，共同遵守本合同所列条款。

第一条　基本情况

甲　　方：________（某高校）　　　　法定代表人：__________

甲方地址：__________　　　　　　　邮政编码：__________

乙　　方：姓　　名：__________　性　　别：__________

　　　　　联系方式：__________　证件号码：__________

丙　　方：流 动 站__________负责人：__________

丁　　方：拟聘单位__________负责人：__________

第二条　合同期限

1. 甲方与乙方签订固定期限聘用合同。合同期为2年，即自________年____月____日至________年____月____日。

2. 如确因项目科研任务需要申请延期者，经学校同意可适当延期，最长不超过12个月，延期期间待遇不变。

3. 如乙方提前办理博士后出站手续，本合同视为自动解除。

第三条　工作岗位及工作要求

1. 甲方聘用乙方从事博士后研究工作（□A类新讲师博士后　□B类全职博士后），接受博士后科研流动站和拟聘单位的双重管理，完成双方交办的工作任务。A类博士后拟聘单位应按照教师岗位的要求，将其纳入青年教师培养体系，从师德师风、科研能力、科研水平和发展潜力等方面对其进行考察。

2. 丙方、丁方负责制定《博士后聘期任务书》，确定工作内容。丙方、丁方可以按照不同学科领域、不同研究类型的博士后研究人员实施分类管理、分类评价，在满足《（某高校）博士后管理办法》中“出站基本条件”基础上可以分别制定相应的出站考核标准。

3. 乙方合同期内应全职从事博士后研究工作，不得在外兼职或从事与博士后研究无关的工作。由导师所在学院负责日常考勤。

4. 乙方在站期间具有下列情况之一者应作退站处理，并在1个月内办理离校手续。自批准退站之日的下月起，学校停发其薪酬等相关福利待遇：

（1）进站6个月后仍没有取得国家承认的博士学位证书；

（2）经核实发现其申请材料或人事档案中存在虚假内容；

（3）出国（境）逾期不归超过30天者；

（4）学风不正、弄虚作假者；

（5）受警告以上行政处分者；

（6）无故旷工连续15天或1年内累计旷工30天以上者；

（7）因患病等原因难以完成研究工作；

（8）中期或出站考核不合格者；

（9）合同期满，未经同意仍滞留不办理出站手续；

（10）满足文件第23条规定及其他情况应予退站者。

第四条　权利和义务

1. 甲方、丙方、丁方的权利和义务

（1）负责乙方的日常管理。

（2）为乙方提供工作条件，明确具体岗位职责和聘期任务。根据工作岗位需要，提供必要的安全保护措施及相关用品。

（3）根据乙方业绩，结合工作需要，按有关规定和程序负责对乙方业务培训、执行相应工资福利待遇等。

（4）根据学校有关规定，由丙方组织对乙方进行博士后中期考核、年度考核和出站考核，并将考核结果作为对乙方续聘或者退站的依据。

2. 乙方的权利和义务

（1）遵守学校关于教师和博士后管理的相关规定。

（2）按合同要求认真履行岗位职责，完成聘期任务，服从工作安排或调整，参加培训学习，接受教育和考核，遵纪守法。

（3）享有与我校在编职工同等医疗待遇，其子女享有与我校在编职工子女同等就读附属幼儿园、中小学的权利。A类、B类博士后及配偶、子女落户问题，按国家有关规定办理。

（4）A类博士后按照校内讲师岗位标准执行各项待遇，取得的科研成果按学校有关规定兑现工作量及绩效奖励，由学校按照国家及北京市相关规定代扣、代缴保险；B类博士后按照国家规定标准按月发放博士后日常经费，取得的科研成果按学校有关规定兑现工作量及绩效奖励，由学校按照国家及北京市相关规定代扣、代缴保险。

第五条　其他

1. 乙方博士后期间的研究成果及专利权属于甲方，所发表的论文和获得奖励等应以（甲方）为第一署名单位。乙方在站期间及合同终止后，违反规定使用或者允许他人使用甲方的知识产权、技术秘密的，须依法承担法律责任。乙方在涉密岗位工作，解除本合同时应当遵守国家有关涉密人员管理的规定。

2. A类博士后达到出站条件并经学院考核合格后，可与学校签订工作聘用合同，按照《新进教职工聘用管理办法》文件要求管理，其博士后入站时间为首聘期考核起始时间。如未达到A类博士后出站条件或学院考核不合格，但达到B类博士后出站条件及考核要求的，按照B类博士后办理出站手续，学校不再续聘；出站前未达到B类博士后出站条件及考核要求的，应予以退站。

3. A类博士后因未达到出站条件或学院考核不合格以及因个人原因不再与学校签订工作聘用合同的，出站前须将A类博士后待遇与B类博士后待遇的差额退还学校。

4. 合同期间甲方各项规定如有调整，按调整后的规定执行。

5. 本合同未尽事宜，由甲、乙、丙、丁四方协商解决。经协商一致，可以签订《补充协议》，作为合同附件，具有同等效力。

6. 本合同一式四份，甲、乙、丙、丁各执一份。

甲方签字（盖章）：　　　　乙方签字（盖章）：

丙方签字（盖章）：　　　　丁方签字（盖章）：

签订日期：　　年　　月　　日

例4：

引进青年优秀人才聘期合同（某“双一流”、211高校）

甲方：______（高校）

乙方：________（青年教师）　身份证号码：__________________

丙方：________（二级单位）　主要负责人：________（二级单位负责人）

为贯彻落实学校“人才强校”战略，坚持以高层次人才队伍建设为抓手，推进“双一流”学科建设，服务国家战略需求，根据《关于加快人才引进工作的暂行办法》《人才引进特聘岗位聘用管理办法（试行）》文件精神，经学校________年第____次人才工作领导小组会议讨论通过，在各方友好平等协商的基础上，签订如下聘期合同。

第一条　聘期

甲方聘任乙方至丙方全职工作，聘至特聘副教授岗位，聘期____年(________年____月____日至________年____月____日)。

第二条　乙方的工作目标

聘期____年，聘期内须完成下列考核目标1或其余4项中的2项：

1. 入选优青、青拔等国家级青年人才项目，或进入会评答辩；

2. 入选省部级青年人才项目；

3. 获得国家级科研成果奖励，或省部级科技奖励一等奖（前3名），或省部级科技奖励二等奖（前2名）；

4. 主持国家自然科学基金项目，或省部级重点项目等同级别项目1项；

5. 依托主要研究方向，取得创新性成果，以甲方为第一单位、本人为第一或通讯作者，在甲方高质量期刊分级目录B级及以上期刊发表4篇学术论文。

第三条　权利和义务

（一）甲方及丙方的权利

1. 依照国家法律法规、学校规章制度以及本合同岗位目标对乙方进行管理和考核。

2. 根据工作实际需要，经协商一致，安排乙方到校外企事业单位从事科技创新等工作。

（二）甲方及丙方的义务

1. 依法维护乙方应享有的各项权利。

2. 为乙方提供支持条件如下：

（1）聘至特聘副教授岗位，相关待遇按照讲师职称兑现；

（2）科研经费____万元；

（3）生活补贴____万元（税前），一次性发放。

（三）乙方的权利

1. 享受甲方按照国家规定提供的工资、保险、福利等待遇。

2. 享受甲方和丙方为其提供的支持条件。

3. 如甲方和丙方不能按规定履行其应尽义务时，乙方有权进行申诉。

（四）乙方的义务

1. 应遵守《中华人民共和国教师法》等国家有关法律法规及甲方和丙方制定的规章制度。

2. 在聘期内，保证全职在岗。

3. 应全面履行其岗位职责，完成工作目标，并接受甲方和丙方的管理和考核。

4. 在聘期内所取得的教学、科研等成果均属职务成果，应按国家有关知识产权法律、法规和甲方相关文件的规定执行。

5. 由于乙方违反相关规定，对甲方造成经济、声誉损失的，乙方应承担相应的经济、法律责任。

第四条　考核

1. 甲方对乙方实行年度考核与聘期考核相结合的管理方式，将思想政治素质及师德师风评议作为考核的重要内容。乙方年度考核随所在院系进行，结果报人事处及人才工作处备案；聘期结束后，由甲方进行聘期考核。

2. 在甲方为乙方提供的支持条件下，乙方完成下列条款视为考核合格；否则，视为考核不合格。

（1）全面履行其岗位职责；

（2）完成工作目标。

3. 按照《（甲方）新进教职工聘用管理办法》相关规定，甲方对聘期考核合格者进行续聘；聘期考核不合格者，不再续聘。

4. 对于不能完成聘期工作目标或因个人原因给学校造成严重影响者，取消其人才待遇并追究个人责任。

第五条　合同的变更与解除

1. 甲方根据工作需要，派遣乙方到校外企事业单位从事科技创新等工作时，须与乙方协商一致，签订补充协议，约定校外工作时间、取酬方式和薪酬标准等内容。

2. 乙方在聘期内如不能履行本合同所规定的职责、聘期内到岗工作时间不足、违反学术道德、职业行为准则等法律法规，甲方有权变更合同支持条件，直至解聘、终止本合同。

3. 乙方在聘期内提出辞聘的，须提前30天向甲方提出申请，经甲方同意后方可辞聘。甲方根据乙方服务年限及实际情况核算生活补贴，如乙方已全额申领，则应一次性退还不足年限的税前生活补贴；如按月发放，则自合同终止之日起停发生活补贴。甲方收回剩余科研经费和经费使用过程中已形成的固定资产。涉及配偶随调的，应同时调离。

4. 聘期内如遇不可抗力因素，致使合同无法正常履行，须变更或解除合同的，各方应按照国家有关规定妥善处理。

第六条　附则

1. 本合同一式四份，甲方两份，乙、丙方各持一份；本合同于各方签字盖章之日起生效。

2. 各方应严格履行合同条款，如发生争议，应协商处理。如协商不成可向保定市劳动人事争议调解仲裁委员会申请仲裁，仲裁结果对争议各方具有约束力。

3. 本合同如有未尽事项，应由各方友好平等协商，作出补充规定。补充规定与本合同具有同等效力。

甲方授权代表人签字：　　　　乙方签字：　　　　丙方签字：

盖章：　　　　　　　　　　　　　　　　　　　　盖章：

年　月　日　　　　年　月　日　　　　年　月　日

例5：

聘用合同（省属高校）

聘用单位（甲方）：

受聘人员（乙方）：

根据《国务院办公厅转发人事部关于在事业单位试行人员聘用制度意见的通知》（国办发〔2002〕35号）和本省的有关政策规定，甲乙双方经平等协商，自愿签订本合同并共同遵照执行。本合同自双方签订之日起生效。

一、聘用合同期限

本合同期限按下列第____项执行：

（一）本合同期限为____年，自________年____月____日起至________年____月____日止。试用期为____个月，自________年____月____日起至________年____月____日止。

（二）本合同期限自签订之日起算，除按规定变更、解除、中止外，至乙方退休时止。

（三）本合同期限自签订之日起算，至____________工作任务完成时止。试用期为____个月，自________年____月____日起至________年____月____日止。

二、聘用岗位及职责要求

（一）甲方聘用乙方在____________部门从事____________岗位的工作。

（二）乙方必须按照受聘岗位的职责和工作标准要求，完成规定的工作任务，具体规定如下：____。

三、岗位纪律

（一）甲方有权按照岗位职责，建立健全各项考核制度，做到职权清晰、责任明确、考核严格、奖惩分明。

（二）乙方应严格遵守国家和本地方的各项法律、法规，遵守甲方的各项规章制度和岗位纪律，服从甲方的领导和管理。

（三）乙方如违反规章制度和岗位纪律，甲方有权进行批评教育，按照有关规定给予相应的处理。

四、岗位工作条件

（一）甲方应按国家规定，根据乙方岗位及工作要求，为乙方提供必需的工作条件和劳动安全卫生防护措施。具体规定如下：______________。

（二）甲方严格执行国家有关职工工作时间和工休假日等规定，对乙方实行符合职业特点的工作日制。

（三）甲方应当根据工作需要为乙方提供职业道德、专业技术、业务知识、安全生产和规章制度等方面的培训。

五、工资福利与社会保险待遇

（一）甲方根据国家政策和单位的有关规定，以法定货币形式按时足额支付乙方的工资。

（二）乙方工资调整，奖金、津贴、补贴以及特殊情况下的工资支付等，均按照国家政策和单位的有关规定执行。

（三）乙方享受国家和单位规定的各项福利待遇。本合同中未尽的权益，乙方在合同期内因工或非因工负伤、致残、疾病及死亡等事宜按照国家政策和单位的有关规定执行。

（四）社会保险和住房公积金等按国家和本省有关规定执行。按规定应该参加社会保险的，甲方按照国家和地方的有关规定按期为乙方缴付。乙方个人应缴纳的部分可以由甲方从乙方的工资中代为扣缴，统一办理有关手续，并及时以书面形式告知乙方。

六、聘用合同的变更

（一）签订本合同所依据的客观情况发生重大变化，致使本合同无法履行。

（二）本合同订立时所依据的法律、法规、规章和政策已经发生变化的，应当依法变更本合同的相关内容。

（三）因工作需要岗位发生变化，必须办理变更聘用合同内容的。

（四）聘用合同须变更的，甲乙双方按照规定程序，经甲乙双方协商一致后，以书面形式确定合同变更的内容。

七、聘用合同的解除

（一）甲乙方双方经协商一致，可以解除本合同。

（二）乙方有下列情形之一的，甲方可以随时单方面解除本合同：

1. 乙方在试用期内不合格的；

2. 连续旷工超过10个工作日或者1年内累计旷工超过20个工作日的；

3. 未经甲方同意，擅自出国或者出国逾期不归的；

4. 违反工作规定或者操作规程，发生责任事故，或者失职、渎职，造成严重后果的；

5. 严重扰乱工作秩序，致使甲方、其他单位工作不能正常进行的；

6. 被判处拘役、有期徒刑以上刑罚收监执行的。

（三）乙方有下列情形之一，甲方可以单方面解除本合同，但须提前30日以书面形式通知乙方：

1. 乙方患病或者非因工负伤，医疗期满后，不能从事原工作也不能从事由甲方安排的其他工作的；

2. 乙方年度考核或者聘期考核不合格，又不同意甲方调整其工作岗位的，或者虽同意调整工作岗位，但到新岗位后考核仍不合格的。

（四）乙方有下列情形之一的，甲方不得解除本合同：

1. 乙方患病或者负伤，在规定的医疗期内的；

2. 女职工在孕期、产期和哺乳期内的；

3. 因工负伤，经治疗伤情稳定后由劳动能力鉴定机构鉴定为1至4级丧失劳动能力的；

4. 患职业病以及现有医疗条件下难以治愈的严重疾病或者精神病的；

5. 乙方正在接受纪律审查尚未作出结论的；

6. 属于国家规定的不得解除本合同的其他情形的。

（五）有下列情形之一的，乙方可以随时单方面解除本合同：

1. 在试用期内的；

2. 考入普通高等院校的；

3. 被录用或者选调为公务员的；

4. 依法服兵役的。

除上述情形外，乙方提出解除本合同未能与甲方协商一致的，乙方应当坚持正常工作，继续履行本合同；6个月后再次提出解除本合同仍未能与甲方协商一致的，即可单方面解除本合同。

（六）本合同订立时所依据的客观情况发生重大变化，致使合同无法履行，经甲乙双方协商不能就变更合同达成协议的，双方均可以单方面解除本合同。

（七）有下列情形之一的，甲方应当根据乙方在本单位的实际工作年限向其支付经济补偿：

1. 甲方提出解除本合同，乙方同意解除的；

2. 乙方患病或者非因工负伤，医疗期满后，不能从事原工作也不能从事由甲方安排的其他工作，甲方单方面解除本合同的；

3. 乙方年度考核或者聘期考核不合格，又不同意甲方调整其工作岗位的，或者虽同意调整工作岗位，但到新岗位后考核仍不合格，甲方单方面解除本合同的。

经济补偿以乙方在甲方每工作1年，支付其本人1个月的上年月平均工资为标准；月平均工资高于当地月平均工资3倍以上的，按当地月平均工资的3倍计算。

（八）聘用合同解除后，甲方应当为乙方开具解除聘用合同证明书，并办理相关手续。甲乙双方应当在3个月内办理人事档案转移手续。甲方不得以任何理由扣留乙方的人事档案，乙方不得无故不办理档案转移手续。符合经济补偿条件规定的，甲方应当按照国家和本地方的有关规定给予乙方经济补偿。

（九）乙方在涉密岗位工作的，解除本合同应当遵守国家有关涉密人员管理的规定。

八、聘用合同的终止

（一）有下列情形之一的，本合同终止：

1. 本合同期限届满；

2. 甲乙双方约定的合同终止条件出现；

3. 乙方按照国家有关规定退休或退职的；

4. 乙方死亡或者被人民法院宣告死亡的；

5. 甲方被依法注销、撤销或者解散的。

（二）聘用合同终止后，甲方应当为乙方办理相关手续。

九、聘用合同的续签

本合同期满前，甲乙双方协商一致，可以按照规定的程序续签聘用合同，续签的聘用合同期限和工作内容等由双方协商确定，续签聘用合同应当在聘用合同期满前15日内办理。

十、违反聘用合同的责任

（一）甲方违约责任

1. 甲方有下列情形之一的，应当向乙方支付赔偿金：

（1）克扣或者无故拖欠乙方工资的；

（2）解除本合同后，未依照有关规定给予乙方经济补偿的。支付赔偿金的标准为：________________。

2. 因甲方违反本合同约定而造成乙方损失的，甲方应当按照乙方的实际损失承担赔偿责任。甲方违反本合同约定，造成乙方中断履行合同的，应继续履行合同，同时负责赔偿在合同中断期间乙方的经济损失。

（二）乙方违约责任

1. 乙方系甲方出资培训或引进的，双方应当根据实际情况约定服务期及违约责任。没有约定的，违约后乙方应向甲方偿还培训费或引进费，以不高于每服务一年递减20%的标准支付。

2. 乙方违反本合同的约定，使用或者允许他人使用甲方的知识产权、技术秘密的，应当依法承担法律责任。

3. 因乙方违反本合同约定而造成甲方损失的，乙方应当按照甲方的实际损失承担赔偿责任。乙方违反本合同约定，造成甲方中断履行合同的，应继续履行合同，同时负责赔偿在合同中断期间甲方的经济损失。

（三）双方共同约定的其他违约责任条款

1. 履行合同期间，一方违反本合同有关条款规定，应付给对方违约金________元。给对方造成经济损失的，应承担经济赔偿责任。

2. ____

十一、争议处理

甲乙双方因履行聘用合同发生争议的，由当事人双方协商解决。不愿协商或协商不成的，可申请本单位或上级主管部门劳动人事争议调解组织进行调解；不愿调解或调解不成的，当事人也可以自争议发生之日起60日内向有管辖权的劳动人事争议仲裁委员会申请仲裁；对仲裁裁决不服的，可以自收到仲裁裁决之日起15日内向甲方所在地或者聘用合同履行地的基层人民法院提起诉讼。一方当事人在法定期间内不起诉又不履行仲裁裁决的，另一方当事人可以向人民法院申请执行。

十二、甲方及其上级主管部门的规定、制度为合同的附件，是本合同的组成部分。本合同未尽事宜，国家有规定的，按国家规定执行；国家没有规定的，由甲乙双方商定。

十三、双方约定的其他事项

____

甲方（签章）　　　　　　　　　　乙方（签章）

法定代表人或

委托代理人（签章）

年　月　日　　　　　　　　　　　年　月　日

聘用合同续签或变更书

经甲乙双方协商一致同意，对（　　）鉴字　　号聘用合同作如下续签或变更：
甲方（签章）　　乙方（签章）　　鉴证机关（签章） 年　月　日　　年　月　日　　年　月　日

例 6：

工作协议书（某省属高校）

甲方：

乙方：

根据学院《关于人事调配及应届毕业生接收、管理工作的暂行规定》文件要求，本着诚信、自愿的原则，学院与到我院工作的大学毕业生签署如下工作协议书。

1. 自________年____月起，乙方到甲方工作。

2. 甲方根据工作需要，安排或适当调整乙方的工作岗位，并为乙方提供必要的工作条件。

3. 根据国家有关政策，甲方对乙方的见习期及转正后的工作表现应定期考察，写出鉴定并给予相应的待遇。

4. 乙方应根据甲方要求，自觉遵守用人单位的规章制度，认真钻研业务，努力工作，积极完成各项任务，不得从事任何有损于甲方的活动。

5. 乙方如对甲方的工作安排有意见，可通过组织渠道反映，甲方应及时了解并予以解决或解释。

6. 使用期间如发现乙方求职时自我介绍与档案材料及本人实际情况不符或体检不合格，或不适应应聘岗位工作，或乙方违背甲乙双方协议等被证明不符合录用条件的，甲方有权将乙方退回原毕业学校或降级使用或解除劳动关系。

7. 乙方在甲方的服务期至少为5年（含见习期）。如乙方服务期未满要求调出的，经学院同意后，按所余服务年限每年一万元的标准缴纳协议违约金（不足1年的按1年计算），方可办理调动手续。

8. 乙方服务期满要求调离的，经学院研究同意后，即可为其办理相关手续。

9. 其他未尽事宜，按国家、河北省及学院有关规定办理。

10. 此协议一式两份，甲、乙双方各执一份。

甲方：　　　　　　　　　　　　　乙方：

（盖章）

年　　月　　日　　　　　　　　　年　　月　　日

第二节　高校聘用合同的签订程序

根据《事业单位人事管理条例》（中华人民共和国国务院令第652号）规定，事业单位人员招聘及聘用合同的签订一般包括岗位设置、公开招聘或竞聘上岗、聘用合同签订等程序。

一、《事业单位人事管理条例》关于合同签订相关规定

（一）关于岗位设置相关规定

国家建立事业单位岗位管理制度，明确岗位类别和等级。事业单位根据职责任务和工作需要，按照国家有关规定设置岗位。岗位应当具有明确的名称、职责任务、工作标准和任职条件。事业单位拟订岗位设置方案，应当报人事综合管理部门备案。

（二）关于公开招聘和竞聘上岗相关规定

事业单位公开招聘工作人员按照下列程序进行：制订公开招聘方案；公布招聘岗位、资格条件等招聘信息；审查应聘人员资格条件；考试、考察；体检；公示拟聘人员名单；订立聘用合同，办理聘用手续。事业单位内部产生岗位人选，需要竞聘上岗的，按照下列程序进行：制订竞聘上岗方案；在本单位公布竞聘岗位、资格条件、聘期等信息；审查竞聘人员资格条件；考评；在本单位公示拟聘人员名单；办理聘任手续。

（三）关于聘用合同相关规定

事业单位与工作人员订立的聘用合同，期限一般不低于 3 年。初次就业的工作人员与事业单位订立的聘用合同期限为 3 年以上的，试用期为 12 个月。事业单位工作人员在本单位连续工作满 10 年且距法定退休年龄不足 10 年，提出订立聘用至退休的合同的，事业单位应当与其订立聘用至退休的合同。事业单位工作人员连续旷工超过 15 个工作日，或者 1 年内累计旷工超过 30 个工作日的，事业单位可以解除聘用合同。事业单位工作人员年度考核不合格且不同意调整工作岗位，或者连续两年年度考核不合格的，事业单位提前 30 日书面通知，可以解除聘用合同。事业单位工作人员提前 30 日书面通知事业单位，可以解除聘用合同。但是，双方对解除聘用合同另有约定的除外。事业单位工作人员受到开除处分的，解除聘用合同。自聘用合同依法解除、终止之日起，事业单位与被解除、终止聘用合同人员的人事关系终止。

二、签订聘用合同的程序

高校聘用合同是一种正式的协议，用于规范高校与教师之间的雇佣关系。它涉及双方的权利和义务，并且在法律上具有约束力。因此，高校聘用合同签订程序的正确执行对于保障教师的权益以及维护高校的正常运转至关重要。高校聘用合同签订程序通常包括以下几个主要步骤：

1. 招聘公告发布。高校会通过适当的渠道发布招聘公告，包括在校园网站、人才招聘网站、学术期刊等发布信息，向广大人才传递招聘需求和条件。

2. 应聘申请。感兴趣的人才会根据招聘公告的要求，提交个人简历、申请表、学术成果等相关材料，以表达对该职位的兴趣和符合条件的意愿。

3. 初审与面试。高校会对提交的申请材料进行初步筛选，并邀请符合条件的申请者参加面试环节。面试通常包括学术演讲、教学展示、个人面谈等环节，以便全面评估申请者的能力和适应性。

4. 聘用条件协商。一旦高校决定聘用某位申请者，双方将进入聘用条件的协商阶段。这涉及工资待遇、职位级别、工作时间、福利待遇等方面的讨论与达成一致。

5. 合同起草与签署。在聘用条件协商确定后，高校将起草正式的聘用合同，并与申请者进行详细的合同条款讨论。一旦双方就所有条款达成共识，聘用合同将正式签署。

6. 合同备案与公示。高校会将签订的聘用合同进行备案，并依法公示，确保聘用过程的透明与合法性。在实际操作中，不同的高校在聘用合同签订程序上可能会有些许差异。有些高校可能会引入更为复杂的程序，例如专家评审、试讲等环节。

三、聘用合同的形式

高校聘用合同也一般以书面形式订立。合同一式三份，一份由受聘人保存，一份存入本人档案，一份由主管人事部门备案。聘用合同文本包括三部分。文本的第一部分包括聘用单位名称、受聘人姓名、合同书编号、合同鉴证编号及受聘人的基本情况。文本的第二部分是聘用合同的具体内容，包括聘用期限、工作职责、工作条件和纪律、薪酬待遇、合同变更解除、合同终止续订、责任赔偿、人事争议处理等。

四、签订聘用合同的要求

1. 签订聘用合同一定要坚持平等自愿、协商一致、依法办事的原则，任何一方都不得强迫另一方签订不平等或不公正的合同。

2. 聘用合同约定条款一定要符合国家的法律法规，不得超出国家法律法规之外。

3. 聘用合同条款协商一致后，甲、乙双方必须在合同书上签名。甲方由法定代表人或委托代理人签字盖章，乙方必须本人签名或盖章，别人不得代签。

4. 合同的签订、变更、续订、解除、终止及履行应接受同级人事行政部门的监督检查。无论是签订、变更、续订聘用合同，还是解除、终止聘用合同，都要到同级政府人事部门办理鉴证或备案。聘用合同鉴证是人事行政部门依法审查、证明聘用合同真实性和合法性的一项行政措施。聘用合同经过鉴证是人事争议仲裁部门依法进行人事争议仲裁的依据。

5. 建立合同文本管理制度，加强合同文本管理。各事业单位聘用合同签订后，应及时建立相应的管理制度，如签订、续订、变更、终止、解聘、辞聘的登记、鉴证备案制度等，并指专人管理。因为合同文本是明确人事关系的重要依据，今后涉及受聘人员的退休、保险、流动、人事争议仲裁等问题。如合同漏签、迟签或丢失，都会直接影响受聘人员的切身利益。因此，一定要加强合同文本的管理。在加强单位管理的同时，还要教育受聘人本人也要妥善保存好合同文本。

第三节　高校聘用合同对比研究

高校聘用合同作为高校与教师之间重要的法律约束工具，合同文本一般都是依据《劳动合同法》及《事业单位人事管理条例》相关规定制定，条款设置大致相同。但是经过实证研究，发现不同层次、不同地域、不同类型的高校在聘用合同大框架下的一些具体内容也存在差异。

一、相同点

工作内容：合同会明确规定教师的工作职责和工作范围，包括教学任务、科研项目、行政职责等。这可能包括发表学术论文、申请科研项目、参与教学工作等。

聘用期限：合同中会规定教师的聘用期限，可以是 1 年到 5 年的固定期限合同或无固定期限合同（如终身制聘用）。

工资和福利：合同会明确规定教师的薪资待遇和福利条件，包括基本工资、津贴补贴、社会保险、医疗保险、住房公积金等。但因工资薪酬、社保管理等政策受国家及地方相关政策及编制情况影响，相关具体标准一般不会在合同中单独列出，仅注明按照相关规定执行。

职称晋升和评定：一般不会在合同中列出具体办法，仅注明按照国家或者学校相关规定执行。

职业道德和纪律：合同通常会强调教师需要遵守高校的职业道德规范和纪律要求。

合同解除：合同会规定解除合同的条件和程序，包括双方解除合同的事由、通知期限等。一般按照《劳动合同法》相关规定执行。

二、不同点

1. 不同层次的高校随着招聘教师的类型不同、方式不同，那么相应的聘用合同形式、内容等也各不相同。例如，当前大部分“985”“211”“双一流”高校招聘教师“门槛”较高，其一般通过人才引进，培养师资博士后，接收普通博士毕业生的方式补充师资。人才引进合同一般侧重于对人才的科研成果等方面的要求，相关薪资待遇、职称评聘等一事一议，人才层次越高，待遇越高。师资博士后是将部分博士后纳入师资队伍管理的一种制度，其目的在于适应学校教学、科研发展的需要，加大青年人才队伍建设和培养的力度，优化师资队伍结构，拓宽博士后培养渠道。师资博士后的聘用合同主要侧重于对博士后在站期间的研究水平和研究成果的要求，出站时符合相关科研要求即可作为正式师资入职该校。有些高校在师资博士后出站后、入职学校前再重新签订新入职教师聘用合同。而普通的省属高校或者市属高校一般通过接收博士毕业生的方式来补充师资，此外还有少量人才引进。省属或市属高校的教师聘用合同一般使用全省或者全市统一模式的事业单位聘用合同，也有高校在签订统一的事业单位聘用合同的同时还签订其他工作协议，对相关安家费、科研启动费、违约金等进行更详细的约定。

2. 根据编制情况不同，聘用合同的薪酬待遇、职称评聘条件、职务晋升等相关条款也不同。对于高校来说，聘用事业编与非事业编教师一般采用两种不同制式的聘用合同。事业编人员聘用合同一般有专门模板，因事业编人员薪酬、职称、晋升、考核等事宜国家及上级主管部门都有非常明确的规定，因此合同内容较为简单。而非事业编人员一般签订的是劳动合同或者类似劳动合同的聘用合同，因相关待遇、晋升等政策与事业编人员不同，因此合同内容较为详细，各不同地区、不同层次的高校间存在较大差异。

3. 对于教师的岗位级别和职称评定标准可能存在差异。一般来说，高水平研究型大学在聘用合同中更加重视教师的科研能力和成果，可能会设置更高的职称评定要求和晋升机制。而普通本科高校则可能更注重教学质量和教育经验，对教学能力的评价更为重视。当然，因为岗位聘任及职称评定属于另外不同的管理体系，大部分高校在聘用合同中并不会详细体现这两方面的具体要求和标准。

4. 不同层次高校在聘用合同中对于工资待遇的规定也可能存在差异。高水平研究型大学通常具备更丰富的科研经费和资源，能够提供更高水平的薪酬和福利待遇。而普通本科高校在这方面可能相对有限。因此，不同层次高校在聘用合同中对于工资待遇的规定可能会存在差异，反映了各自的经济实力和资源配置能力。

5. 不同层次高校对于聘用合同中的教学和科研要求有所不同。高水平研究型大学往往要求教师在科研方面具备较高水平和活跃度，可能需要承担更多的科研项目和论文发表任务。而普通本科高校则更加注重教学质量和教育经验，可能要求教师在教学方面表现出色。因此，在聘用合同中对于教学和科研要求的规定可能存在差异。

6. 不同层次高校在聘用合同中对于社保等福利待遇的规定也有所不同。高水平研究型大学通常具备更完善的福利体系，可能提供更丰富的医疗保险、住房补贴、子女教育等福利待遇。而普通本科高校在这方面可能相对较少。

第四节　高校聘用合同存在的问题分析

高校聘用合同是维护高校与教师之间合法权益的重要法律工具。然而，当前的高校聘用合同制度仍然存在一些问题，这些问题可能给教师带来不公平待遇，甚至对高校的稳定运作造成不利影响。

一、传统的用工观念没有改变

长期以来，计划经济体制下的用工制度，使高校形成了事实上的用人终身制。广大教职工吃惯了“大锅饭”，尽管已实行岗位聘任制多年，但是很多人仍然合同意识淡薄，没有意识到合同的重要性，从而忽视了主动参与到合同条款设立、合同签署等过程中，在纠纷发生时缺乏相应的对策，不会用法律武器维护自身的权益。

1. 传统用工制度的影响。长期以来，我国高校一直受到计划经济体制的影响，这一体制强调了固定薪资和工作保障。这种思维方式使得很多教师习惯了依赖固定薪资，而忽略了合同和聘用的重要性。

2. 人本理念淡漠。人本理念要求学校在管理教师过程中，应该突出对教师的尊重，充分考虑到教师的发展及其自我实现的需要。作为合同主要内容的岗位职责和工作任务，在规制化的要求下，强调了规范性、标准性、统一性和全面性，但忽视了岗位的差异、学科专业的特点和教师的个人特长，对所有教师一视同仁地用一个标准来要求和衡量，没有考虑这样的要求对具有特长的教师是否公平，也无法激发教师在自己擅长的领域取得更大成绩的积极性和扩展教师能力的空间。

3. 合同意识的淡薄。尽管岗位聘任制在高校推广多年，但许多教师仍然对合同的意识较为淡薄。他们可能认为自己的职位相对稳定，不太需要过多关注或参与合同的签署和制定。

4. 对合同重要性的忽视。教师中的一部分人可能没有充分认识到合同在聘用关系中的关键作用。他们可能认为合同只是一种形式，不会影响他们的实际工作和待遇。

5. 缺乏对策。由于合同意识淡薄，当合同纠纷发生时，很多教师可能缺乏应对的对策。他们可能不清楚自己的权益，也不知道如何使用法律手段来保护自己的权益。

二、聘用合同中权利义务不对等、条款不透明或存在霸王条款

1. 聘用合同中权利义务不对等。高校聘用合同一般是格式合同，双方的权利义务早已由高校确定并体现在聘用合同中，教师对签订的合同内容并没有太多商讨的余地，聘用合同并非教师真实意愿的体现，很有可能出现双方权利义务不对等的情形，有时还成为高校对教师进行惩罚的手段。比如一些高校在聘用合同中设定高额的违约金，从而达到限制人才流动的目的。在实践中，一些高校约定的违约金过高，明显具有惩罚性质，而且聘用合同中经常只是单方面约定教师违约时应向校方支付违约金，并没有约定高校违约时应该向教师支付违约金。

2. 不透明的合同条款对教师的影响。高校的聘用合同通常包含大量法律术语和复杂的规定，这对于普通的教师来说可能难以理解。这种不透明性可能导致他们不清楚自己的权利和义务，从而在劳动关系中处于不利地位。他们可能不知道自己是否有权利提出改善待遇的要求，或者如何应对不公平的条款。

3. 霸王条款的潜在风险。“霸王条款”指的是合同中偏向雇主的条款，可能包括对绩效评估的过度依赖、不合理的解雇条件、对薪资和福利的不公平规定等。这些条款可能使教师在面对高校管理层时感到无力，因为他们可能担心提出异议会导致职业生涯受到损害。

4. 信息不对称和不平等的谈判地位。由于高校在合同制定方面拥有更多资源和信息，教师往往处于信息不对称和不平等的谈判地位。这可能导致他们在签署合同时未能有效地争取自己的权益，因为他们可能不知道如何谈判或没有足够的谈判筹码。

三、聘用合同中的工资待遇相关条款表述一般较为笼统

一些合同中未明确规定薪酬制度和调整机制，导致教师的工资待遇不透明和不公平。此外，一些高校在薪酬支付上存在延误和不稳定性，给教师的

经济生活带来困扰。

1. 工资数额不清楚。合同中可能没有明确规定教师的工资数额，或者只提供了笼统的工资范围，而没有具体说明薪资构成和计算方式。这使得教师无法准确知道自己的薪资待遇。

2. 奖金和津贴的规定不明确。合同中可能没有详细列出奖金、津贴和其他福利待遇的具体条件和数额。这可能导致教师不清楚在何种情况下可以获得额外的报酬或福利。

3. 薪资调整机制不清晰。合同中可能没有明确规定薪资的调整机制，包括年度涨薪、绩效奖金或其他如通货膨胀调整等方面的内容。这使得教师无法预测薪资的增长趋势。

4. 加班和额外工作的薪资待遇。如果合同没有明确规定加班工资、超时工作或额外工作的薪资待遇，教师可能不清楚在这些情况下应该如何计算自己的收入。

5. 离职和解雇的薪资处理不明确。合同中可能没有明确规定在离职或被解雇时教师应该获得的薪资待遇，包括未使用的年假或其他补偿。

6. 税收和社会保险扣除不明确。合同中可能没有明确规定薪资中扣除的税收和社会保险金额，这可能导致工资实际到手金额与合同中的工资数额不符。

7. 薪资支付周期不清楚。合同中可能没有规定薪资的支付周期，例如每月、每两周或每周支付，这可能导致不确定性。

四、聘用合同中的职位评定和晋升机制不完善

一些高校聘用合同对于职位晋升的要求和程序未明确规定，导致教师的晋升路径不清晰和困难。缺乏公平、透明的晋升机制可能导致教师的职业发展受限，影响他们的工作动力和积极性。

1. 不明确的评定标准。高校聘用合同中可能缺乏明确的职位评定标准，这使得教师不清楚他们在晋升时需要达到的标准和要求。缺乏明确的标准可能导致主观性评价，使得职位评定变得不公平。

2. 晋升机制缺乏透明度。在一些情况下，高校的聘用合同可能没有提供晋升的具体机制，包括评定周期、评定委员会的构成、评定程序等。这可能

使教师感到不确定和被动，因为他们不了解如何提升自己的职业发展。

3. 职位晋升机会不平等。不完善的评定和晋升机制可能导致机会不平等。有些教师可能因为主观原因或不公平的评价而无法获得晋升，而其他人可能因为关系或其他原因获得提升，这可能会损害组织内的公平感和士气。

4. 人才流失风险。如果高校的职位评定和晋升机制不完善，有可能导致优秀的教师寻找更具竞争力的机会，离开当前的高校，导致人才流失问题。

5. 缺乏激励和职业发展动力。没有明确的职位评定和晋升机制可能会减少教师在职业发展方面的动力。教师可能感到没有必要努力工作和提高自己的能力，因为他们不清楚这些努力是否会被正当地认可和奖励。

五、聘用合同中的违约责任不清

一些聘用合同中对于违约责任和违约金的规定不明确，缺乏有效的违约解决机制。这可能导致一方违约而无法得到应有的补偿，或者导致合同纠纷的产生和扩大。

1. 不明确的违约定义。合同中可能没有明确定义什么是违约行为，这使得教师和高校在行为是否构成违约方面存在不确定性。这可能导致双方在解释合同条款时产生歧义。

2. 违约责任模糊不清。合同可能没有清晰规定在违约情况下的责任和后果。教师可能不清楚如果他们或高校违反了合同条款会发生什么，包括可能的经济损失或法律诉讼。

3. 缺乏违约救济机制。高校聘用合同中可能没有明确规定双方在违约情况下可以采取的救济措施。这可能导致在违约纠纷发生时，双方不知道如何解决问题或如何寻求赔偿。

4. 合同解除条件不明确。合同可能没有明确规定在什么情况下可以解除合同，以及解除合同后应该如何处理未完成的工作和薪资支付。

5. 违约诉讼的法律约定。如果合同没有规定双方在发生违约纠纷时应采取的法律程序，这可能导致不必要的法律诉讼，增加了诉讼费用和时间成本。

六、聘用合同管理不规范

一些高校可能存在合同签订程序、合同管理不规范、缺少监督机制等问题，给合同的正确履行带来困难，增加了合同执行和劳动关系方面的风险。

1. 缺乏标准化的合同模板。高校管理部门可能没有制定标准的、适用于不同职位的合同模板。这导致每次签订合同都需要从头开始制定，增加了错误和不一致性的风险。

2. 合同审批流程不明确。缺乏明确的合同审批流程可能导致合同签署的过程混乱，不清楚哪些部门或哪些职能部门需要参与审批和签署，造成签署延误，或因部门协调沟通不及时造成合同条款出现纰漏。

3. 合同签署授权问题。管理部门可能没有明确的签署授权政策，导致未经授权的人员签署合同，从而使合同无效或引发纠纷。

4. 不透明的合同条款。合同中的条款可能不清晰，教师难以理解自己的权益和责任，这可能导致教师的不满和合同纠纷。

5. 考核办法滞后。规范的合同不仅包括教师的岗位职责，同时还包括对教师履行岗位职责的检查、考核办法，让教师在受聘之时就清楚地了解上岗后需要做什么，应该达到什么样的结果。然而，虽然很多高校不断探索教师的岗位考核办法，实践中也取得了一定的效果，但总体上还鲜有具有示范性的教师绩效考核办法，或者仅仅提出一些原则性的考核意见，致使岗位考核办法滞后。

6. 合同归档和管理不当。合同可能没有得到妥善的归档和管理，导致合同文件容易丢失或混乱，难以追踪和审计。

7. 不规范的合同变更。如果没有明确的合同变更程序，高校管理部门可能无法有效地处理合同的修改和更新，可能导致合同方面的问题。

8. 缺乏合同执行监督。高校管理部门可能存在疏于对合同的执行方面的监督，一签了之，未能确保合同条款得到充分遵守。

9. 未进行合同管理培训。负责签订合同的管理人员可能没有接受充分的培训，不了解合同签订和管理的程序，不了解相关法律知识，可能导致操作失误。

第五节　高校聘用合同的完善思路

高校聘用合同的完善关乎高校和教职工双方的权益和责任，它涉及建立一份既能清晰阐明双方期望，又能维护公平性和透明度的合同，而一份优秀的聘用合同不仅可以为教师提供明确的工作条件和福利，还有助于高校建立积极、和谐的劳动关系，从而吸引、留住、激励和培养优秀的教育人才。

一、完善高校聘用合同的重要意义

首先，完善高校聘用合同有助于保护教职工的权益，确保他们获得公平的薪酬、福利待遇和工作条件，提高了工作满意度，吸引和留住高素质的教育者和研究人员。其次，完善的合同制度可以提高用工的灵活性，更好地适应高校的变化需求，提高了用人效率。此外，合同的绩效导向性有助于激励教师更加努力地工作，提高了教育和科研质量。完善的合同也有助于吸引国际化的人才，提高高校的国际竞争力，推动高等教育的国际化进程。最后，这种改进对于社会效益也至关重要，因为高校是社会进步和科技创新的关键驱动力，通过建立更加公平、公正和灵活的合同制度，高校可以更好地履行其社会责任，提高教育质量，促进社会发展。

完善高校聘用合同不仅是维护和平衡教职工与高校之间权益的基石，更是确保教育质量、稳定人才队伍和推动高校改革的关键。当合同内容明确、公正且合理时，它能激励教职工更投入工作，确保其得到应有的待遇，从而吸引和留住优秀人才，进而提高高校的教学质量、研究能力与国际竞争力。此外，完备的合同制度也体现了高校现代化管理的理念，有助于高校应对教育领域的各种挑战，实现长期、可持续的发展。

二、高校聘用合同的完善思路

鉴于高校一定程度存在得聘用合同双方权责不对等、合同条款不公开不透明、工资待遇等条款不明确、职称评定和职级晋升机制不完善、违约责任不明确、合同管理不规范等问题，完善聘用合同的整体思路也要从相应解决这些问题的方面入手，确保合同条款清晰、公平和透明，以达到最大程度地满足教师和高校双方的权益和期望的目的。如包括在合同中明确定义主要条款，明确列出工资、福利和晋升机制的具体细节，规定违约责任和解决机制，明确合同终止条件，制定适用的法律约定和争端解决方式，以及提供教职工反馈渠道，同时要加强合同管理和定期审查等。通过建立这样的全面思路，高校可以吸引和保留高素质的教育人才，促进积极和谐的劳动关系，为高等教育的高质量可持续发展奠定坚实的人才基础。

（一）进一步认识到合同管理的重要性，提高合同意识，加强合同签订全过程管理和合同签订后的监督执行

1. 高校要进一步加强合同规范化管理。高校聘用合同是以高校为法人，与教师基于公平和自愿等原则签订的协议，一旦签署法律合同，便同步产生了法律效力。合同主体均须严格依照合同的约定条款执行相关工作，如果有任何一方违背了合同约定，就须承担相应的责任。高校的合同管理工作在高校的法律指导下，依据既定的法律和行政等手段。对合同关系进行组织、协调等工作，从而捍卫合同主体的合法权益，并在出现合同纠纷时能够妥善处理，避免发生违法行为，保障顺利履行合同。高校合同管理工作的实施效果，直接关系到高校所开展的各项活动的合理性和合法性。

2. 高校要进一步加强法律意识和合同意识，深刻理解并遵循劳动法律法规，以确保合同的合法性和合规性。同时，加强合同意识也是关键，管理部门应认识到聘用合同在高校劳动关系中的重要性，不仅是一纸文件，更是教师与高校之间权益和责任的明确体现。为实现这些目标，管理部门需要加强对聘用合同签订过程、合同审核、合同管理等方面的培训，确保相关人员了解合同的法律要求和标准，同时也需要监督合同的执行，以确保合同条款得到充分遵守，教师的权益得到保障，劳动关系能够在透明和公平的环境中发展，从而为高校的长期稳健发展打下坚实的基础。

3. 按照相对稳定、合理流动、专兼结合、资源共享的原则，实行编内编外相结合、专职和兼职相结合、长聘和准聘相结合的人员分类聘用制度。学校实行全员聘用，新进人员实行合同管理，推行特聘教授、名誉教授、客座教授、兼职教师、科研助理聘用制度，加大外籍教师全职聘用力度，实现校

内外优秀人才资源共享。

（二）明确高校聘用合同的内容及相关制度

1. 明确合同签订形式，完善合同内容。高校聘用合同签订主体是高校法定代表人和教师，订立形式是书面形式。聘用合同的内容包括必备条款和约定条款，其中必备条款包含岗位职责、工作内容、岗位纪律、工作时间工作量、科研任务、工资待遇、劳动期限、劳动条件、劳动保护、社会保险待遇、合同变更和终止的条件、合同解除、违约责任、纠纷处理等内容。经教师与高校协商一致，双方可以在聘用合同中约定继续教育、出国培训、知识产权保护、试用期期限、解聘提前通知时限等条款。

2. 规范聘用合同的订立、变更、解除程序。高校应在公开发布聘用制的政策法规、聘用条件、聘用程序等相关信息后，才与教师正式签订聘用合同，保证聘用程序等信息公开透明。另外，还必须规范合同变更及教师解聘程序。高校解聘教师应以书面形式提前通知教师本人，充分说明解聘的根据和理由，并将相关维权渠道详细告知教师。

3. 平衡教师与学校双方的权益和义务。高校聘用合同应明确教师的权利，尤其是学术研究自由。学术自由是高等教育的核心原则之一，它允许教师在其领域内自由探索、发表观点、进行研究和教学。合同应确保教师可以独立思考、提出新观点，而不受不当干涉或压力。合同也应明确学校的管理权，包括对教师的考核评价和确保高校教育职能的正常履行。高校需要对教师的工作质量、教学能力和学术成果进行考核评估，以确保教育质量和学校教学科研能力的持续提高。教师考核评价标准应该公平、透明，并能给予教师适当的反馈和激励，以帮助他们不断提高。高校也有责任履行其教育职责，规范和管理教师的教学、科研活动，确保学生在教育中获得高质量的知识和专业技能。在实现这种平衡时，高校聘用合同需要为教师和学校之间的合作提供坚实的法律框架，这包括明确的合同条款、争议解决机制以及合同的持续审查和更新。只有在双方权益和义务得到充分尊重和平衡的情况下，高校才能够吸引和留住优秀的教师和科研工作人员，同时确保其教育质量和教学科研水平的持续提高。

4. 利用教师岗位聘用制度将学校的发展目标及长远规划与教师个人的工

作任务相衔接。首先，要确定学校的总体发展目标和实现目标需要完成的工作任务。其次，将学校预定的工作任务分解到学院或系，这是学校根据总体发展目标提出的任务分解预案，其中由于人才培养计划、学生人数等是确定的，有关人才培养的量化任务就比较明确。预定工作任务中的科学研究、学科建设、社会服务等任务内容，则需要学校与院系进行沟通、协商，在这一过程中，需要考虑院系专业发展的历史和背景、师资队伍的现状和发展潜力、学校的资源投入以及社会发展的客观环境等诸多因素。最后，院系根据目标任务总量和岗位设置情况细化具体岗位的主要职责和工作任务内容，在这一环节中，院系不仅要依据学校分配的工作任务来进行分解，要具体分析教师的实际状况、教师的个人特长，有针对性地、个性化地提出教师任务书的框架协议草案，将学校的发展目标任务分解到每个岗位中。

（三）根据需求建立灵活的合同聘用期限

1. 采用长期与短期相结合的聘用方式，可以更好地满足高校的人力资源需求。首先，高校教育领域的需求可能会因课程、项目或学期而异，有时需要短期聘用，有时需要长期稳定的人员。灵活的合同期限允许高校根据实际需求聘用教师，从而更好地管理资源和提供高质量的教育。如对于青年教师可以采用短期合同，以适应其职业发展需求。而对于高级专业技术职务人员，可以考虑更长的合同期限，确保稳定性。其次，不同教师可能有不同的职业发展计划和生活需求，包括研究员、讲师、兼职教授等，提供不同期限的聘用合同，可以更好地满足他们的期望和需求，增加他们留在高校工作的意愿。最后，灵活的聘用合同期限也有助于创造多样性和包容性。高校可以通过吸纳临时兼职教师、退休教师、行业专家等，为学生提供更广泛的知识和经验来源，这有助于营造全面培养的教育环境，提高学校的声誉和吸引力。

2. 建立合同期限续签机制。基于教师在聘用期限内的工作表现和学术研究成果，在合同到期后决定是否续签合同。这有助于提高工作效率、吸引人才，并激励教师追求卓越。合同续签机制是一个有效的激励手段，它鼓励受聘教师在合同期内取得良好的成绩。这些目标可以涵盖教育、研究、服务和管理等多个方面。通过明确的绩效评价标准，高校可以确保续聘决策公平和透明，并激励受聘教师不断提高自己的能力。

（四）进一步优化薪酬待遇体系

1. 差异化薪酬设计。优化薪酬体系是为了确保薪酬与教师的能力、贡献和市场价值相匹配，高校可以根据教师的职务、经验、教育水平和科研能力等因素，制定差异化的薪酬政策。这有助于激励教师提高绩效，吸引高水平的教育者和研究人员，提高高校的竞争力。例如对于高层次人才可以根据实际实行“一人一策”的薪酬制度，如年薪制。对于新毕业的青年博士，可以在入职时提供一定的安家费、科研启动费等，在受聘期每月提供一定的津贴补贴，帮助其在工作上和生活上尽快适应，能把精力尽快投入教学和科研工作中。

2. 绩效奖励。建立绩效奖励体系可以更好地评价和激励教师的卓越表现，高校可以设立明确的绩效指标和评估程序，根据教师在教学、研究、学术服务和管理等方面的表现，提供额外的奖励或晋升机会。这种奖励体系有助于推动教师的卓越表现，提高教学质量和研究成果。

3. 多样化福利待遇。多样化福利待遇是满足教师各种需求的关键，高校可以根据教师的家庭状况、生活阶段和个人偏好，提供个性化的福利，如补充医疗保险、商业意外保险、养老金计划、住房津贴、子女入学等。这种多样化福利待遇有助于增强教师的满意度、忠诚度和工作动力。

4. 职业发展支持。除基本福利外，可以为教师提供职业发展相关的福利，如学术研究经费、出国交流机会、职业晋升机会等，激励教师不断提升专业能力。提供学术研究经费可以支持教师的研究项目、购买实验材料、参加国际会议、出版研究成果等。提供出国交流的机会，如访学、国际会议参与、学术讲座等，有助于教师拓展国际视野，还可以促进国际合作和学术交流，提高高校的国际影响力。提供学术支持和培训，包括导师指导、科研团队支持、专业发展课程等，可以帮助教师快速提高研究和教育技能。通过建立明确的职业晋升路径，可以为教师提供升职机会和发展空间，包括晋升到更高级别的职位、管理职务或领导项目的机会。

（五）建立完备的合同管理机制

1. 建立一套严格的合同管理制度。合同管理制度应该包括合同的起草、审批、签署、执行和归档等全过程管理规范，明确各环节的责任与义务，以确保合同的合法性和合规性。

2. 建立专门的合同管理团队。合同管理团队应该由合同管理专家、法律顾问和行政人员组成，他们协助教职员工起草合同、审查合同条款的合法性、监督合同执行情况以及解决合同纠纷。这支团队的存在不仅提高了合同管理的专业水平，还能够为教职员工提供合同相关的法律咨询，增强了教职员工的法律意识。

3. 积极推进电子签约管理。采用数字化的合同管理系统可以极大地提高管理效率，实现合同的电子化存储和检索、合同签署的电子化审批，以及合同执行的实时监督、合同到期提醒等。此外，电子签约也提供了更高的数据安全性和隐私保护，有助于减少合同丢失或被篡改的风险。

4. 建立公平和透明的劳动关系。高校可以采取一系列措施，包括简化合同语言、明确条款、确保双方平等协商和参与制定合同，以及建立有效的投诉和争议解决机制，建立更加公平和透明的劳动关系，满足双方的期望。

5. 制定解释手册。高校可以制定教师手册，详细说明合同条款和相关政策，帮助教师在合同签订之前更好地理解合同内容，包括工资待遇、工作职责、职位晋升机制、福利等方面的条款，了解他们的权益和责任，降低合同争议的可能性。

6. 建立定期与教师沟通的机制，讨论合同内容和相关政策。可以通过定期举行教职工会议、工会与管理层的对话以及电子邮件通知等方式来实现。这种沟通机制可以为教师提供一个表达关切和提出问题的平台，同时也有助于高校及时回应教师的需求和反馈。

7. 定期对合同制度进行评估，以了解其实施情况，发现问题并进行改进。评估工作可以包括教师满意度调查、合同执行情况的审查，以及教师的反馈信息收集。通过评估，高校可以及时发现合同管理中的不足之处，采取措施加以改进，从而提高管理的效率和透明度。

第四章　高校聘用合同面临的法律争点分析

2002 年 7 月，国务院办公厅转发了人事部《关于在事业单位试行人员聘用制度的意见》（国办发〔2002〕35 号），该意见是事业单位推行聘用合同的指导性文件。事业单位推行聘用制，是我国实行国家公务员制度和企业劳动合同制度后，在用人制度上的又一次重大改革，标志着我国分类管理的用人管理制度基本建立。由此，作为事业单位主体之一的高等学校，也逐步建立和完善了以聘用合同制为主的合同管理制度。2008 年 1 月 1 日，《劳动合同法》随之颁布实施，对高校推行真正意义上的聘用合同制度提供了借鉴。当前高校均实行全员聘任制，与教职工建立了人员聘用关系，这一制度的建立，在改变高校原来编制内用工形式僵化、流动渠道不畅、缺乏竞争激励的传统人事制度上已迈出了重大的一步。但在改革实践中，聘用合同管理上也暴露出一些立法上和操作上的问题，给高校推行真正意义上的人员聘用制造成了一定的困难和障碍，同时对照《劳动合同法》，高校聘用合同也产生了一些法律争议点。如高校与教师关系以及聘任合同法律性质存在争议，《高等教育法》第 48 条规定高等学校实行教师聘任制，由高等学校校长与受聘教师签订聘任合同，但并没有指出该合同应该属于行政合同还是劳动合同。有的观点认为高校与教师的关系属于行政法律关系，高校与教师的聘任合同属于行政合同，其理由在于高校行使一定的行政功能，高校是行政主体，教师是行政相对人并且其职业具有公益性，不能将其与一般劳动者等同，因此高校与教师之间的关系是行政法律关系，高校聘任合同属于行政合同。但从聘任合同的实际法律性质来看，聘用合同又属于劳动合同，应当适用《劳动合同法》。又如高校聘用合同中一般包括人事关系管理、评聘、考核、薪酬分配、进修培训、国际交流、劳动纪律等方面的内容，但这些内容在聘用合同中只是简要提及，一般表述为按照相关规定执行并未详细说明具体内容。而以上相关规章制度会随着国家或学校的相关规定进行不断完善和修订，在完善、修订和执行过程中并未经过充分的民主程序，未能充分告知教师，教师的知情权和参与权受到限制，损害了教师的权益。再如当前高校普遍推行的“非升即走”的“准聘—长聘”制度，在保障教师合法权益方面存在一定的法律争议等。

第一节 聘用合同与高校人事管理制度的关系

“双一流”建设计划的提出，推动了高校高水平建设的进程，同时也加剧了高校间的人才竞争。大量优质人才逐渐向薪酬待遇高、科研经费条件更好的高校靠拢，各高校间的人才流动日益频繁。为了降低高校人才的流动性，增加人才黏性，高校需要不断落实教育评价改革各项举措，优化人事人才管理制度，加大激励力度，优化办学环境，吸引和留住更多高素质人才。如进一步完善人才评价标准，创新评价方式，克服“五唯”倾向，发挥职称评聘的导向作用，引导教师积极在人才培养、科学研究、社会服务和文化传承与创新工作中争先创优。依据人才特长、学科差异和岗位特点，制定分层分类评价标准，探索分层分类评价。深入推进教师分级聘任，建立能上能下的竞聘机制。构建全员绩效考核体系，完善薪酬分配办法等。

正如上面所说，高校人事制度涉及的内容非常宽泛，除了以上提到的岗位设置、岗位聘任、专业技术职务评聘、绩效考核、薪酬待遇等体系，还包括签订聘用合同、进修培训、出国出境、劳动纪律管理、社会保险等方面内容。每一项内容都有国家和学校一系列的制度文件作为依据和支撑，各体系之间互相联动，相互影响，形成了一整套人事管理制度。

教师作为个体需要与学校签订聘用合同，聘用合同是高校与教师聘用关系确立和维护的重要依托，是高校实施教师聘任制的一个关键。按照《事业单位人事管理条例》及《劳动合同法》规定，聘用合同中必须明确教职工的基本信息、身份性质、聘用岗位、聘用条件、工作职责、工作时间、专业技术职务评聘、职级晋升、考核评估、薪酬待遇、保险福利、学习培训和出国学习等内容，同时合同中还要包括合同的期限、解聘、解除合同的情形和程序、双方的权益和义务等。可以说，高校人事制度改革的各项内容与每位教师息息相关，且均是在平等自愿的原则下以书面形式签订的，是具有法律效力的，教师对合同中各项条款内容有着知情权和参与权。

然而，在实践中我们可以看到，这些重要的人事管理规定在聘用合同中通常只是简单或者笼统提及，一般仅模糊表述为按照相关规定执行，并未详细说明具体内容。随着人事制度改革的不断推进，国家和学校相关规章制度也在不断地修订和完善。从实际层面来说，签订聘用合同时的相关条款已经发生了变化，而在这些条款涉及的规章制度发生变化时，高校作为聘用合同的甲方拥有绝对的主动权，教师很难参与其中，高校一般也不会按照《劳动合同法》的规定，通过民主程序告知教师，这就导致了聘用合同与规章制度之间衔接不畅的问题，也在一定程度上损害了教师的参与权和知情权，教师的权益得不到充分保障，进而带来法律争议。

一、聘用合同与规章制度之间的衔接问题

聘用合同与规章制度之间的衔接问题表现在以下几个方面：

1. 不明确的权益和义务。由于聘用合同中对规章制度的简要提及，教师可能不清楚自己在这些方面的具体权益和义务。特别是在规章制度发生变化时，教师的权益可能受到损害。

2. 制度冲突。聘用合同中的约定与规章制度中的规定发生冲突时，员工的权益可能受到损害。例如，规章制度可能要求员工参加某项培训，而合同中未明确相关义务，这可能引发法律争议。

3. 知情权和参与权不足。由于规章制度的制定和修订通常未经教师的广泛参与，教师的知情权和参与权受到限制，这不符合现代劳动法的原则。按照《劳动法》规定，员工有权了解和参与制度的制定和修改。

4. 合同不稳定性。由于规章制度可能随时修订，合同的稳定性受到威胁，教师可能面临不确定性，不知道自己的权益在未来会如何变化，从而带来不稳定因素。

二、产生合同与规章制度衔接问题的深层原因

1. 制度不透明。高校制定的规章制度通常在决策制定和修订过程中缺乏

透明度，员工难以了解和参与，决策缺乏公开性。

2. 管理体系不完善。高校管理部门未能建立起有效的管理体系，以确保聘用合同与规章制度的衔接，管理体系缺乏科学性。

3. 法律规范不足。目前，我国对于高校聘用合同与规章制度的法律规范相对较少，需要进一步完善，法律法规对于高校管理的规范性不强。

三、建议解决方案

为了解决高校聘用合同与人事规章制度之间的衔接问题，可以采取以下措施：

1. 透明制度制定过程。高校应当建立更为透明和民主的规章制度制定程序，让教师能够参与制度的讨论和决策，确保他们的利益得到充分考虑。

2. 明确合同内容。合同中应明确规章制度的适用范围、权益和义务，以减少合同与制度之间的不确定性。

3. 加强与员工的沟通。高校应加强与教师的沟通，及时告知他们有关规章制度的变化和修订，确保员工能够充分了解自己的权益和义务。

4. 法律法规的完善。政府和相关部门应制定更为完善的法律法规，明确高校聘用合同与规章制度的衔接要求，规范高校管理。

5. 建立投诉渠道。高校应建立投诉渠道，让教师能够提出对于合同与规章制度执行中的问题和疑虑，及时解决纠纷。

第二节　聘用合同常见的法律问题分析

随着高校人事制度改革的不断推进，高校教师任用制度已经从原有的任命制转变为聘任制，而高校与教师基于平等自愿原则签订的聘用合同则是聘任制的核心内容。2008 年国家开始实施《劳动合同法》，《劳动合同法》中第 2 条第 2 款规定了事业单位和与其建立劳动关系者在订立、履行、变更、解除或终止劳动合同时适用《劳动合同法》的规定；第 96 条规定了事业单位与实行聘用制的工作人员之间签订的劳动合同，优先适用法律法规的特别规定。上述法律条款的规定一定程度上对聘用合同的法律适用提供了依据。2014 年国务院制定了《事业单位人事管理条例》，这是我国事业单位人事制度改革的重大举措，其对事业单位岗位设置、招聘制度、聘用合同制度、考核奖惩制度、工资社保和争议处理制度等进行了规定，但在聘用合同制度、争议处理制度上的条文较为简单，不能很好地明确聘用合同的法律适用问题。因此在实践中，高校与教师双方在履行聘用合同过程中产生争议时，如何适用相关法律，如何保障高校教师的合法权益等，引起社会较大关注。

一、高校与教师的法律关系：行政隶属关系或法律契约关系

1998 年《高等教育法》出台，其中第 48 条规定，“高等学校实行教师聘任制。……高等学校的教师的聘任，应当遵循双方平等自愿的原则，由高等学校校长与受聘教师签订聘任合同”。高校教师成为聘用合同的签约者。但是，高校教师由“国家干部”“专业人员”到“聘用合同的签约者”身份的变迁，其法律地位最终并没有被明确。学界对上述问题的研究和争议可谓众说纷纭，有“行政合同说”“劳动合同说”“民事合同说”“混合合同说”等不同观点。

“行政合同说”认为，教育的公益性、学校的行政主体地位和教师职业的特殊性决定了高校教师虽不是国家公务员，但应属于国家工作人员。高校教师聘用合同不是一般民事劳动合同，而是行政合同。一方面，我国公立高校虽然不是职权行政主体，但通过法律授权可以成为授权行政主体，“学校和其他教育机构根据国家规定，自主进行教师管理工作”；另一方面，“高等学校的校长全面负责本学校的教学、科学研究和其他行政管理工作，行使聘任和解聘教师以及其他工作人员，对学生进行学籍管理并实施奖励或者处分”的权力。基于此，公立高校也被作为与行政机关相同地位的公务法人来对待。因此，高校与教师之间的法律关系是一种行政法律关系，这种行政法律关系已经不再是简单的行政隶属关系，而是被赋予了更多的时代内涵。

“劳动合同说”则认为，国家工作人员的本质特征是从事行使国家管理职权公务的活动。这种活动是一种具有领导、指导、组织、监督、管理性质的职能活动，它通常是以相关主体享有一定的管理职权为前提的。而高校本身是事业法人而非行政主体，在与教师签订聘用合同时，高校是以事业法人主体身份与教师缔结一种劳动合同性质的契约，该契约具有聘任关系平等、聘

任内容明确等特点，并不是依法律、法规授权行使行政职能。

高校教师是从事教育教学及科研工作，没有享有任何管理职权，不能以国家工作人员论。虽然高校教师是具有高学历、以智力付出为核心特征的脑力劳动者，但他同一般的体力劳动者的劳动内容和方式不同，改变不了其劳动者的实质。因此，高校教师聘用合同不是行政合同，而是劳动合同。

综上，基于“行政合同说”和“劳动合同说”可以看出，社会转型导致的高校教师身份不同法律规定，使教师身份具有了法律上的既是国家工作人员又是劳动者的双重性、高校与教师的关系由行政隶属的身份管理到合同契约的法律关系，以及高校教师聘用合同中劳动合同与行政合同的双重法律性质，是造成高校教师聘用合同中教师的法律地位不明确、高校和教师之间的法律关系模糊的法理原因，而法律关系模糊造成了教师在与高校产生纠纷时没有明确的法律适用，在一定程度上使得教师的权益无法得到充分保障。同时，这种法律的双重性反映出现行高校聘用合同的法律缺陷，需要从相关的法律制度体系的构建上健全与完善现行高校聘用合同，才能保障高校人事制度改革的顺利进行。

二、关于“准聘—长聘”制“非升即走”的争议

教师聘用制度是在我国事业单位聘用制度改革的背景下产生的，采取这一制度有利于人才之间的相互竞争，从而发掘培养新型高端人才，培养积极活跃的教育背景和氛围，也有利于打破“铁饭碗”的分配方式，建立完善高效的人事管理制度。2019 年教育部出台《教育部关于深化本科教育教学改革全面提高人才培养质量的意见》，其中指出“出台高校教师职称制度改革的指导意见，推行高校教师职务聘任制改革，加强聘期考核，准聘与长聘相结合，做到能上能下、能进能出”。2021 年，教育部等六部门出台《关于加强新时代高校教师队伍建设改革的指导意见》，其中提到“深入推进岗位聘用改革，实施岗位聘期制管理，进一步探索准聘与长聘相结合等管理方式，落实和完善能上能下、能进能出的聘用机制”。

目前，国内一流高校对教师选聘基本都实行“准聘—长聘”制度，具体而言，“准聘—长聘”制度是指高校通过岗位设置、聘任、审核等一系列工作，对教师进行合同管理的一种教师任用制度，制度设计的初衷是为了提升

教学科研的学术氛围。这一制度所反映的是“非升即走”和终身教职，目的在于为高校培养核心教育人才，建立人才遴选和流动制度，有利于激发高校教师队伍的活力，吸引真正具有学术潜力和学术热情的优秀人才从事教科研教育工作。“准聘—长聘”制度是对于高校教师的一种保障与认可，这一制度在高校教师的教学、科研活动中理应体现出一定的学术意义，但在实践过程中也引发了一些争议。

（一）对“非升即走”的争议

1. 制度目的与实践过程不协调。教师聘用制度是在我国事业单位聘用制度改革的背景下产生的，采取这一制度有利于人才之间的相互竞争，从而发掘培养新型高端人才，培养积极活跃的教育背景和氛围，也有利于打破“铁饭碗”的分配方式，建立完善高效的人事管理制度。“准聘—长聘”制度是对于高校教师的一种保障与认可，这一制度在高校教师的教学、科研活动中理应体现出一定的学术意义，但引入国内之后，这一制度却遭人批评。国内高校引入“准聘—长聘”制度成为教师进行特定的学术生产的工具，如写论文、完成课题等。在准聘阶段的高淘汰率面前，为了完成留任的科研要求，部分教师会从事短平快的科研活动而无暇于教学活动。“准聘—长聘”制度设置的初衷就是保障高校教师职业，鼓励教师从事教学、学术工作，但制度的实际管理过程中却出现了偏差，偏离了学术自由的初衷。

2. 造成教师急功近利缺乏创新。高校“准聘—长聘”制改革侧重于“准聘”制，在高校自行设立的“非升即走”条款中，普遍存在重科研轻教学、唯量化指标论、量化指标不尽合理等问题。其后果是青年教师学术研究的目的从理论创新和解决实践问题异化为升职达标，在“不发表就出局”的重压下，出现不敢挑战开创性、周期长或存在失败风险的研究课题，不愿承担团队服务和合作任务等情况。

3. 配套保障服务不足。高校实行“准聘—长聘”制度需要相应的配套保障服务，这不仅是制度有效运行的保障，同时也是教师学术自由与创新必不可少的环境需要。实行“准聘—长聘”制度对于高等学校教师的压力是可想而知的，这些压力来源于课题、项目申请、学术成果发表、职称评比等因素。高等学校对于教师的培养和管理更多的是执行严格的试用期制度，较少地关注教师在这一制度下的身心发展，这容易导致教师因压力过大等原因产生职业怠倦，不利于教师持续学术创新。高校教师的岗位设置也存在一定问题。如何合理地设置岗位，进而促使资源利用最大化，这是聘任制的现实目标，但学校经常因为配套服务不到位、岗位不足等原因使得部分有学术能力的教师无法适应这一环境，从而导致人才流失。

4. 存在一定的法律障碍。任何制度都是一定法制环境的产物，《劳动法》《事业单位人事管理条例》等法律法规均未对“准聘—长聘”制度作出相应规定，“准聘—长聘”制度已经超出现行教育、人事立法的调整范围。实施“准聘—长聘”制度需要明确准聘期合同和长聘期合同的法律性质是什么？准聘期合同和长聘期合同之间是什么关系？准聘期合同和长聘期合同如何解除？准聘期、长聘期产生的聘用争议如何解决？这些问题在现有的《劳动法》《事业单位人事管理条例》以及其他法律法规中均没有明确约定。《劳动法》将劳动合同分为固定期限劳动合同、无固定期限劳动合同和以完成一定工作任务为期限的劳动合同，固定期限劳动合同可以设定不超过 6 个月的试用期，《事业单位人事管理条例》规定初次就业的工作人员与事业单位订立 3 年以上聘用合同的，试用期为 12 个月。《事业单位人事管理条例》第 16 条、第 17 条、第 18 条规定事业单位解除聘用合同的三种法定情形是受聘人考核不合格、被开除和主动提出解除合同。因此，“准聘—长聘”制度仍然存在一定的法律障碍。

（二）优化“准聘—长聘”制度的几点建议

1. 尽快出台针对高校“准聘—长聘”制改革的指导性文件，进一步完善高校“准聘—长聘”制度设计。在拟定高校“准聘—长聘”制的指导性文件时，合理拟定“准聘”转“长聘”的比率。全面考核青年教师“准聘”期内教学、科研、团队合作、社会服务等多方面的业绩。重视“准聘”考核评价主体的多元化。综合单位考核、同行评价、学生评教、团队及社会认可度，对青年教师进行全面评价。建立科学合理的学术评价体系，将量化指标与质性评价相结合，完善代表作制和同行评议制度，鼓励创新，宽容失败，破除唯论文和基金项目的量化评估体系。建立“准聘”绩效考核结果申诉制度，允许青年教师提供可以证明自己工作价值、进程及研究前景、潜力的证据，为从事原创性、应用性、长周期及冷门绝学研究的青年教师提供特殊支持，加强“长聘”制设计。

2. 进一步优化高校教师的分类评价机制。结合学校特点和办学类型，针对不同类型、不同层次教师，实行分类分层评价，对于偏重科研性质的职位可采用同行评价机制，通过“非升即走”制度进行“优胜劣汰”；对于偏重教学的岗位应把教学效果及职业稳定性作为重点考虑因素，不宜实施过于苛刻的科研考核制度。

3. 加强对高校教学活动的督查检查。2016 年教育部印发的《教育部关于深化高校教师考核评价制度改革的指导意见》强调，要突出教育教学业绩，切实扭转对教师从事教育教学工作重视不够的现象。由于“非升即走”的压力存在，建议教育部门开展对高校优化考核指标情况的督查检查，结合高校的具体情况，对其岗位设置管理和绩效考核办法进行检查指导，从而进一步优化高校岗位设置结构，健全完善教师激励机制。

4. 完善高校教师评聘方面的法律法规。如果教师和学校在人事聘用上发生纠纷，使教师和校方维权都“有法可依”。根据教师评聘纠纷的性质，将其分别纳入公法或“私法”途径解决。由于职称的“评”与“聘”性质不同，评定职称应认定为学校内部管理活动，不受公权力的专业监督，可以通过完善学术评价机制解决，如建立学术委员会申诉制度等；聘任具有职称资格的教师则属行政关系和劳动关系的范畴，可视教师的工作性质将其纳入行政纠纷或劳动纠纷解决途径。

第三节　聘用合同的权利义务关系

高校聘用合同是社会主义市场经济体制下新的用工形式，即以聘用合同形式确立高校和其聘用人员之间的劳动关系的用人制度。法律责任条款是高校聘用合同的重要内容，也是高校防止高层次人才流出的重要手段。随着教育部“双一流”建设政策的逐步推进，高校人才队伍需求急剧扩大，高层次人才流动也日趋频繁，随之而来的是一系列的合同违约问题和相应的法律责任。

在契约自由及大学人事自主的实践过程中，各高校依据其自我设定的学校特色以及学术定位，已经形成了内容丰富、类型多样的高校聘用合同。例如，以北京大学、清华大学、上海交通大学、南京大学等为代表的高水平大学开始引入“准聘—长聘”制、合同制专职科研岗、“青年教授”制等新型人事制度，使得高校聘用人员聘约义务的约定呈现出更加多元、复杂和严苛的趋势。通常而言，此类人事新政都要求受聘人员在合同期终考核时，能够晋升高一级职称。当前，越来越多的高校（尤其是“双一流”建设高校）将聘用人员纳入合同制管理，要求其在两个聘期内晋升高级职称后，方可纳入事业编制管理，进而订立无固定期合同。因此，对于未纳入事业编制管理的合同制高校聘用人员而言，其聘约义务的核心是“限期升”等义务。与此义务相关的主要规章制度是高校教师职称评审的规定。值得提出的是，在职称评审规则“变动不居”“持续加码”的状况下，教师对于能否顺利晋升高一级职称，并最终通过终期考核，缺乏稳定预期。

除此之外，对于纳入事业编制管理的高校聘用人员而言，聘用合同往往包括服务期、聘用人员的教学工作量、科研任务量（包括论文发表、纵向科研项目以及横向科研经费获得状况等）、兼职活动、学术伦理、出国访学交流、接受高校思想政治理论课培训等类型的义务。在司法实践中，曾发生过因高校聘用人员不按时完成学校的教学任务以及拒绝接受高校思想政治理论课培训，进而被法院判定为违反《劳动法》第 25 条第 2 项规定的“严重违反劳动纪律或者用人单位规章制度”的情形。据此，法院认为学校解除与该聘用人员的劳动合同，符合法律规定。当然，在这些义务中，对高校聘用人员影响最大的并非教学工作量或教学任务的工作安排，而是关于服务期义务以及相应的违约责任规定。高校通常在三种情形下会与聘用人员在聘用合同中约定“服务期”条款。其一，攻读博士学位协议，即高校同意在校聘用人员申请攻读博士学位，并为其攻读学位提供部分经济资助，但该聘用人员要在取得博士学位后回校服务一定期限。其二，高层次人才引进协议，高校在引进高层次人才时，承诺为其提供安家费、科研资金、购房补贴等一定数额经济资助的同时，要求高校聘用人员必须在校服务一定年限。其三，高级专业技术职务用职资格协议，即高校同意其聘用人员申报高级职称，但该聘用人员要在获得高级职称后为学校服务一定年限，否则要按照约定赔偿未完成年限的违约金。通常而言，高校聘用人员在服务期内申请调离或辞职，须承担相应的违约责任。实际上，在高校人才竞争日趋激烈的背景下，越来越多的高校将服务期规定作为聘用合同的核心义务。而这类规定，也往往在教师辞职争议中，被教师诟病为“霸王条款”。

人才合理流动是人才成长和社会经济发展的客观需要，是科学技术现代化和教育迅速发展的客观要求。[①] 近年来与人才流动相伴的人才违约现象急骤上升，其中包括诸多深层次的原因，一是高层次人才供需矛盾突出，人才绝对短缺严重；二是用人制度的区域差异增大，经济相对发达地区的用人机制与经济相对落后地区形成鲜明对比；三是利益驱动引导人才流动，市场和“薪水”像一只无形的手在调控着人才的流向；四是国际人才流动的大环境影响和引导我国的人才流动；五是原用人单位不能按约定提供人才成就事业的软硬件条件，人才不能充分发挥其应有作用。

从违约表现看，既有甲方违约，也有乙方违约。甲方（高校）违约主要是不履行合同提供相关待遇条件，多为经济相对落后地区的地方高校，他们受制于当地的经济发展，财力紧张，教学和科研设备落后，教师待遇偏低，学校用人自主权又较小，用人机制不活，因此在人才竞争中多处于劣势。但为了生存和发展需要，他们也纷纷效仿经济相对发达地区高校的做法，大作引进人才广告，许诺给予丰厚待遇，但实际又不能完全兑现，其表现形式多为隐形或渐进式的违约，被聘用人才往往很难找到充分的违约证据；乙方违约主要表现在违反聘期约定等方面，乙方违约在各种层次和各个地区的高校中都普遍存在。有的人才滥用合同解除权，看准了好单位，连《劳动法》规定的提前通知义务都不履行，不惜违约，更不管给原单位造成多大的损失，有的人甚至把属于原单位的技术成果一起带走，使原单位遭受“人才”和“知识产权”的双重流失，不得不提的是，在乙方违约中，第三方（新的人才聘用合同的甲方）起到了不可低估的作用，可以说，如果没有该第三方的介入和怂恿，大多数人才是不愿或不敢冒险违约的。有的高校为满足自身需求，在引进人才时，互相拆台，互相挖人，明知对方尚未解除劳动合同而有意聘用。某高校在其引进人才的文件中这样规定：拟引进的高层次人才，如须赔

① 参见郑伟涛：《加强高校人才流动规范化建设》，载《中国高等教育》2017 年第 5 期。

偿原单位违约金，学校负责适度赔偿……有的高校更以“三不要”（不要户口、不要档案、不要工作关系和工资关系）的方法从别的单位挖人。这些措施虽然暂时满足了自身的人才需求，但却侵犯了其他高校的权利，促成了人才违约。从全国看，许多高校被迫卷入这种“引进—违约—引进”的怪圈不能自拔，结果，自己花高价“挖”来的人才最后又以同样的方式被别的高校“挖”走。

第四节　聘用合同的期限

近年来，随着教育部“双一流”建设政策的全面推行，高校高端人才流动日益频繁，诸多高校掀起了高薪抢挖人才的大潮，大部分高校自主拟定人才引进的薪资待遇，以高薪资、高福利及高科研经费吸引科研人才，“人才抢夺”可谓愈演愈烈。事业单位聘用制改革，虽然促进了高校建设有进有出的动态调整机制，但“双刃剑”的另一面是加剧了高校人才之争，一些经济发达地区高校加大挖人才的力度，甚至形成人才“孔雀东南飞”之势。为防止高层次人才流出，一些高校与教师在聘用合同中约定了合同期限、服务期、违约金等内容，教师们一旦违约将要面临约定中的高额赔偿，由此引发了大量的人事争议。

一、聘用合同期限的争点分析

我国的聘用合同受到人事规范和劳动规范的双重调整，即使《事业单位人事管理条例》第 12 条、第 12 条、第 14 条对聘用合同的期限作出了较为明确的规定,[①] 但实践中因为法律适用混乱、仲裁与诉讼衔接不当等原因，造成对于聘用合同期限仍然存在着不小的争议，本节将就聘用合同中期限的争点进行分析。

① 《事业单位人事管理条例》第 12 条规定：“事业单位与工作人员订立的聘用合同，期限一般不低于 3 年。”第 13 条规定：“初次就业的工作人员与事业单位订立的聘用合同期限 3 年以上的，试用期为 12 个月。”第 14 条规定：“事业单位工作人员在本单位连续工作满 10 年且距法定退休年龄不足 10 年，提出订立聘用至退休的合同的，事业单位应当与其订立聘用至退休的合同。”

（一）订立至退休的聘用合同争点分析

《事业单位人事管理条例》第 14 条规定了订立至退休的聘用合同的条件，此处订立至退休的聘用合同与《劳动合同法》第 14 条规定的无固定期限劳动合同，表述意义上处于一致。在实践中，对订立至退休的聘用合同的争点主要有以下几点：

1.《事业单位人事管理条例》第 14 条中“满十年”的认定。此处的“满十年”，并非从《事业单位人事管理条例》生效之日起开始计算 10 年，而是从事业单位的工作人员在本单位工作之日起开始计算。此处涉及法的溯及力问题，《事业单位人事管理条例》具有溯及力。法律法规的制定不仅为了维护社会生活的正常秩序，同时还要对此前存在的合法合理事件予以追认和保护，《事业单位人事管理条例》中规定的工作时间计算方法，即是对受聘者权利的追认，从而保护稳定的聘用关系。从此意义而言，应当承认《事业单位人事管理条例》的溯及力，“满十年”的认定应当从受聘人员于本单位工作之日起开始计算。

2.《事业单位人事管理条例》第 14 条中“本单位”的认定。此处的“本单位”表达的是同一事业单位。若高校的名称、法定代表人等变化，并不影响同一事业单位的认定。若高校发生合并或者分立，原聘用合同继续有效，聘用合同由承继其权利和义务的高校继续履行，具有传承关系的两单位属于“同一用人单位”。

3.《事业单位人事管理条例》第 14 条中“连续工作满十年”的认定。若高校采用不当行为，规避与教师订立聘用至退休的合同，教师的工作年限应当连续计算。例如高校为使教师的教龄清零，迫使教师辞职后重新与其订立聘用合同，或者采取其他明显违反诚实信用原则和公平原则的规避行为，此时仍应当连续计算教师的工作年限。此外，本条的“连续”是指受聘教师与高校不间断地订立聘用合同和维持聘用关系的时间期限，在时间上必须达到或者超过 10 年。在这 10 年中，教师与高校不得中止双方的聘用关系，如果教师在同一高校工作期间，因为自己的原因，需要与高校中断聘用关系，中止履行合同一段时间后又重返高校工作，此时连续工作时间的计算需要重新计算。但是，教师因为患病或者非因工伤而应当享有的合理医疗期间中断劳动，不算与高校中断聘用关系。[①] 因此，本着劳动法的立法精神及订立时须遵守的诚实信用的原则，对“连续工作满十年”进行解释时，应当考虑到双方的具体情况进行判定，不可单单依据字面意思进行机械适用。

（二）聘用合同期限与服务期争点分析

聘用合同和服务期之间存在三种关系：一是聘用合同期限长于服务期；二是聘用合同期限与服务期一致；三是聘用合同期限短于服务期。前两种情形合同双方依照约定履行合同期限，期限未到单方解除合同即是违约，需要承担违约责任，此种情形一般不会出现争议。但对于第三种情形，已过合同期限但仍在服务期内，此时解约是否属于违约则存在争议。比如，有的教师要求按照合同期限到期解除合同，但高校以服务期条款不允许解除合同；或者教师要求按照服务期限履行，但高校认为已过合同期限，双方的聘用合同已经终止，服务期设定的意义只为约束教师，而不约束高校。上述争议的解决，有必要厘清合同期限与服务期之间的关系。有学者认为服务期并不等同于合同期限，当服务期比合同期限更长时，在尚未结束的服务期内，劳动者有义务与用人单位续订合同，合同的内容是否与原合同保持一致可根据合同双方的意愿[②]。笔者对此持不同观点，抛开服务期设置的目的，仅看服务期中双方的权利义务，可以发现服务期和合同期限的本质是一致的。合同期限对于教师而言，是教师为学校工作，从事科研、教学、行政工作的工作期限，对于高校而言，是为教师工作期间提供岗位、工作条件、待遇薪酬的期限，在服务期内双方均享受着权利、承担着义务。因此，服务期首先应当对于合同的双方皆具有约束力，而非仅仅约束教师，而不约束高校。服务期条款的设置更多是为了防止人才的流失，从而保护用人单位的合理利益，将服务期视作聘用合同的特殊规定，与立法精神相符。另外在一些地方性立法中，也

---

① 根据1996年9月16日原劳动部办公厅《对〈关于如何理解“同一用人单位连续工作时间”和“本单位工作年限”的请示〉的复函》的规定，“同一用人单位连续工作时间”，是指劳动者与用人单位保持劳动关系的时间，劳动者患病或非因工负伤，依法享有医疗期。

② 参见刘恺、昝雨初、李泽宇等：《高校劳动人事争议中的服务期法律治理路径分析》，载《中国人事科学》2021年第10期。

出台了将服务期与合同期限等同的法律规范,[①] 服务期与合同期限两者的本质具有同一性。

（三）聘用合同期限与人事关系的争点分析

2017年，四川省人社厅发布年度劳动人事争议仲裁十大典型案例：李某与某学院聘用合同争议案,[②] 本案中李某与高校签订的合同于2015年6月到期，之后未续签合同，但李某仍在高校继续工作，校方也正常发放工资待遇。直至2016年7月，李某提出辞职，但被校方书面否决，于是李某向人事仲裁委申请仲裁。本案的争议焦点在于聘用合同到期后，双方的人事关系是否也随之终止？该问题实际上自2014年《事业单位人事管理条例》出台后就已经十分明了,《事业单位人事管理条例》第19条规定聘用合同终止之日，双方的人事关系也随之终止。[③] 因此，本案中李某与高校签订的《岗位聘用合同书》为双方的真实意思合意，不违反相关法律规定，对于双方均有约束力，合同期限届满，双方的人事关系也随之终止。即使本案中聘用合同期满后，李某正常工作、学校正常发放工资，也不影响人事关系已经终止的法律事实。至李某提出仲裁时，校方仍未续签合同，高校应当承担合同期满后未续签而

① 如《江苏省劳动合同条例》(2013年修订) 第26条规定：“依法约定的服务期长于劳动合同期限的，劳动合同续延至服务期满；双方另有约定的，从其约定。”

② 案情简介：李某于2002年进入某学院工作，为学院事业编制人员。2013年1月，李某与学院签订了《岗位聘用合同书》，聘请李某在文学与新闻传媒学院教师特聘科研岗位工作，双方约定聘期从2013年1月1日至2015年12月31日，聘用合同期限届满合同即行终止。2014年1月，李某破格晋升教授。合同到期后，学院未与李某续签聘用合同。2012年9月，李某的研究项目被四川省社科联立项为外语项目，获得资助经费1万元，完成时间为2015年12月，后李某申请该项目延期结题。2014年6月，李某的研究项目被全国哲学社会科学规划办公室立项为“2014年度国家社会科学基金项目”西部项目，获得资助经费20万元，完成时间为2017年12月。2015年6月，李某申请工作调动，单位未同意。李某称其还于2015年7月向单位提出辞聘并邮寄了《辞聘信》，并提交了邮寄回执单，但某学院否认收到李某的辞聘信。2016年5月23日，李某再次申请工作调动，某学院仍未同意。2016年7月5日，李某向学院提出辞聘，学院书面答复不同意李某辞聘。2016年7月18日，李某向劳动人事争议仲裁委员会申请仲裁，仲裁委员会裁决李某和某学院的聘用合同和人事关系终止，某学院于30日内为李某出具终止人事关系证明。参见四川省人力资源和社会保障厅发布《2017年度劳动人事争议仲裁十大典型案例之五：李某与某学院聘用合同争议案》，载 http：//www. pkulaw. cn/case/pfnl_ a6bdb3332ec0adc446678b11db3f2f07c3e95a11cd47d86cbdfb. html？keywords = %E8%81%98%E7%94%A8%E5%90%88%E5%90%8C%20%E5%90%88%E5%90%8C%E6%9C%9F%E9%99%90&match = Exact。

③ 《事业单位人事管理条例》第19条规定：“自聘用合同依法解除、终止之日起，事业单位与被解除、终止聘用合同人员的人事关系终止。”

产生的法律上的不利后果。此外，李某超出聘用合同期限的两个课题，不属于“国家级、省部级重大（点）科技攻关项目或者工程建设项目、技术改造项目”，因此无法适用《四川省事业单位人员聘用制管理试行办法》中不得解除合同的相关规定。①“编制就是铁饭碗”的观念显然在事业单位聘用制改革的推行下逐渐被打破，特别在高校激烈的竞争环境之下，聘用合同与人事关系紧密联系，合同解除、终止，双方的人事关系也随之结束，这是身份管理向岗位管理于高校人事制度的充分体现。通过合同式管理引入人才竞争机制，形成“人员能进能出”岗位动态管理机制，有利于促进人才流动，充分调动人才积极性。

二、聘用合同的服务期争点分析

《劳动合同法》第22条对服务期制度作出了规定，具体是指用人单位为劳动者提供专项培训费用，对劳动者进行专业培训后，限制劳动者的就业权使其物质投入得以回报的一项制度。在“双一流”建设背景下，各高校对于人才的需求急剧扩张，甚至出现“高价挖人”、人才流动频繁的现象。为留住高层次人才，高校往往在聘用合同中设置服务期条款以限制教师的自由流动，违反服务期教师将承担巨额违约金，由此引发的服务期纠纷越来越多地走入大众视野。

（一）“服务期”条款实践中存在无序化现象

首先，约定服务期适用情形存在多样性。《劳动合同法》第22条规定对于服务期适用的范围较为狭窄，当用人单位为劳动者技术培训提供费用或者其他便利条件时，可约定服务期。而实践中高校聘用合同双方约定的适用情形则并不局限在此范围，还包括了一些特殊待遇，具体有以下三种适用情形：

① 《四川省事业单位人员聘用制管理试行办法》第39条规定：“受聘人员有下列情形之一的，不得提出解除聘用合同：（一）担任国家级、省部级重大（点）科技攻关项目、工程建设项目、技术改造项目的负责人和项目组成人员，工作任务尚未完成的。（二）被县级以上组织、人事部门选派到其他单位支援工作，时间未满的。（三）从事国家安全、机密工作，或者离开国家安全、机密工作岗位后在规定的保密期限内的。（四）正在接受审查尚未作出结论或者结案的。（五）法律、法规、规章和政策规定不得解除聘用合同的其它情形。”

一是攻读博士学位协议。即高校与教师订立协议，约定教师脱产攻读博士学位，取得学历后必须按时回校工作并且约定最低服务年限，学校给予“攻读博士学位奖”等奖励或者相应的经济资助。如在曲某与佳木斯大学人事争议一案中，[①] 高校与教师曲某签订《佳木斯大学与曲某就攻读硕士、博士若干问题的协议书》，当中第3条约定，曲某按规定毕业取得学位后，需要返校工作至服务期期限，若不按期返回学校或者服务期未满期间要求调离学校时，应按协议向学校赔偿相关费用。

二是高层次人才引进协议。高校引进高层次优秀人才进校，承诺为其提供相应的科研资金、科研场所、安家费等优惠待遇，并且约定服务期，服务期内高校原则不予批准教师提出的辞职、调动等申请。如楚某与沈阳航空航天大学人事纠纷一案中，[②] 楚某与被告学校签订《高层次人才引进协议书》，协议书约定，学校为楚某提供工资、科研启动费、安家费、教师公寓，自报到之日起开始兑现，而楚某在沈阳航天航空大学的服务期为10年。

三是高级专业技术评选协议。高校同意教师参加教授职务任职资格评审，并于评审中提供必要服务，但同时约定教师取得资格后须为高校服务满一定年限。例如在卢某与淮北师范大学人事争议一案中，[③] 2016年淮北师范大学与卢某签订《淮北师范大学评聘专业技术职务协议书》，当中约定淮北师范大学同意卢某参加教授职务任职资格评审，卢某取得资格后，按照淮北师范大学的要求，认真履行岗位职责，安心本职工作，须在淮北师范大学服务满6年以上，于服务期内提出调离、辞职、擅自离职、自行出国等均按违约处理；卢某受聘后应严格履行协议，若因特殊情况不能完成规定的服务期限，必须经淮北师范大学批准，且应缴纳服务期未满的违约金，每少服务1年应向淮北师范大学缴纳标准为正高3万元、副高2万元。

其次，服务期限缺乏一致性。实践中高校与教师约定的服务期并不统一，服务期期间从5年到10年不等。例如在曲某与佳木斯大学人事争议一案中，曲某与佳木斯大学签订定向攻读博士学位协议并作了公证，协议约定佳木斯

① 参见黑龙江省佳木斯市人民法院（2020）黑08民终1211号二审民事判决书。

② 参见辽宁省沈阳市中级人民法院（2021）辽01民终724号民事判决书。

③ 参见安徽省淮北市中级人民法院（2020）皖06民终118号民事判决书。

大学委派曲某到哈尔滨工业大学攻读博士学位，在学习期间的有关问题按《佳木斯大学师资培训工作管理办法》（佳大校发〔2009〕14 号）执行。根据学校规章规定，服务期限及违约处理条款规定，取得博士学位的教师，服务期限为毕业后回校工作满 6 年。在楚某与沈阳航空航天大学人事纠纷一案中，双方签订《高层次人才引进协议书》，当中约定：楚某在沈阳航空航天大学的服务期为 10 年，3 年为一个考核期。可见当前服务期年限的规定由双方或者说实践中主要由高校一方规定，缺乏统一的期限标准。

（二）违约责任的承担方式缺乏一致性

当前各高校对于违约责任的承担存在着较大的任意性。根据《劳动合同法》第 22 条的规定，违约金的数额不得超过用人单位提供的培训费用。但实践中高校聘用合同对于约定服务期的情形并不仅限于学校提供培训，还包括攻读博士学位、高层次人才引进、职称评选协议等情形。在这些情形中虽不涉及培训费用，但依旧约定了服务期和违约金，对于违约金的设置很多高校也未考虑到不得超过培训费用这一限制条件。一些高校会要求移交和结算科研资助费，退还安家费及提供的住房，一些高校还会在此基础上约定服务期未满的违约金。例如在卢某、淮北师范大学人事争议一案中，协议中约定教师未满服务期离职，应缴纳服务期未满的违约金，每少服务 1 年应向淮北师范大学缴纳标准为正高 3 万元、副高 2 万元。在钱某某与南京审计大学人事争议纠纷一案中，[①] 2008 年双方签订了《在职读博协议》，当中约定了 5 年的服务期，钱某某如不回校工作，一次性赔偿违约金人民币 5 万元，读博期间南京审计大学为钱某某减免授课工作量相应的教学津贴；钱某某虽已回南京审计大学工作，但未满服务期辞职或调出，一次性支付赔偿金，赔偿金包括违约金人民币 5 万元，读博期间南京审计大学为钱某某减免工作量相应的教学津贴，以每年递减上述费用的 20% 的比例计算。在南京信息工程大学与被告庞某人事争议纠纷一案中，[②] 当中约定若受聘教师违约，应支付数额为已领

---

① 参见江苏省南京市中级人民法院（2017）苏 01 民终 3409 号民事判决书。

② 参见江苏省南京市浦口区人民法院（2019）苏 0111 民初 9768 号民事判决书。

取收入双倍金额的违约金。在陈某与巢湖学院人事争议一案中,[①] 双方约定:"受聘教师如未满服务期而要求调离学校或与学校解除关系,须按服务期未满年度基本工资、基础性绩效工资、业绩津贴和特殊津贴四项之和(四项均按离开学校当年的标准计算)的 2 倍向学校支付违约金(平均每年按五分之一计算)。此外,如学校兑现给受聘教师购房补贴、科研启动资金等,受聘教师须全额返还。"从上述案例可以看出,当前高校聘用合同约定的违约责任的承担方式缺乏一致性,甚至出现差异较大的情况。

三、司法实践中对于服务期的争议焦点

(一)不同法院对于服务期条款能否排除单方解除权存在争议

《事业单位人事管理条例》第 17 条规定教师享有单方解除权,但双方另有约定的除外。[②] 一些高校与教师约定的专业技术职务协议书、攻读博士学位协议、人才引进协议中,不仅要求教师回到学校需要服务最低年限,还规定教师受聘后因特殊情况无法完成聘用年限,必须经过高校批准。协议书中须经高校批准才能解除合同,此种约定是否属于《事业单位人事管理条例》第 17 条中的"另有约定"进而排除教师的单方解除权?在实践中不同法院的认定并不一致。有的法院认为服务期当中约定解除合同须经高校批准,属于特殊约定,已经排除了教师的单方解除权。若高校不批准教师解除聘用协议,教师无法与高校解除聘用关系。例如在卢某与淮北师范大学人事争议一案中,二审法院认为针对对于《事业单位人事管理条例》第 17 条的理解应为:事业单位的工作人员一般享有单方解除合同的权利,如果对于解除聘用合同双方有特殊约定的从其约定。而双方约定服务期内合同的解除需要高校批准,该约定是双方当事人真实意思表示,合法有效,对教师具有约束力,已经排除教师的单方解除权。有的法院认为须经高校批准才能解除合同的服务期内容并没有排除教师的单方解除权,仅为合同的解除设置了条件。在此情况下,教师可以按照程序提前 30 日书面通知高校行使解除权,不过同时应当承担违

---

① 参见安徽省合肥市中级人民法院(2019)皖 01 民终 6854 号民事判决书。

② 《事业单位人事管理条例》第 17 条规定:"事业单位工作人员提前 30 日书面通知事业单位,可以解除聘用合同。但是,双方对解除聘用合同另有约定的除外。"

约责任。如在张某某与淮北师范大学人事争议一案中,[①] 张某某与高校约定，若因特殊情况不能完成规定的服务期限，必须经淮北师范大学批准，且应缴纳服务期未满的违约金。再审法院认为，虽然双方约定了解除聘用关系的条件，但该约定的意思表示并非双方不能解除聘用关系，而是对未满服务期解除聘用关系的责任承担的约定。张某某已经履行行使单方解除权的预告程序，已具备解除双方聘用关系的法定要件，双方人事聘用关系应予解除，故支持张某某请求解除双方聘用关系的诉讼请求。

（二）不同法院对于合同双方的“服务期”及由此产生的“违约金”的法律效力认定存在争议

有的法院认为高校聘用合同属于人事争议，对于实体的处理应当适用人事争议相关规范。根据国办发〔2002〕35 号文第 4 条及相关规定,[②] 违反聘用合同的责任是聘用合同必须具备的条款之一，签订事业单位聘用合同可以约定违约责任，而违约金即是承担违约责任的一种具体形式。其主张法院不应对聘用合同服务期条款进行干预，应当充分尊重当事人意思自治，双方可以在平等自愿的基础上约定服务期及违约金。例如在磨某某与南宁职业技术学院人事争议一案中,[③] 磨某某主张其入职期间学校未对其进行任何形式的专项培训，原、被告关于服务期未满受聘人提前解除聘用合同须支付违约金的约定不属于专项培训或者竞业限制的情形，因此，聘用合同中关于服务期未满受聘人解除合同须赔偿违约金的约定违反了《劳动合同法》第 25 条的规定，应属无效。法院审理后认为本案为人事争议纠纷，其实体处理应适用人事方面的法律规定，而《劳动合同法》调整的是用人单位与劳动者之间的劳动关系，并不包括事业单位与其工作人员之间的关系。现行人事法律法规并未禁止用人单位与职工协商给付违约金的强制性规定，合同系双方的真实意

---

① 参见安徽省高级人民法院（2019）皖民再 210 号民事再审判决书。

② 《国务院办公厅转发人事部关于在事业单位试行人员聘用制度意见的通知》第 4 条规定：“规范聘用合同的内容聘用合同由聘用单位的法定代表人或者其委托的人与受聘人员以书面形式订立。聘用合同必须具备下列条款：（一）聘用合同期限；（二）岗位及其职责要求；（三）岗位纪律；（四）岗位工作条件；（五）工资待遇；（六）聘用合同变更和终止的条件；（七）违反聘用合同的责任……”

③ 参见广西壮族自治区南宁市西乡塘区人民法院（2019）桂 0107 民初 18531 号民事判决书。

思表示，合法有效，双方应恪守履行。因此对磨某某的主张不予认定。

而有些法院认为，人事法律规范并未对“服务期”条款作出规定，因此应当适用劳动法律规范进行审查。如在钱某某与南京审计大学人事争议纠纷一案中，法院认为《事业单位人事管理条例》并未对双方因培训费用的争议作出实质性的规定，因此应当适用劳动法律规范。在楚某与沈阳航空航天大学人事纠纷一案中，法院认为人事争议首先应当适用国办发〔2002〕35号文，根据该意见第6部分“规范解聘辞聘制度”的相关规定，只有在沈阳航空航天大学对楚某进行培训发生培训费用并对培训费的补偿有约定的情况下，才产生补偿金的问题；而对服务期未满是否可约定违约金，该意见未予规定，在人事法律未规定的情况下，双方的争议应适用劳动法律规范。因此，上述案例中法院最后都依据《劳动合同法》第22条、第25条的规定作出裁判，认为不存在专项培训却约定服务期且要求支付违约金违反法律规定，应属无效条款，即仅在高校提供专项培训的情况下才可约定服务期及由此产生的违约金。

四、高校聘用合同“服务期”条款的争点分析

高校聘用合同之所以在实践中存在争议，主要的原因是聘用合同相关的人事规范并不完善或者规定得过于模糊，导致在法律适用上对于人事规范和劳动规范的选择适用困难。此外聘用合同的性质不清，令其是否能适用劳动法精神解释相关的模糊条款也存在疑问。根据《劳动合同法》第96条、《关于人民法院审理事业单位人事争议案件若干问题的规定》、《最高人民法院关于事业单位人事争议案件适用法律问题的答复》规定，聘用合同纠纷无论是适用实体法还是程序法，首先应当适用人事法律规范，在人事法律规范未作规定的情况下，才适用劳动法律规范。但人事法律规范有无相关规定，就存在一定的争议。如上述合同双方对“服务期”约定的“违约金”的法律效力就存在争议，有的认为人事规范没有服务期的相关规定，因此应当适用《劳动合同法》第22条、第25条的规定，约定的违约金违反强制性规定属于无效条款；有的认为人事法律规范对服务期的违约金设置作出了规定，根据《关于在事业单位试行人员聘用制度的意见》第4条及相关规定，双方可约定违约金作为违约责任的承担形式。又例如服务期条款能否排除单方解除权，

高校和教师在约定服务期的同时，要求教师服务期内辞职须经高校批准是否属于《事业单位人事管理条例》中第 17 条的“另有规定”，现有的规范并没有进行明确。《劳动合同法》第 96 条规定的事业单位聘用合同制度的法律适用，采取“特别法优于一般法”的原则，但模糊的人事规范令此条中的“未作规定”判断困难。

对于要求服务期内教师辞职须经高校批准是否属于《事业单位人事管理条例》中第 17 条的“另有规定”进而排除教师单方解除权，笔者认为对于《事业单位人事管理条例》第 17 条的理解应当基于其基本含义进行理解，对第 17 条作整体解释。即第 17 条前半句规定事业单位工作人员享有预告解除权，提前 30 天通知事业单位可解除合同，后一句中的另有约定，应当是针对双方对于预告解除权行使的另有约定，如约定更长或者更短的预告期。服务期条款约定的是教师受过高校专项培训后，在高校的最低服务年限以及相应的违约责任。服务期明显不能够排除预告解除权，否则对于服务期条款中违约金的设置则没有意义。相反，应认为服务期条款的设置以预告解除权为前提。从法律解释的角度，应当将服务期条款纳入劳动法律规范进行调整，更符合法律的原意。此外，对于聘用合同双方对“服务期”约定的“违约金”的法律效力争议，笔者认为，高校在人才引进、攻读博士学位等协议中承诺给予一定的经济支持或者提供相应的科研条件、居住保障来解决教师的后顾之忧，使教师安心求学或者科研教学，以此约定服务期限存在合理性，并且此协议当初的签署本是双赢，双方均是真实的意思表示，从民法诚实信用原则而言即存在正当性。因此，高校与教师在合同中约定服务期具有一定的正当性和合理性。但高校设置服务期条款保护自身利益的同时也不应损害教师的合法权利，服务期条款的设置不得令双方的权利义务不对等，甚至通过高额违约金彻底限制教师的离职自由。因此，应当将聘用合同的服务期条款纳入《劳动合同法》进行规制，在倾斜保护劳动者一方的劳动规范中平衡双方的权利义务。最后，高校应当对服务期树立科学的认识，设定服务期一方面是为了维护高校利益；另一方面也是促进人才培养的良性发展，防止恶意“挖人”和频繁“跳槽”，勿将服务期视作束缚人才的枷锁。高校应当尊重教师，订立合同时双方平等协商，引导教师队伍树立诚信意识和契约意识，加强高校人才的自我约束与自我激励机制。此外，注重提升教师们对于高校无形财产投入的认识，如各类晋升机会、深造机会、科研平台等，建立高校无形财产量化标准，加强教师们对于无形财产的认识和自我价值的认同，从而降低“跳槽”的概率。

五、聘用合同的违约金争点分析

随着聘用合同的全面推进，各高校也在逐年更新聘用合同文本，以此形成了较为成熟的聘用合同制度规范。但这些规范由高校单方面提前制定，更多从高校的利益出发，入职教师在签订聘用合同时往往无法充分考虑条款背后的风险，最后教师发生违约时需要承担不小数额的违约金。特别自“双一流”政策发布以来，以追求经济利益为目标的流动妨碍了高校间人才的合理流动，近年来因聘用合同违约产生的仲裁或诉讼逐渐增多，本节将对聘用合同中违约金的争点作出具体分析。

（一）我国现行法律中违约金的规定

我国人事法律规范中并没有对违约金问题作出明确规定。聘用合同主要法律依据为《事业单位人事管理条例》，实践中有人主张根据其第 17 条规定，① 可将违约金解释为“双方对解除聘用合同另有约定”，双方可对解除合同的条件及违约责任进行约定。但笔者认为该条款规定的内容为劳动者的单方解除权，其但书条款非系双方可否约定违约金的相关规定，因此《事业单位人事管理条例》中未提及违约金问题。在《关于事业单位试行人员聘用制度的意见》中，其第 4 条规定，双方可以约定违约责任，而违约金就是承担违约责任的一种具体形式，即聘用合同的双方可以约定违约金，根据合同法的一般规定及民法诚实信用原则，没有违反法律强制性规定的合同合法有效，应得到全面履行。但《关于事业单位试行人员聘用制度的意见》的第 4 条规定是否可以作此理解，是否可将其视为人事规范中对于违约金的规定从而予以适用，而非以劳动法律规范进行补位适用，尚存在较大争议。

在劳动法律规范中，《劳动合同法》对于违约金问题作出了明确的规定，

---

① 《事业单位人事管理条例》第 17 条规定：“事业单位工作人员提前 30 日书面通知事业单位，可以解除聘用合同。但是，双方对解除聘用合同另有约定的除外。”

根据第25条规定的内容，除用人单位为劳动者提供培训费用而约定服务期和约定竞业限制的情形外，双方不得约定劳动者承担违约金。对于高校聘用合同而言，该条款意味着高校仅能就提供培训费用供教师培训的情形才能约定服务期，并仅能由此服务期约定违约金条款。除此之外，双方约定违约金的合同内容应属无效。劳动合同作为特殊的民事合同，还须梳理民事法律规范中关于违约金的规定。根据《民法典》第585条的规定，[①] 我国违约金的性质非惩罚性赔偿金，即违约金的性质是为赔偿当事人因违约造成的损失，更多发挥的是损失填补功能，并不能一同主张违约金和损失赔偿，人民法院或者仲裁机构可以依当事人请求，根据合同履行中的实际损失对双方约定的违约金数额进行适当调整。

（二）违约金适用范围的争点分析

从上述法律规范来看，违约金的适用范围应为用人单位为劳动者提供培训费用而约定服务期和约定竞业限制两种情形。但在实践中，一些高校与教师订立的聘用合同当中约定的违约金范围明显超出了法定范围。在磨某某与南宁职业技术学院人事争议一案中，双方签订《南宁职业技术学院聘用工作人员协议书》，约定服务期未满申请调离或辞职的，必须支付违约金（计算标准为：按照磨某某实际服务期与本协议约定的服务期的差额计算，每月1000元）。磨某某实际服务期与双方约定的服务期限差额为69个月，被告计算违约金为69000元（1000元/月 ×69个月 =69000元）。但本案中高校并未对磨某某提供过任何形式的专项培训，其设置服务期条款不满足用人单位为劳动者提供培训费用的前提条件，高校未为磨某某提供培训费用，关于违约金的约定显然超出了法律范围。例如在《北京理工大学实行人事代理制人员聘用合同书》（样本）中，其第11条约定教师违反约定解除或终止合同，应给付违约金，标准为教师1年的工资及岗位津贴，若教师为应届毕业生还须支付

---

① 《民法典》第585条规定：“当事人可以约定一方违约时应当根据违约情况向对方支付一定数额的违约金，也可以约定因违约产生的损失赔偿额的计算方法。约定的违约金低于造成的损失的，人民法院或者仲裁机构可以根据当事人的请求予以增加；约定的违约金过分高于造成的损失的，人民法院或者仲裁机构可以根据当事人的请求予以适当减少。”

服务期违约金及退还购房补贴。[1] 该格式合同约定了合同解除和服务期的双重违约金，显然超出了法定范围，并且对于服务期约定的前提为“教师为应届毕业生且为第一个聘用合同”，违反了《劳动合同法》第22条对于服务期的约定条件。

（三）违约金数额的争点分析

《劳动合同法》第22条对聘用合同服务期的违约金数额设置了上限，《民法典》第585条规定了违约金的调整规则，从立法来看，我国法律规定的违约金主要目的是补偿被违约方一方的利益损失。但实践中，多数高校约定的违约金数额超出了法定上限，违反了立法中对于违约金的设置目的。例如，在钱某某与南京审计大学人事争议纠纷一案中，2011年双方签订了《南京审计学院资助出国进修协议书》，约定进修期满回校后，钱某某在南京审计大学至少工作5年，在原服务期基础上顺延，服务期未满申请调离或辞职，违约金每年1万元，并退还出国进修的全部费用；钱某某不按协议约定履行按期回南京审计大学服务的义务，应在逾期后3个月内向南京审计大学偿付出国进修的全部费用及其违约金50000元，即按照《出国进修协议书》要求钱小平须退回114468元（违约金5万元+实际支出64468元）。在该份协议中，不仅约定了退还出国进修的全部费用，还在此基础上约定赔偿违约金50000元，实际上已经不符合违约金的本质，超出了其损失填补的功能，带有了明显的惩罚性色彩。违约金数额由双方约定，损失赔偿金由实际损失为据，但两者的主要功能实际一致，均为弥补损失。在我国传统否定惩罚性违约金的理念下，违约金和损失赔偿金在高校聘用合同纠纷中不宜并存，应择一主张。

---

① 《北京理工大学实行人事代理制人员聘用合同书》（样本）第11条规定：“受聘教师违反本合同对学校解除或终止合同的，经学校同意后，受聘教师应给予学校违约金；违约金标准为本合同解除或终止时受聘教师当月工资的12倍（按受聘教师当月工资单应发额×12进行计算）与受聘教师近一年内享受的全部校内岗位津贴（不足一年的按照实际享受的校内岗位津贴总和计算）之和；如受聘教师为应届毕业生且此为第一个聘用合同，受聘教师还须向学校支付服务期违约金，服务期违约金标准为未完成的服务期每学期5000元，未完成服务期不满一学期的以一学期计算；如受聘教师此为第一个聘用合同并且享受了学校提供的附加购房补贴（此为学校使用自有经费提供，非国家或北京市政策之规定），受聘教师必须退还给学校。”参见胡林龙：《公立高校教师聘用合同的解除》，中国社会科学出版社2012年版，第107页。

否则令教师因同一违约事实承担了双重负担，对其而言苛责过重，不具有公平性和合理性。笔者认为，违约金可由双方自由约定，但在司法实践中法官不宜直接依照双方的约定予以支持，应当根据公平和诚信原则，充分考虑高校的实际损失、协议履行情况、双方过错等因素予以综合衡量。从违约金与高校实际损失的比较中选择适用：当违约金高于高校实际损失时，教师只须支付相应的违约金即可，而不再支付损失赔偿金；如果低于高校的实际损失，教师应按照用人单位的实际损失进行赔偿。此外，高校的实际损失应当包括无形财产投入，如各类晋升机会、深造机会、科研平台等，建立高校无形财产量化标准，计入给高校造成的实际损失，从而降低“跳槽”的概率。一方面，要避免违约成本过低，损害学校师资力量配置的稳定性；另一方面，又要防止违约金过高，使其成为束缚人才的枷锁。

第五节　聘用合同的解除

教育部“双一流”建设政策下人才流动日趋频繁，高校建设有进有出动态调整机制也在一定程度上加剧高校人才之争，一些东部经济强校加大抢挖人才的力度，对于我国各项人才计划中脱颖而出或者享有各种“头衔”的高层次人才提供高薪资、高福利，进一步加剧了高校之间学科结构和资源分布的不均衡。相对而言，多数不具有竞争力的高校为防止高层次人才流出，大多在聘用合同中约定了合同期限、服务期、违约金、考核条件等内容，合同解除时围绕被聘用者的合同解除权与解除程序的争点便不可避免。

一、对高校教师合同解除权的分析

高校聘用制度的实质是以合同形式规范人事关系的合同制度，聘用合同法律制度的核心在于聘用合同。实践中，因合同解除引起的人事纠纷占比最多，尤其是在聘用关系中处于弱势的教师一方要求解除合同时，往往更加困难。在绝大多数的高校聘用合同中仅仅规定学校一方在何种条件下可以解除合同，对于教师享有的合同解除权满足何种条件可以行使却未具体规定，有的仅以“双方达成一致可以解除合同”潦草带过，造成司法实践中问题突出。

（一）合同的解除与违约责任

解除合同与违约这两种行为经常在聘用制度中混淆，当某教师在聘用合同履行期间内“辞职”或“跳槽”，即教师在双方没有约定的情形之下，于合同期内向单位表示拒绝履行合同，这是属于教师行使解除权，还是属于违约行为？若将其视为行使解除权，则是合法行为；若将其视为违约，则需要承担违约责任。实践中，很多教师与高校在聘用合同中约定，若教师在合同期限届满前解除合同必须承担违约责任，支付高额的违约金，法院往往认为此种约定属于双方合意而予以肯定。但即使双方在合同中予以约定，是否就可以排除掉教师的合同解除权，认为该行为属于违约？

根据合同法理论，[①]“合同解除是指在合同有效成立后，当解除的条件具备时，因当事人一方或双方的意思表示，使合同关系自始或仅向将来消灭的行为，也是一种法律制度”。因此，解除合同是终止合同的一种方式，合同解除后双方的权利义务归于消灭。一方行使合同解除权，要求符合解除条件、按照法定解除程序行使解除权，合同解除的结果是合同关系自始或仅向将来消灭，当合同关系不存在的情况下自然不会产生违约责任。因解除合同，一方受到损害的，可以要求损害赔偿。但显然此处的损失赔偿不同于违约责任，其本质是对因合同解除遭受不利一方的填补，是合法行为发生后对于双方权利义务的平衡。而违约是受法律否定的行为，本质是债务的强制履行。合同解除与违约乃两种不同的法律行为，合同解除并非承担违约责任。

（二）合同解除的几类情形

一是协议解除。《民法典》第562条第1款规定，当事人协商一致，可以解除合同。这是实际生活中最为常见的合同解除方式，双方事后达成新约定以解除原合同关系，新约定一旦达成，原合同自动解除。但在实践中很少存在高校与教师达成一致的解除协议，双方往往难以达成一致意见而申请仲裁或者诉诸法院，此种事后的合同解除方式在聘用制度中很难发挥作用。

二是约定解除。《民法典》第562条第2款规定，当事人可约定一方解除

---

① 参见崔建远：《合同法》，法律出版社2000年版，第195页。

合同的事由，当事由发生时，解除权人可解除合同。这是大陆法系传统的合同解除方式，双方事前约定合同的解除条件，当条件成就时，解除权人便可解除合同。就高校聘用合同中的约定解除而言，在实践中，聘用合同往往是格式合同，高校作为格式合同的制定者，处于绝对的强势地位，关于合同解除权的条款往往是高校在何种条件下可以与教师解除合同，基本不会规定教师在何种情况下可以单方解除合同。因此，约定解除作为双方事前的合意行为，在聘用合同中也很少体现。

三是法定解除。《民法典》第563条规定，存在不可抗力致使合同目的不能实现等情形的，当事人可以解除合同。这是法律对合同解除条件直接予以规定，法律条件一旦成立，解除权人便可解除合同。就高校聘用合同而言，上述的协议解除、约定解除两种合同解除形式均难以在聘用合同中发挥作用，若要维护教师的合法权益，只能依据法定解除权。聘用合同由人事法律规范调整，在《事业单位人事管理条例》《人事部关于在事业单位试行人员聘用制度的意见》中均对于聘用合同的法定解除作出了规定，可依据上述人事法律规范中法定解除的相关规定，对聘用解除事项进行调整。

（三）受聘用者适用合同解除权的一般规则

国办发〔2002〕35号文第6条对解聘辞聘制度进行了规范，当中规定有在试用期内、考入高校、录取或选调进入国家机关、服兵役等情形之一的，受聘用者享有单方解除权，可随时单方面解除合同。除此之外，受聘用者需要履行二次通知程序，即受聘者第一次通知单位后双方协商未达一致，应正常工作，6个月后再次提出解除合同若与单位仍未达成一致，可单方面解除合同。根据《事业单位人事管理条例》第17条的规定，受聘人员提前30日书面通知，可解除合同。上述人事法律规范均对于受聘用者解除合同的程序作出了要求，但《关于在事业单位试行人员聘用制度的意见》要求作出两次解除合同的通知，而《事业单位人事管理条例》仅要求一次通知，程序履行上两者差别较大，这造成实践中在法律适用和法律事实认定上存在不小争议。此外，聘用合同作为特殊的劳动合同，劳动法律规范也对劳动者的合同解除权作出规定，《劳动合同法》第36条规定了协商解除，第37条规定劳动者履行提前30日书面通知程序可解除合同，试用期内提前3日即可解除。

二、实践中被聘用者的解除合同的争点分析

规定教师解除权的现有规范主要有《事业单位人事管理条例》《关于在事业单位试行人员聘用制度的意见》，但两者在解除程序上存在较大的差别，司法实践中法院对于被聘用者的合同解除权法律适用并不统一，有的法院援引《事业单位人事管理条例》第17条，有的法院援引《关于在事业单位试行人员聘用制度的意见》第6条规定作出裁判，存在“同案不同判”的现象。下面结合司法判例对被聘用者的合同解除权进行分析。

（一）援引《事业单位人事管理条例》第17条的法律适用分析

1. 关于《事业单位人事管理条例》第17条规定的适用规则：预告解除权，也称一般解除权，是指受聘人员于一定期限向单位提前履行通知程序即可单方解除合同的权利。《事业单位人事管理条例》第17条对受聘人员行使解除权的时间和形式作出了规定，要求被聘用者提前30日书面通知聘用单位。根据《事业单位人事管理条例》的规定，以下就受聘教师行使合同解除权的一般规则进行梳理。受聘教师若想行使合同解除权解除合同，应满足相应的程序要件。（1）受聘教师提出解除劳动合同，应当作出书面的解除通知；（2）在提出的书面通知中，应当写明合同解除的时间为30日之后；（3）书面通知后应当向事业单位有效送达。预告解除权属于形成权，当满足上述程序要件后，无须学校方的同意即可发生合同解除的法律效力。

2. 关于司法实践中适用《事业单位人事管理条例》第17条的相关案例：在陈某与淮阴师范学院人事争议一案中，[①] 原告陈某提出诉讼请求：“2021年3月7日，原告向被告人事处邮寄书面《辞职信》提出辞职申请，被告于2021年3月8日签收，但一直未予以答复和同意原告的辞职申请。原告认为，根据《事业单位人事管理条例》之规定，事业单位工作人员提前30日书面通知事业单位，可以解除聘用合同，自聘用合同依法终止之日起，事业单位与被终止聘用合同人员的人事关系终止，请求依法判决原告与被告之间的人事关系于2021年4月8日解除。”

---

① 参见江苏省淮安市淮阴区人民法院（2021）苏0804民初2457号民事判决书。

被告淮阴师范学院辩称，双方之间的法律关系是人事关系，双方争议应当优先适用人事规定。《事业单位人事管理条例》第 17 条虽然赋予教师的合同解除权，但同时通过但书条款限制了事业单位工作人员的人事合同解除权。本案中，双方签订的《定向、委托培养博士研究生协议书》第 2 条第 5 项约定原告博士服务期自原告毕业回被告工作之日起 6 年（原告 2020 年 5 月方才毕业），实质是《事业单位人事管理条例》第 17 条但书条款的具体化。因原告服务期尚未届满，被告有权要求原告继续履行《聘用协议书》中约定的服务期条款。另外，本案原告向被告提出辞职申请的时间为 2021 年 3 月 7 日，距今未达 6 个月，且原告未能与被告就解除人事关系协商达成一致意见，根据苏政办发〔2005〕123 号文的规定，[①] 受聘人员应当坚持正常工作，6 个月后再次提出解除合同，仍未能与高校协商一致，才可单方面解除聘用合同。因此请求驳回原告的诉讼请求。

法院认为，本案中原告陈某已于 2021 年 3 月 7 日书面向被告淮阴师范学院提出解除聘用合同，符合法律规定的程序性要件。之后，原告既不到被告处继续工作，被告也不再向原告发放工资，双方之间的人事关系实际已处于中止状态，且人事关系具有一定的人身属性，被告要求原告再继续履行人事合同也不具有可执行性。故法院认定原、被告之间的人事关系自 2021 年 4 月 8 日起解除。从该法院的裁判可以看出，法官选择了适用《事业单位人事管理条例》第 17 条，认为事业单位工作人员提前 30 日书面通知事业单位，可以解除聘用合同。虽第 17 条后半句规定了但书，但认为服务期约定并非双方就解除聘用合同的特别约定。

（二）援引《关于在事业单位试行人员聘用制度的意见》的法律适用分析

《关于在事业单位试行人员聘用制度的意见》也对解聘制度进行了规范，规定受聘人员解除聘用合同需要履行二次通知程序后，方可单方面解除合同。以下就此对受聘人员适用合同解除权的程序要件进行梳理。（1）受聘教师首

---

① 《江苏省事业单位人员聘用制暂行办法》（苏政办发〔2005〕123 号）第 33 条规定：“受聘人员提出解除聘用合同未能与聘用单位协商一致的，受聘人员应当坚持正常工作，继续履行聘用合同；6 个月后再次提出解除聘用合同，仍未能与聘用单位协商一致的，即可单方面解除聘用合同。”

次提出解除劳动合同时，应当作出书面的解除通知；（2）在提出的书面通知中，应当写明合同解除的时间为30日之后；（3）书面通知后应当向事业单位有效送达；（4）未与单位协商一致，受聘教师第二次提出合同解除通知的期限，应当与首次提交时间间隔6个月以上；（5）第二次合同解除通知到达后，仍未与单位协商一致，受聘教师可单方面解除合同。此外，《关于在事业单位试行人员聘用制度的意见》还对受聘用者适用合同解除权的特殊情形作出了规定。有下列情形之一，受聘人员可随时单方面解除聘用合同：处于试用期内；考入普通高等院校的；被录用或选调到国家机关；依法服兵役的。受聘教师只要符合上述四种特殊情形之一，即享有单方解除权，可随时解除合同，但仍应当提前30日书面通知聘用单位。

（三）司法实践中适用《关于在事业单位试行人员聘用制度的意见》的相关案例

在陈某某与某师范学院（以下简称某师院）人事争议纠纷一案中，[①] 陈某某为某师院在编教师，于2015年5月13日与某师院、哈尔滨工业大学签订《哈尔滨工业大学定向培养博士研究生协议书》，约定陈某某毕业后回某师院工作8年方可流动，毕业后不到某师院工作须赔偿一切经济损失。于2015年7月16日与某师院签订协议书约定某师院同意陈某某于2015年9月10日至2019年9月1日攻读哈尔滨工业大学工商管理专业委托（或定向）培养博士研究生，毕业后必须按时回某师院工作，服务期8年，服务期内不允许调转，如特殊情况提出调转，按2012年某师院文件执行（如有新规定按新规定）。陈某某学习后，于2019年4月23日获得哈尔滨工业大学颁发的博士学位证书，于2019年7月16日办理了哈尔滨工业大学离校手续。陈某某于2019年5月22日第一次向某师院提交辞职申请书，学校不予同意。陈某某于2019年8月21日参加学校会议后开始正常工作，于2019年9月17日至11月末，陈某某从事了该学期的任教工作。陈某某于2019年6月26日申请仲裁，要求某师院出具离职证明，将社会保险转移至个体科，将档案转移至人才市场，牡丹江市劳动人事争议仲裁委员会于2019年8月9日作出牡劳人仲字（2019）

---

① 参见黑龙江省牡丹江市中级人民法院（2020）黑10民再12号民事判决书。

第1580号仲裁裁决书，驳回其仲裁请求。陈某某以与仲裁相同的申请意见于2019年8月14日向一审法院起诉，一审法院于2019年11月13日判决驳回其诉讼请求。陈某某又分别于2019年10月13日、11月17日、11月25日向某师院提交了辞职申请书，某师院不同意陈某某辞职。

法院再审认为，本案中陈某某在2019年5月22日第一次提出辞职申请后，经过办理离开哈尔滨工业大学手续，暑假于2019年8月21日到某师院参加会议，于2019年9月至11月底从事任教工作，相继共4次提出辞职申请，其于2019年11月25日第四次提出时间距第一次提出申请，可认定连续履行聘用合同已满6个月。某师院主张其辞职申请期间连续工作未满6个月的抗辩理由不成立。依据《事业单位人事管理条例》第17条、国办发〔2002〕35号文第6条第6款第2项、国人部发〔2003〕61号文第5条第15款、第19款的规定①，陈某某第四次提交辞职申请后，辞职条件已成就，视为已单方解除人事合同，继而其要求某师院出具离职证明、办理人事档案和社会保险转移手续的诉讼请求成立，法院判决支持其诉讼请求。从该法院判决中可以看出，法官并没有适用《事业单位人事管理条例》第17条的规定，认定只须教师提前30日通知聘用单位，无论聘用单位是否同意解除，聘用合同于预告期届满时即依法解除，而是适用了《关于在事业单位试行人员聘用制度的意见》规定的合同解除程序作出了判决，受聘教师需要履行二次通知且通知须间隔6个月以上，才能认定陈某某与高校解除人事关系。

三、对法律适用的争点分析

从上述的相关案例来看，实践中有的法院援引《事业单位人事管理条例》第17条的规定作出裁判，受聘人员提前30日书面通知聘用单位，可以解除聘用合同。有的法院援引《关于在事业单位试行人员聘用制度的意见》作出裁判，受聘人员提出两次解除聘用合同且之间相隔6个月以上的，可单方面

---

① 《事业单位试行人员聘用制度有关问题的解释》第5条第15款规定：“受聘人员提出解除聘用合同未能与聘用单位协商一致的，受聘人员应当坚持正常工作，继续履行聘用合同；6个月后再次提出解除聘用合同，仍未能与聘用单位协商一致，受聘人员即可单方解除聘用合同。……”第19款规定：“聘用合同解除后，单位和个人应当在3个月内办理人事档案转移手续。单位不得以任何理由扣留无聘用关系职工的人事档案；个人不得无故不办理档案转移手续。”

解除聘用合同。地方法院生效判决存在法律适用上的分歧，严重损害了法律的权威和司法的公信力。从法律效力而言，《事业单位人事管理条例》是“一般法”也是“上位法”，《关于在事业单位试行人员聘用制度的意见》是“特殊法”也是“下位法”，当“特别法优于一般法”与“高法优于低法”之间发生法律冲突时应该如何适用？“如果相互关联的法律规范之间存在上位法与下位法的关系，优先适用‘上位法优于下位法’的规则加以解决”,[①] 根据法律规范冲突解决规则，应当适用《事业单位人事管理条例》第 17 条的规定。

从实施效果而言，《事业单位人事管理条例》第 17 条关于解除权的规定是一种强制性规定，合同双方不得以约定排除，即使教师与高校在合同中约定提前解除合同需要承担违约责任，该条款也因为违反法律规定而无效，这是对教师“辞职权”的确认，至于教师因辞职给高校带来的损失，应当使用“损害赔偿金”而非“违约”这一受法律否定的行为概念。即便是第 17 条的后半句规定了但书条款，但该“但书”不能以“双方另有约定”对辞职权进行限制，应当理解为双方对辞职的程序另有约定，可依照双方约定的程序行使辞职权。

从上述实践案例来看，高校与教师签订协议，约定教师如提前申请离职须经被告批准并承担违约金。但此种协议不能以“教师离职未经高校批准”而排除教师的合同解除权，应当将其视为合同解除约定的申请和批准程序，实际是要求双方对此协商一致，从而排除原告以提前 30 日预告的方式解除聘用合同的权利，被告作出的不同意辞职决定，应视为双方未能达成一致意见。此时的未达成一致意见，应视为《关于在事业单位试行人员聘用制度的意见》第 6 条第 6 款规定的二次通知程序中的第一次通知未达成一致，在 6 个月后教师可再次提出解除聘用合同，若仍未能协商一致，可单方面解除聘用合同。

法律规定中的教师合同解除权实质也是教师的辞职权，作为教师的基本权利，法律应当予以保障。但在注重保障教师辞职权行使的同时，也不能过于侧重教师的权利，高校作为承担公共事业的事业单位，教师辞职权的行使不能对学校的教育教学工作造成不利影响。《事业单位人事管理条例》第 17

---

① 刘志刚：《法律规范冲突解决规则间的冲突及解决》，载《政法论丛》2015 年第 4 期。

条规定教师提前30日书面通知即可解除合同，虽然贯之《劳动合同法》第37条的劳动者享有单方解除权，但也要考虑到聘用合同本身具有区别于劳动合同的公共性色彩，在解除条件和程序上不应设置与劳动合同一样宽泛、随意的条件，否则会严重扰乱聘用合同的稳定性，给教师队伍的管理带来严重的挑战，最终可能损害广大学子的受教育权。因此，《关于在事业单位试行人员聘用制度的意见》设置的二次通知解除更加合理。从预告期的期限来看，30日对于教育教学工作而言过于紧迫，这对学校意味着其需要面临短时间内寻找代课老师，以及科研工作停滞的问题。高校的教学工作一般以学年或者学期为一个周期，教师若想辞职应当在学年或者学期结束前1个月予以通知，而非在任何时间点提前1个月通知学校。通过二次通知解除的方式，将时间推迟到6个月左右较为稳妥。综上而言，从法律效力而言，应当适用《事业单位人事管理条例》的规定，但从实施效果而言，现阶段教师合同解除权的制度构建，应当参考《关于在事业单位试行人员聘用制度的意见》的相关规定，甚至可考虑将时间缩短至4个月内（一个学期），才更符合现阶段的立法模式。

四、实践中教师被扣人事档案的相关分析

《劳动合同法》第50条规定，用人单位与劳动者解除或终止劳动合同后，应在15日内为劳动者办理档案和社会保险关系转移手续。[①] 国办发《关于在事业单位试行人员聘用制度的意见》第6条规定，聘用关系解除后，聘用单位要及时为职工办理社会保险关系调转手续。[②] 但是在实践中，即使教师与高校双方已经终止聘用合同，但高校仍然以扣押人事档案相威胁，拒绝教师辞职，或者允许教师辞职但必须缴纳巨额违约金。高校在聘用关系中处于强势一方，其以合同期未满为由，以扣押人事档案为手段，强调单方面的辞职审批权来拒绝教师辞职，实际上严重侵犯教师的合法权益。不仅违反法律中关

---

① 《劳动合同法》第50条规定：“用人单位应当在解除或者终止劳动合同时出具解除或者终止劳动合同的证明，并在十五日内为劳动者办理档案和社会保险关系转移手续。”

② 《关于在事业单位试行人员聘用制度意见的意见》第6条规定：“……受聘人员与所在聘用单位的聘用关系解除后，聘用单位要按照国家有关规定及时为职工办理社会保险关系调转手续，做好各项社会保险的衔接工作。”

于教师单方辞职权的规定，也违反了契约精神，下面就实践中教师被扣人事档案的问题进行分析。

（一）河南理工大学与杜某某人事争议一案判决

实践中教师行使单方解除权解除合同，但高校未在法律规定期限内为教师办理人事档案及社会保险关系转调手续，或拒绝办理转调手续的情形屡有发生。甚至存在教师将高校诉诸法院，法院作出高校在判决生效后为教师办理手续的判决，高校也敢无视判决，拒绝执行。比较典型的案例如河南理工大学与杜某某人事争议纠纷一案中。[①] 在此案中，2010 年 6 月，被告杜某某到原告河南理工大学处工作，2010 年 3 月 11 日原、被告双方签订协议书，协议书约定原告向被告提供住房补贴 16 万元，科研启动基金 8 万元，被告为原告服务年限为 8 年，如果服务年限不够则按比例退还上述款项并承担退回款项同等数额的违约金，原告向被告支付了住房补贴，科研启动基金是以项目费用的方式拨付的。2013 年 1 月 18 日原、被告双方签订《河南理工大学自费出国（境）进修协议书》，协议约定被告出国进修返校后服务年限为 3～8 年，若与学校签有其他服务协议，服务年限累加计算。因家庭原因，被告于 2015 年 7 月 29 日向原告邮寄了《解除劳动合同申请》，原告认可双方劳动合同于 2015 年 7 月 31 日解除。2015 年 8 月，在杜某某怀孕期间，河南理工大学停发了杜某某的工资，而且河南理工大学 2015 年 7 月 30 日收到杜某某的辞职信，迄今为止 6 个月没有退还杜某某的博士学位证书和毕业证书，也没有给杜某某办理档案转移等离职手续，直接导致杜某某找到了新单位却无法到新单位上班，杜某某失业在家，又无法享受医疗、生育、失业保险等社会待遇。河南理工大学的过错直接导致杜某某没有收入来源，生活困难，根据《劳动合同法》第 89 条的规定，原告请求判决河南理工大学应赔偿杜某某 6 个月经济损失费 48305.1 元。根据《国家自然科学基金条例》规定，项目负责人调入另一依托单位工作时，所主持的国家自然科学基金项目可以转移到新的工作单位。可是目前河南理工大学却毫无理由冻结了杜某某所主持的国家自然科学基金项目经费。杜某某多次向河南理工大学申请继续使用杜某某所主持的

---

① 参见河南省焦作市中级人民法院（2016）豫 08 民终 722 号民事判决书。

国家自然科学基金项目经费，但河南理工大学不予理会。因此，请求判决河南理工大学为杜某某办理其所主持的国家自然科学基金的转移手续。

法院认为，依据《劳动合同法》第9条的规定，河南理工大学应当退还杜某某的博士毕业证和博士学位证，杜某某的该项请求本院予以支持。由于河南理工大学认可双方的人事关系已于2015年7月31日解除，但未按照《劳动合同法》的规定及时给杜某某办理离职手续，造成杜某某无法再次就业，给杜某某造成一定损失，应当承担赔偿责任，杜某某要求赔偿因此而造成的损失费44279.68元，法院予以支持，上诉请求中超出仲裁请求部分不予支持。最后法院判决河南理工大学于本判决生效后15日内为杜某某出具解除人事关系的证明并转移杜某某人事档案手续，河南理工大学于本判决生效之后15日内赔偿杜某某损失费44279.68元。

（二）对高校扣押人事档案的问题分析

在上述河南理工大学与杜某某人事争议一案中，高校未及时给杜某某办理档案转移等离职手续，直接导致杜某某找到了新单位却无法到新单位上班，高校的过错直接导致杜某某没有收入来源，生活困难。又如在潍坊科技学院与张某劳动争议一案中，[①] 法院认为张某与潍坊科技学院之间的劳动关系已解除，根据《劳动合同法》第50条及《山东省事业单位实行人员聘用制度暂行办法》第30条的规定，潍坊科技学院应及时为张某办理档案及社会保险关系转移手续。判决潍坊科技学院于判决生效后15日内为张某办理人事档案及社会保险关系转移手续。但即使二审法院作出判决，高校也拒不执行生效判决。[②] 2020年8月19日，寿光法院立案强制执行，直到2020年11月20日张某申请执行的民事判决书才全部执行完毕。[③] 为何高校不惧教师打官司？为何高校会拒绝履行判决？实践中，无论是教师完全履行聘用合同至聘用期结束，还是合同期限内行使单方解除权解除合同，当教师向学校人事部门申请离职时均会被校方直接拒绝，有时甚至不会和教师说明任何理由。高校如此做的

---

① 参见山东省潍坊市中级人民法院（2020）鲁07民终2657号民事判决书。

② 《三教师获博士学位后辞职被拒，遭遇山东一高校巨额索赔，一人胜诉校方未执行》，载https：//www. sohu. com/a/424443073_ 665896。

③ 参见山东省寿光市人民法院（2020）鲁0783执2689号结案通知书。

底气在于其掌握着教师们的人事档案，如果学校一直扣押教师的人事档案，教师就无法在新单位规定的日期内转移人事档案办理入职手续。而教师想要回自己的档案，要么需要向学校支付巨额的违约金，要么只能百般协商无果之下走司法途径，其间历经仲裁、一审、二审，甚至如本案中一样，即使二审得到申诉判决，还须申请强制执行。在司法维权的过程中，一些教师还必须全职在岗工作，否则可能被学校人事部门给予处分而记入个人档案。因为档案被扣，教师无法入职新单位，而新单位的入职期限一般为本年度内或者1年的时间内，如果超出期限可能会被取消教师的入职资格，而一场人事纠纷的诉讼持续时间很可能会超出入职期限，即使学校败诉，校方也不会主动执行判决，只等法院强制执行后，以期更多地拖延教师拿到人事档案的期限，如若诉讼时间过长，教师将错过入职期限，只能重新寻找工作。这个过程中高校没有任何损失，而教师将花费大量的时间成本和经济成本，还须承担败诉、错过新单位入职时间、被原单位“穿小鞋”等风险。高校卡住教师的人事档案，通过与离职教师漫长的诉讼，也完成了吓阻其他教师离职的想法。

（三）对高校拒不执行判决的措施建议

在潍坊科技学院与张某劳动争议一案中，法院判决学校必须在15日内为张某办理人事及社会保险关系转移手续，但该学院依然拒不履行判决，直至法院强制执行才为张某转移了档案，而执行时间将近半年才全部执行完毕。此过程之漫长，无疑对离职教师造成不利影响。为教师办理人事档案及社会保险关系转移手续之判决内容，不同于经济纠纷中复杂的执行内容，高校手握教师的人事档案，往往随时可执行生效判决。而学校却拒不执行生效判决，迫使离职教师申请强制执行，敢如此行为的原因在于，学校拒不执行判决无须承担任何法律责任，也不会受到党纪政纪处分。针对高校拒不执行判决的行为，特别对于为离职教师办理离职手续这类校方极易履行的执行内容，执行法院应当采取更为严厉的执行措施。当被执行人是单位时，其一般相关法律责任由单位法定代表人承担，同时根据2017年《民事诉讼法》第255条规定，① 建议执行法院采取传唤拘留学校法人代表或者冻结学校银行账户等措施，促使高校履行生效裁决。此外，因为高校扣押人事档案的行为，导致离职教师错过新单位的入职期限而造成的严重经济损失和精神损失，离职教师提出赔偿的诉讼请求或者提起新的诉讼，法院应当予以支持，让高校承担经济赔偿的责任，也让高校意识到其扣押人事档案的行为需要承担相当的法律风险。

第六节　高校对教师的处分权

改革开放以来，我国社会政治、经济、文化各方面发生了巨大变化。在社会飞速发展的背后，是旧思想道德体系的逐步瓦解，而新的思想道德体系尚未建立，市场经济带来的消费主义、物质主义、享乐主义与虚无主义不断冲击着中国传统的社会价值观，也深刻影响了高校与高校教师。近年来，高校教师违法违纪的行为现象层出不穷，论文抄袭、学术作假、“性骚扰”“性侵”等丑闻不断出现在新闻媒体上，屡屡登上网络平台热搜，受到社会各界的普遍关注。而我国对于教师的管理法规由于其历史局限性，已经无法完全适应和处理新形势下教师的违规违纪问题。“双一流”建设对于高校教师队伍建设提出了新的考验，下文就高校对教师的处分权方面进行深入分析。

一、高校教师处分制度的一般理论

在不同的法律规范中，因法律关系和法律地位的不同，会造成相关的救济制度也不相同。本节基于教师处分权，对高校与教师在处分制度中的法律地位进行分析，通过梳理处分制度的主要内容及现行立法，为下文分析争点和完善制度提供理论依据。

---

① 《民事诉讼法》第255条规定：“被执行人不履行法律文书确定的义务的，人民法院可以对其采取或者通知有关单位协助采取限制出境，在征信系统记录、通过媒体公布不履行义务信息以及法律规定的其他措施。”

（一）公立高校的准行政主体地位

我国理论界认为，法律法规若授予了事业单位相应的职权，其也可视作行政主体，属于准行政主体。我国主张“授权组织说”的学者认为，高校作为组织从事公务活动，需要法律法规或者规章的授权，抑或是行政机关的委托，为了完成法律法规、规章的授权，或者行政机关委托的公务性工作，享有对外管理权，其从事公务活动的行为实际上是代表行政机关的活动。[①] 就行政主体的研究而言，通说认为，高校是一种享有并且能独立行使行政权的组织，可以独立承担因此产生的行政责任。[②] 从法律规定而言，《高等教育法》；[③]《教师资格条例》赋予了高校认定本校教师任职资格的权力；在处分方面，《高等教育法》第 51 条第 4 款，[④]《教育法》第 29 条第 6 款，[⑤]《教师法》第 37 条[⑥]均对高校对教师的处分权予以了规定。由此，高校根据法律以及法规的授权可行使对教师管理的权力，对教职工教师资格认定、行政处分等事项进行管理。

（二）基于教师处分的法律关系

在计划经济时代，教师具有干部身份，其与高校之间是一种单纯的行政

---

① 参见薛刚凌：《行政诉讼受案标准研究》，载《法商研究（中南政法学院学报）》1998 年第 1 期。

② 罗豪才、湛中乐：《行政法学》，北京大学出版社 2016 年版，第 47 页。

③ 《高等教育法》第 13 条规定：“国务院统一领导和管理全国高等教育事业。省、自治区、直辖市人民政府统筹协调本行政区域内的高等教育事业，管理主要为地方培养人才和国务院授权管理的高等学校。”

④ 《高等教育法》第 51 条第 2 款规定：“高等学校应当对教师、管理人员和教学辅助人员及其他专业技术人员的思想政治表现、职业道德、业务水平和工作实绩进行考核，考核结果作为聘任或者解聘、晋升、奖励或者处分的依据。”

⑤ 《教育法》第 29 条规定：“学校及其他教育机构行使下列权利：（一）按照章程自主管理；（二）组织实施教育教学活动；（三）招收学生或者其他受教育者；（四）对受教育者进行学籍管理，实施奖励或者处分；（五）对受教育者颁发相应的学业证书；（六）聘任教师及其他职工，实施奖励或者处分；（七）管理、使用本单位的设施和经费；（八）拒绝任何组织和个人对教育教学活动的非法干涉；（九）法律、法规规定的其他权利。国家保护学校及其他教育机构的合法权益不受侵犯。”

⑥ 《教师法》第 37 条规定：“教师有下列情形之一的，由所在学校、其他教育机构或者教育行政部门给予行政处分或者解聘：（一）故意不完成教育教学任务给教育教学工作造成损失的；（二）体罚学生，经教育不改的；（三）品行不良、侮辱学生，影响恶劣的。教师有前款第（二）项、第（三）项所列情形之一，情节严重，构成犯罪的，依法追究刑事责任。”

管理关系。在聘任制全面推行后，两者之间形成聘用合同关系。聘用合同关系如本书第一章的内容所述，不同学者对于聘用关系的本质存在不同的看法，有行政合同说、劳动合同说等各种关系说，在现行法规对于聘用合同的性质未予以明确的情况下，高校与教师之间的法律定位及关系判断更难明确。

在聘任制之下，高校与教师依照平等自愿的原则，约定聘用职责、条件和任期，由高校校长与教师签订聘用合同，从此意义而言，形成的是平等的民事法律关系。但单单从高校对于教师的处分行为来看，可将两者之间的法律关系视为行政法律关系。教师受到的处分属于惩戒的一种，即以教师为惩戒对象的教育惩戒。在法的秩序范围内，“惩戒”归在“法律责任”的范围内。两者存在着管理与被管理关系，符合行政法律责任的特征，可将高校对于教师的处分视作特殊的行政惩戒。从受处分教师违反的法律规范来看，其违反的法律法规多为教育行政法律规范，如《教师法》第 37 条规定的给予教师行政处分或者解聘的三种情形，《教育部关于高校教师师德失范行为处理的指导意见》（教师〔2018〕17 号）第 3 条规定，高校教师违反师德行为的，根据情节轻重，给予相应处理或处分，并对处分措施作出了具体的规定。① 这些行政处分和规定体现出即使在聘用制下，高校与教师基于聘用合同也并没形成完全平等的民事关系，两者之间仍然充斥着行政法律关系色彩。高校教师具有事业单位编制，技术职称对应着相应的行政级别，两者难以如“聘任制”设计一般，形成纯粹的民事关系，高校对于教师具有较大的行政管理权力。特别当前高校教师面临着日益严格的考核标准和严峻的结业形势，其在聘任关系中更易处于弱势地位。聘任制虽推动着高校与教师之间从行政关系向民事关系转变，但目前来看还远不能去除其行政色彩的一面，更难以改变

---

① 《教育部关于高校教师师德失范行为处理的指导意见》（教师〔2018〕17 号）第 3 条规定：“对高校教师师德失范行为实行‘一票否决’。高校教师出现违反师德行为的，根据情节轻重，给予相应处理或处分。情节较轻的，给予批评教育、诫勉谈话、责令检查、通报批评，以及取消其在评奖评优、职务晋升、职称评定、岗位聘用、工资晋级、干部选任、申报人才计划、申报科研项目等方面的资格。担任研究生导师的，还应采取限制招生名额、停止招生资格直至取消导师资格的处理。以上取消相关资格处理的执行期限不得少于 24 个月。情节较重应当给予处分的，还应根据《事业单位工作人员处分暂行规定》给予行政处分，包括警告、记过、降低岗位等级或撤职、开除，需要解除聘用合同的，按照《事业单位人事管理条例》相关规定进行处理。情节严重、影响恶劣的，应当依据《教师资格条例》报请主管教育部门撤销其教师资格。是中共党员的，同时给予党纪处分。涉嫌违法犯罪的，及时移送司法机关依法处理。”

当下双方的不平等地位。因此，高校与教师之间基于教师处分的法律关系应当认定为介于行政法律关系与民事法律关系之间的特殊法律关系。

（三）高校教师处分制度内容

高校教师处分制度是指高校教师由于出现违法失职行为或者违反相关的管理规章，情节较为轻微且未构成犯罪的，由高校内部实施的一种惩罚性措施的管理制度。处分制度下包含以下内容：

1. 处分对象。受处分者为高校的教职工，其行为违反国家法律、法规和学校的规章制度，或者未按照岗位职责要求完成各项工作任务，给学校的管理秩序造成不良影响。违纪行为通常包括学校纪律规范类、科研道德类、社会公德类等。

2. 处分形式。其是指采取的强制性措施，纪律处分包括警告、记过、降低岗位等级或撤职、开除。一般受警告处分的期间为 6 个月，记过 12 个月，降低岗位等级或撤职为 24 个月。这些处分形式沿用了公务员处分管理制度中的相关规定，但教师处分制度与公务员处分制度不同之处在于，教师的处分通常还会与其职位晋升、考核聘用、工资待遇相关联。

3. 处分机构及程序。是有权限对教师执行处分的校内机构。当前，有的高校成立了专门的处分机构，有的由人事处，检察处等部门兼职承担。其处分程序是指作出处分应当遵守的规定途径，一般包括违法违纪案件的立案调查，听取陈述及辩解、书面通知、一定范围内公布、处分归入档案，以及后续处分期满解除处分的程序。

4. 处分救济。是指教师对于学校的处分不服或者认为处分侵犯其正当权益后，通过规定的救济渠道保证自身合法权益。学校通常会在内部设置教职工纪律处分申诉仲裁委员会，受到处分的教职工对处分不服，可向仲裁委申请复核或者申诉。通畅有效的救济渠道能够在一定程度避免高校与教师之间天然的不平等地位，保证处分行为作出的公平与适当。

（四）高校处分权的相关立法梳理

从法律层面上，《高等教育法》《教育法》《教师法》在宏观层面上确定了教师与高校的法律地位以及两者之间的权利义务关系。《高等教育法》第

37 条规定，高校有评聘教师、调整工资分配的权力；第 51 条中规定，高校应对教师进行考核，其结果是高校作出解聘、处分、奖励等行为的依据。① 《教育法》第 29 条规定，高校可以行使聘任教师，实施奖励或处分的权利；②《教师法》第 39 条规定，教师认为学校侵犯其合法权益或对其处理不服的，可提出申诉③。以上法律规范均从基本法意义确定了高校对于教师的管理权，以及教师对处理结果的申诉权。但针对高校对于教师的处分权属于原则性规定，不具有可操作性。

从行政法规层面上，《事业单位人事管理条例》第 15 条、第 16 条对于事业单位单方解除聘用合同的相关内容作出规定。④ 第 18 条规定：“事业单位工作人员受到开除处分的，解除聘用合同。”上述内容对于教师违纪行为需要解除聘用合同的相关内容进行了明确。《教师资格条例》第 19 条，对于教育行政部门撤销教师资格的情形作出规定。⑤ 在部门规章中，2012 年出台的《事业单位工作人员处分暂行规定》，其第 2 条将对于教师的处分纳入此规章适用

① 《高等教育法》第 37 条规定：“高等学校根据实际需要和精简、效能的原则，自主确定教学、科学研究、行政职能部门等内部组织机构的设置和人员配备；按照国家有关规定，评聘教师和其他专业技术人员的职务，调整津贴及工资分配。”第 51 条规定：“高等学校应当为教师参加培训、开展科学研究和进行学术交流提供便利条件。高等学校应当对教师、管理人员和教学辅助人员及其他专业技术人员的思想政治表现、职业道德、业务水平和工作实绩进行考核，考核结果作为聘任或者解聘、晋升、奖励或者处分的依据。”

② 《教育法》第 29 条规定：“学校及其他教育机构行使下列权利：（一）按照章程自主管理；（二）组织实施教育教学活动；（三）招收学生或者其他受教育者；（四）对受教育者进行学籍管理，实施奖励或者处分；（五）对受教育者颁发相应的学业证书；（六）聘任教师及其他职工，实施奖励或者处分；（七）管理、使用本单位的设施和经费；（八）拒绝任何组织和个人对教育教学活动的非法干涉；（九）法律、法规规定的其他权利。国家保护学校及其他教育机构的合法权益不受侵犯。”

③ 《教师法》第 39 条第 1 款规定：“教师对学校或者其他教育机构侵犯其合法权益的，或者对学校或者其他教育机构作出的处理不服的，可以向教育行政部门提出申诉，教育行政部门应当在接到申诉的三十日内，作出处理。”

④ 《事业单位人事管理条例》第 15 条规定：“事业单位工作人员连续旷工超过 15 个工作日，或者 1 年内累计旷工超过 30 个工作日的，事业单位可以解除聘用合同。”第 16 条规定：“事业单位工作人员年度考核不合格且不同意调整工作岗位，或者连续两年年度考核不合格的，事业单位提前 30 日书面通知，可以解除聘用合同。”

⑤ 《教师资格条例》第 19 条规定：“有下列情形之一的，由县级以上人民政府教育行政部门撤销其教师资格：（一）弄虚作假、骗取教师资格的；（二）品行不良、侮辱学生，影响恶劣的。被撤销教师资格的，自撤销之日起 5 年内不得重新申请认定教师资格，其教师资格证书由县级以上人民政府教育行政部门收缴。”

的范围，① 是当前高校处分制度主要法律依据。在第2章中，规定了处分的种类和适用，第3章对警告、记过、降低岗位等级或者撤职处分等处分相对应的行为作出了具体规定，第4章、第5章对于处分的权限、程序及解除作出明确，第6章对于受处分人的复核和申诉作出规定，通过上述内容建立起了事业单位处分制度，保证了事业单位给出处分过程中，事实清楚、程序合法、违纪行为与危害程度相适应。

在部门文件层面上，教育部发布《高等学校教师职业道德规范》《关于建立健全高校师德建设长效机制的意见》和《新时代高校教师职业行为十项准则》对于涵盖师德考核、师德监督的师德建设机制作出了规定。针对社会上屡次发生的教师师德失范事件，2018年发布《教育部关于高校教师师德失范行为处理的指导意见》（教师〔2018〕17号），当中根据处分行为的轻重对于何种处分进行了详细规定，此外还规定高校要建立健全受理与调查处理机制及教师的救济途径。

二、高校处分行为正当性分析

高校原本就具有广泛的关注度，近年来高校教师学术不端、违反师德师风等事件层出不穷。因为高校与教师之间法律关系的复杂性、高校处分权的相关法律规定的模糊性，以及由网络曝光受到网络舆论的影响，高校处分行为的正当性存在一定争议。下面结合案例，就高校处分行为正当性进行分析。

（一）未完成合同约定解聘的争点分析

1. 湖南大学解聘事件概述

2011年，湖南大学实行教师全员聘用，杨某觉、黄某攸因未达到副教授上岗条件被聘至专职科研岗，时间为3年。2014年两人未完成合同约定任务，后经本人申请、学院学校批准，两人合同期延迟1年。截至2015年7月再次进行聘用审议时，发现杨某觉、黄某攸等人在合同延续期内仍未完成合同约定任务，经专家组投票表决：作出“不再续聘，终止劳动人事关系”的处理决定，并限

① 《事业单位工作人员处分暂行规定》第2条第1款规定：“事业单位工作人员违法违纪，应当承担纪律责任的，依照本规定给予处分。”

期办理离校手续。两位被解聘的副教授不服学校的处理决定，多次向学校提出异议，质疑处理解聘事宜的“主体机构”“学校对教师的评价体系”等。[①]

2. 该事件中教师解聘的正当性分析

《高等教育法》第51条明确规定了高校有对教师业务水平、工作实绩等方面考核的权力，其考核的结果作为解聘的依据。[②] 湖南大学解聘两名教授的行为符合我国法律规定。但考核依据由学校单方规定，对于特殊专业教师的考核并没有设置符合其专业的评价体系。本案例中，两名副教授为建筑类、美术类的特殊专业，杨某觉致力于古城的保护与复兴、黄某攸创作艺术作品上百件，均为湖南大学带来了良好声誉。若未对特殊专业设置特殊的评价体系，“一刀切”地将课题、论文作为评价标准，其考核标准的科学性、合理性、公平性存在争议。建议设置科研、教学和社会服务为中心的综合评价标准，有利于激发专业人才的积极性，发挥其特长。

《高等教育法》第41条规定了校长主持校长办公会议或者校务会议行使解聘教师权利，[③] 法律规定来看，校长解聘权需要通过召开会议的方式讨论决定，而非由校长一人决定。在本案件中，教师的解聘确实由5人聘任委员会决定，其组成人员为校长、副校长、学院院长与两名专家。这原本是教师专业能力评判的临时组织，后却发展成为能够决定教师去留的组织。而具有如此重要权力的组织，其组成既没有法律依据，也无校规规范，更没有通过教师职工大会的同意，5人委员会的设置从合法性而言存在争议。

（二）因不当言论处分的争点分析

1. 事件概述

2019年6月中旬，电子科技大学副教授郑某锋在课程QQ群“创新的本质2019”发表言论，称“四大发明在世界上都不领先”“中国古代没有实质

① 参见洪克非：《两副教授被解聘后》，载《中国青年报》2016年第6期。

② 《高等教育法》第51条规定：“……高等学校应当对教师、管理人员和教学辅助人员及其他专业技术人员的思想政治表现、职业道德、业务水平和工作实绩进行考核，考核结果作为聘任或者解聘、晋升、奖励或者处分的依据。”

③ 《高等教育法》第41条规定：“高等学校的校长全面负责本学校的教学、科学研究和其他行政管理工作……高等学校的校长主持校长办公会议或者校务会议，处理前款规定的有关事项。”

上的创新”，随后有学生质疑，并将聊天记录截图发在某问答平台，认为郑某锋侮辱四大发明。7 月 16 日，电子科技大学发表声明，认定郑某锋有师德失范行为，并取消其评奖评优、职务晋升、职称评定资格，停止教学工作、停止研究生招生资格，期限为 24 个月。该处分结果公开后，引发了社会的广泛关注。

2. 该事件中学校处分的正当性

首先，电子科大的处罚依据是《电子科技大学教师师德失范行为处理办法（试行）》，第 13 条的规定，① 但此条文仅对教师师德失范行为的处理措施进行规定，性质上属于程序条款。对于如何构成师德失范等实质性问题却没有说明，对于重要行为定性条款没有明确。《电子科技大学教师师德失范行为处理办法（试行）》第 5 条对可认定为师德失范行为的情形作出具体规定，② 但处理决定对郑老师的行为构成上述规定的哪一情形却避而不谈，直接定义郑老师的行为属于师德失范行为，有违背正当处分程序之嫌。《电子科技大学教师师德失范行为处理办法（试行）》性质属于自治规则，具有公法性质，在处分决定作出过程中，需要对处分的依据作出具体说明，以保障被处分人的

---

① 《电子科技大学教师师德失范行为处理办法（试行）》第 13 条规定："对出现师德失范行为的教师实行‘一票否决’，取消其在评奖评优、职务晋升、职称评定、岗位聘用、工资晋级、干部选任、申报人才计划、申报科研项目等方面资格，担任研究生导师的，还应采取限制招生名额、停止招生资格直至取消导师资格的处理。否决期限不少于 24 个月。"

② 《电子科技大学教师师德失范行为处理办法（试行）》第 5 条规定："教师应严格遵守高等学校教师职业道德规范，出现以下情形之一的，可认定为师德失范行为：（一）在教育教学活动中及其他场合有损害党中央权威、违背党的路线方针政策的言行；（二）损害国家利益、社会公共利益，或违背社会公序良俗，损害师生和学校合法权益；（三）违反国家民族宗教法规和政策，传播不利于民族团结的思想和言论，或在校园内从事宗教活动；（四）故意泄露国家秘密或工作秘密；（五）通过课堂、论坛、讲座、信息网络及其他渠道发表、转发错误观点，或编造散布虚假信息、不良信息；（六）严重违反教学纪律，敷衍教学，或擅自从事影响教育教学本职工作的兼职兼薪行为；（七）以非法方式表达诉求，干扰正常公共管理和教育教学秩序；（八）猥亵、性骚扰学生，与学生发生任何不正当关系；（九）体罚或变相体罚学生，辱骂、歧视、威胁或打击报复学生，给学生造成严重身心伤害；（十）强制学生从事与教育教学、学术研究、社会服务无关的事宜，给学生造成不良影响；（十一）违反学术道德，在科研活动中弄虚作假、抄袭剽窃、篡改侵吞他人学术成果，违规套取科研经费，滥用学术资源和学术影响；（十二）在招生、考试、推优、保研、就业及绩效考核、岗位聘用、职称评聘、评优评奖等工作中徇私舞弊、弄虚作假；（十三）索要、收受学生及家长财物，参加由学生及家长付费的宴请、旅游、娱乐休闲等活动，或利用家长资源谋取私利；（十四）假公济私，擅自利用学校名义或校名、校徽、专利、场所等资源谋取个人利益；（十五）其他严重违反教师职业道德的行为。"

知情权，郑老师的知情权显然未得到充分保障。

其次，该案件中可适用于郑老师的行为的条文，似乎仅有第 5 款“通过课堂、论坛、讲座、信息网络及其他渠道发表、转发错误观点，或编造散布虚假信息、不良信息”，但教师对于中国古代四大发明的看法是属于师德失范的不当言论，还是属于学术观点的讨论本身即具有争议性。“四大发明”是否伟大的问题可以在学术上讨论，即便郑某锋老师的表述存在不严谨之处，但诘问也好驳难也罢总归应该在学术的场域之中。但在“四大发明”言论是否属于师德失范的不当言论仍处于争议的情况下，电子科大即对郑老师取消其教学工作，停止其研究生招生资格的行政处分并不合理，并且处分的结果过重，明显违反了比例原则。

（三）处分结果畸轻畸重的争点分析

在教师处分的相关案例中，惩处的事由主要集中为五类，即学术不端、政治问题、性骚扰学生、私下收受财物、违规牟利。但即使在同一违规事由中，不同高校的处分结果并不一致，甚至出现差距较大的情况。例如在性骚扰学生的事由中，中南大学教师陈某先后性骚扰女学生，经学校研究决定，给予陈某留党察看、降低岗位等级处分，并调离教学岗位。[①] 而另一起性骚扰案件中，武汉大学副教授杨某某经常骚扰女生，严重违反教师职业道德，经学校研究决定，对杨某某予以解聘，并按程序报请相关教育行政部门撤销其教师资格。[②] 可见，现实中对于性骚扰教师的处分严重的可以到开除，轻的只给予了行政记过，同一师德失范行为，处分结果却存在较大的差别。在同一学校中，对于不同的违规违纪行为也存在着“畸轻畸重”的问题。例如，中南财经政法大学根据学校规章，无正当事由上课迟到的教师应给予的处分为行政警告，而对于存在学术不端行为的教师应给予的处分也为行政警告。从现实来看，一位上课迟到的教师与剽窃多篇论文涉及学术不端行为的教师，均给予行政警告的处分这一同样的惩戒，其公正性也存在一定争议。

---

① 《教育部再曝光 8 起师德失范案例，涉有偿补课、性骚扰等问题》，载腾讯网，https：//new. qq. com/omn/20211201/20211201A0AWFV00. html。

② 《武大副教授涉言语骚扰女学生　校方：解聘并报请撤销其教师资格》，载凤凰网，https：//news. ifeng. com/c/85SwFVX3fTZ。

三、高校教师处分的司法救济现状

根据现行法律法规，高校教师受处分后的司法救济有两种途径。一是根据《教师法》第39条、《国家教育委员会关于〈中华人民共和国教师法〉若干问题的实施意见》（教人〔1995〕81号）第8条规定，① 教师可向教育行政部门申诉，对申诉的处理结果不服再提起行政复议或者行政诉讼。二是根据《人事争议处理规定》第3条的规定适用劳动争议处理机制②，教师先进行人事仲裁，对人事争议仲裁结果不服，再提起民事诉讼。下面就教师处分的司法救济现状进行具体分析。

（一）受案范围

对于第1条途径，即经申诉后提起行政申诉，看似存在着申诉—复议—诉讼的合理救济渠道，但由于受案范围的模糊及相关规定的缺失，且《国家教育委员会关于〈中华人民共和国教师法〉若干问题的实施意见》属于部门规章，对于司法机关没有强制约束力，导致大量争议法院作出不予受理、驳回起诉的决定，此条救济渠道实践中很难有效发挥作用。因高校处分行为引起的争议属于高校与教师之间的争议，申诉后提起行政诉讼，则让教育行政机关成为诉讼的被告，高校作为当事人却置身之外，这种督促教育行政机关履行职责的行政诉讼并非解决高校处分行为的有效途径，不仅不利于教师与高校间矛盾的直接解决，还引起了教师与教育行政机关的新的纠纷。

对于第2条途径，即经仲裁后进入民事诉讼，较之第1条而言能更为直接有效地获得司法救济，也是当前高校教师解决因处分行为引起争议的主要

---

① 《教师法》第39条规定："教师对学校或者其他教育机构侵犯其合法权益的，或者对学校或者其他教育机构作出的处理不服的，可以向教育行政部门提出申诉，教育行政部门应当在接到申诉的三十日内，作出处理。"《国家教育委员会关于〈中华人民共和国教师法〉若干问题的实施意见》第8条规定："……申诉当事人对申诉处理决定不服的，可向原处理机关隶属的人民政府申请复核。其申诉内容直接涉及其人身权、财产权及其他属于行政复议、行政诉讼受案范围事项的，可以依法提起行政复议或者行政诉讼。"

② 《人事争议处理规定》第3条规定："人事争议发生后，当事人可以协商解决；不愿协商或者协商不成的，可以向主管部门申请调解，其中军队聘用单位与文职人员的人事争议，可以向聘用单位的上一级单位申请调解；不愿调解或调解不成的，可以向人事争议仲裁委员会申请仲裁。当事人也可以直接向人事争议仲裁委员会申请仲裁。当事人对仲裁裁决不服的，可以向人民法院提起诉讼。"

渠道。根据《劳动争议调解仲裁法》第 2 条、《事业单位人事管理条例》第 37 条的规定,[①] 可仲裁后进入民事诉讼的处分行为，必须与履行、变更、解除和终止劳动合同或者因除名、辞退和辞职、离职、社会保险、劳动报酬等发生的争议有关，在以上法定争议类型之外的处分行为将无法进行仲裁。《人事争议处理规定》第 36 条进一步将考核、职务任免、职称评审等发生的人事争议排除在仲裁的范围之外，因此该类型的人事争议更无法通过诉讼得以救济。

撤职、开除、按自动离职处理、单方解除合同、违规不续聘一般作为法律规定中的“辞退”对待，可以直接根据法定的受案范围予以仲裁，若对仲裁不服，可提起民事诉讼。取消其在评奖评优、职务晋升、职称评定、岗位聘用、工资晋级、干部选任的资格、降低岗位等级等处分行为，因为涉及劳动报酬，因此也在法定的受案范围内。批评教育、诫勉谈话、责令检查、通报批评等处分行为，并不在法定范围内，但可以解释为“履行合同发生的争议”从而纳入仲裁范围。但也存在部分法院认为不属于受案范围而不予受理的情况。例如，存在个别法院将罚款、取消工资晋级等处分行为认为是高校内部管理行为而不予受理。由此可见，现实中对于涉及教师身份改变或者与劳动报酬有关的处分行为均可以提起仲裁，由此进入诉讼程序，而对于“批评教育、诫勉谈话、责令检查、通报批评”等处分行为，也可能通过解释为“履行合同过程中的争议”纳入受案范围。由于法律规定的模糊性给予了法官自由裁量权的空间，其对于受案范围认知的不同，也存在不予受理调岗、批评等争议的情况。但笔者认为，调岗、降低岗位等处分行为，直接对教师的劳动权、财产权造成影响，也应当允许其通过最后的救济渠道——诉讼维护权益。建议通过法律或者司法解释明确将此类处分行为纳入受案范围，防止法官因自由裁量导致同案不同判的情形发生。此外，根据法律明文规定，考核不能纳入司法救济，根据《立法法》第 8 条的规定，诉讼和仲裁制度只能

---

① 《劳动争议调解仲裁法》第 2 条规定：“中华人民共和国境内的用人单位与劳动者发生的下列劳动争议，适用本法：……（二）因订立、履行、变更、解除和终止劳动合同发生的争议；（三）因除名、辞退和辞职、离职发生的争议；（四）因工作时间、休息休假、社会保险、福利、培训以及劳动保护发生的争议；（五）因劳动报酬、工伤医疗费、经济补偿或者赔偿金等发生的争议；（六）法律、法规规定的其他劳动争议。”《事业单位人事管理条例》第 37 条规定：“事业单位工作人员与所在单位发生人事争议的，依照《中华人民共和国劳动争议调解仲裁法》等有关规定处理。”

制定法律规定，但《事业单位人事管理条例》将考核排除在仲裁与诉讼受案范围外，存在越权规定诉讼和仲裁之嫌。考核结果作为处分行为作出的直接依据，涉及教师的工资与绩效扣发，应当保留司法救济的渠道。

（二）法律适用

通过对相关判决梳理可发现，聘用合同法律适用上包括了劳动规范和人事规范。在人事规范中，多次引用低层级的法律规范作出判决，如《全民所有制事业单位辞退专业技术人员和管理人员暂行规定》《关于印发〈事业单位试行人员聘用制度有关问题的解释〉的通知》等。这些规范属于部门规章、规范性文件和地方规章，无法直接作为法律裁判的依据。根据《劳动合同法》第96条的规定，适用人事规范而非劳动规范的前提是，该人事规范为“法律、行政法规或者国务院另有规定的”。从法律层级来看，人事规范中除了《事业单位人事管理条例》《关于在事业单位试行人员聘用制度的意见》外均不满足此要求。若《事业单位人事管理条例》《关于在事业单位试行人员聘用制度的意见》之中未规定的事项，即应该适用劳动法律规范作出裁判。但司法实践中存在将《事业单位人事管理条例》《关于在事业单位试行人员聘用制度的意见》之外的低层级规章文件中规定的程序作为判定高校处分行为合法性的标准之一。实际上这些低层级的文件，其出台的目的为“为完善人事管理制度”“为规范事业单位工作人员的行为”，其价值导向上更倾向于高校管理权及公共利益的实现，不利于教师合法权益的保护。此外，从规范效力而言，根据《最高人民法院关于裁判文书引用法律、法规等规范性法律文件的规定》第6条的规定，[①] 对于部门规章、规范性文件和地方规章可作为裁判说理的依据，而不能作为裁判的依据。司法实践中，对于处分权引起的争议法律适用存在违反准用性条款和最高人民法院司法解释之嫌。为保证法制的统一，对于低层级的法律规范的适用，应当予以必要限制，只能作为裁判说理的依据。

---

① 《最高人民法院关于裁判文书引用法律、法规等规范性法律文件的规定》第6条规定：“对于本规定第三条、第四条、第五条规定之外的规范性文件，根据审理案件的需要，经审查认定为合法有效的，可以作为裁判说理的依据。”

（三）对于校规的处理

在人事管理中，学校规章是对教师管理的直接依据，但在司法实践中其法律效力如何，相关法律规范没有作出规定。从现有案例来看，有的法院将校规作为证据，如赵某义诉陕西服装工程学院案，[①] 该判决中认为高校未出具具备合法要件的规章以证明教师存在违反制度的行为，从而将承担不利后果。而更多的案件将其校规作为判决说理的依据，如杜某书诉首都科技大学案、[②]廉某华与延边大学人事纠纷案。[③]“双方签订停薪留职合同书时所依据的《延边大学关于教职工停薪留职的暂行规定》，虽是延边大学制定的内部规章制度，但因不存在违反法律、法规的内容，故对双方具有法律约束力。”校规在司法实践中如何认定其效力，现行法律法规并没有规定，有的将其作为证据，有的作为说理依据，均由各地法院自己决定。对于校规的合法性审查具有合理性，但这种监督仍然依赖于法官自由裁量，尚缺乏相关标准予以规定，这不仅与司法的权威性与法律统一性相悖，也不利于教师权益的保护。基于劳动关系和人事关系的并轨趋势，现行《劳动法》《劳动合同法》及相关司法解释可适用于校规之上。《劳动法》第 4 条规定，用人单位应当建立完善规章制度，[④]《劳动合同法》第 4 条，对于规章制度的制定内容、程序作出了具体的明确，[⑤]《最高人民法院关于审理劳动争议案件适用法律问题的解释（一）》第 50 条规定，满足法定条件的规章制度可以作为确定双方权利义务的依据。[⑥]

---

① 参见陕西省咸阳市中级人民法院（2014）咸中民终字第 01169 号民事判决书。

② 参见北京市高级人民法院（2015）二中民终字第 01255 号民事裁定书。

③ 参见陕西省西安市碑林区人民法院（2014）碑民初字第 00386 号民事判决书。

④ 《劳动法》第 4 条规定：“用人单位应当依法建立和完善规章制度，保障劳动者享有劳动权利和履行劳动义务。”

⑤ 《劳动合同法》第 4 条规定：“用人单位应当依法建立和完善劳动规章制度，保障劳动者享有劳动权利、履行劳动义务。用人单位在制定、修改或者决定有关劳动报酬、工作时间、休息休假、劳动安全卫生、保险福利、职工培训、劳动纪律以及劳动定额管理等直接涉及劳动者切身利益的规章制度或者重大事项时，应当经职工代表大会或者全体职工讨论，提出方案和意见，与工会或者职工代表平等协商确定。在规章制度和重大事项决定实施过程中，工会或者职工认为不适当的，有权向用人单位提出，通过协商予以修改完善。……”

⑥ 《最高人民法院关于审理劳动争议案件适用法律问题的解释（一）》第 50 条规定：“用人单位根据劳动合同法第四条规定，通过民主程序制定的规章制度，不违反国家法律、行政法规及政策规定，并已向劳动者公示的，可以作为确定双方权利义务的依据。”

结合《劳动合同法》第96条的规定，人事规范中无法找出关于高校规章是否可以作为裁判依据的相关内容，因此可以参照劳动法律规范的相关内容对于高校规章参照适用。于此，作为高校作出处分行为依据的校规被置于司法监督之下，既能对校规制定程序、内容进行监督，防止高校既当裁判员又当运动员导致权力的恣意行使，也能尊重校规在司法裁判中的效力，有利于将校规纳入法制的轨道。

在当前双一流建设时期，一些教师为了更好地发展前景寻求辞职，一些高校为了维持人才队伍的稳定，通过服务期、违约金、扣押人事档案等方式避免教师“跳槽”。如果对教师的辞职权不作限制，宽松的权利行使条件将会损害高校利益及社会的公共利益；如果对双方约定不作限制，则会侵害教师的劳动权利，在两者的冲突之间，司法机关必须建立公益与私权相对平衡的理念。公共利益虽然具有优先性，为保证单位的正常运行以发挥其公共职能，需要对个人的劳动权利进行一定限制，但公益不能完全无视、压制私人权利，对私权的限制应当遵循比例原则，即限制权利必须具有正当性基础、必要性要求，限制的方式必须考虑到多方利益的均衡，于合理的范围内对私人权利进行允许的轻微损害，维持公益与私权的相对平衡。在教师辞职权争议中，首先应当尊重教师的合法权利，再允许高校从公共利益的角度出发，通过双方约定的方式对教师权利作出合理的限制，保证教师行使辞职权不影响公共服务的正常运行。在评价《事业单位人事管理条例》第17条中双方“另有约定”时，司法机关应当以公共服务的正常运行作为公益与私权平衡点，根据争议的具体情形维持公益与私权的动态平衡，保证高校教师辞职制度的公平正义。

第五章　高校聘用合同纠纷案例研究

“良禽择木而栖”，由于各种因素，包括各高校所处的区位、学校发展水平、人事政策等方面的差异，各高校之间的人才流动趋势正在加剧，特别是在中西部地区的高校，人才流失问题严重。随着教师聘任制改革的深入，聘用合同在高校人事管理中发挥了重要作用。2014 年颁布的《事业单位人事管理条例》对聘用合同进行了规定，虽然填补了聘用合同的立法空白，但并未明确聘用合同的性质和法律效力范围。人才合理流动是人才成长和社会经济发展的客观需要，是科学技术现代化和教育迅速发展的客观要求。近年来，随着人才流动性的增加，与其相伴的人才违约现象也呈现上升趋势，究其原因：一是高层次人才供需矛盾突出，人才绝对短缺严重；二是用人制度的区域差异增大，经济相对发达地区的用人机制与经济相对落后地区形成鲜明对比；三是利益驱动引导人才流动，市场和“薪水”像一只无形的手在调控着人才的流向；四是国际人才流动的大环境影响和引导我国的人才流动；五是原用人单位不能按约定提供人才成就事业的软硬件条件，人才不能充分发挥其应有作用。

另外，高校教师辞职权与高校传统的人事管理制度之间的冲突也在加剧，甚至有网友调侃“高校教师辞职难，难于上青天”。因此，解决高校与教师之间频繁发生的人事争议，深入挖掘高校人事争议案件频繁出现的现实和立法、司法困境，进而探寻规范高校人才合理流动的有效路径，就显得尤为重要。这不仅有助于解决当前高校与教师之间的人事争议问题，而且也有助于完善高校人事管理制度，更好地推动高校的发展和进步。本章节以中国裁判文书网为检索工具，输入全文检索关键词“教师”，法律依据搜索“事业单位人事管理条例”，收集了诸多高校人事争议典型案件，并基于收集到的典型案例，尝试梳理类案的主要矛盾点和法院在处理高校人事争议案件中裁判观点，并对这些观点进行审慎的讨论与反思。

第一节 高校聘用合同纠纷概况

近年来，我国高等教育得到极大的扩展和繁荣，从全国范围来看，普通高等教育院校及其教职员工的数量都在多个层面实现跨越式增长。具体来看，截至 2023 年 6 月 15 日，全国高等学校共计 3072 所，其中：普通高等学校 2820 所，含本科院校 1275 所、高职（专科）院校 1545 所；成人高等学校 252 所。① 截至 2022 年 12 月 29 日，全国普通高等教育教职工总数达到 278.56 万，其中专任教师数量达到 188.52 万。② 对于公立高校而言，与主任教师之间往往建立的是人事关系。如果由于人事管理问题产生争议，主要的解决路径是通过高校内部争议解决机构或外部仲裁机构进行处理。然而，在高校内部争议解决机构和外部仲裁机构均无法达成决议的情况下，应当遵循“司法最终解决”原则，由人民法院进行司法裁决。通过统筹分析高校人事争议的司法裁决，我们能够发现高校与教师之间人事关系的存续或解除阶段存在的问题，这一方面能够反哺当前高校与教师之间聘用合同立法的缺位，另一方面对于高校在新的环境下适应人事管理要求、改进人事管理具有一定程度上的启示价值。

截至 2023 年 12 月，笔者在中国裁判文书网以“关键词：高校、教师；案由：劳动争议、人事争议”为检索条件，共检索出民事裁判决文书 506 篇。其中，由高级人民法院作出的有 2 篇，中级人民法院作出的有 206 篇，由基础人民法院作出的有 298 篇。对 168 份高校人事争议判决书作为有效样本开展实证研究，可以从有限的样本数据管窥高校人事争议司法救济中所呈现出的地域分布广泛、数量逐年递增、教师起诉居多、诉讼案由集中和裁判结果

---

① 《全国高等学校名单》，载教育部官网，http：//www. moe. gov. cn/jyb_ xxgk/s5743/s5744/A03/202306/t20230619_ 1064976. html。

② 《高等教育学校教职工情况》，载教育部官网，http：//www. moe. gov. cn/jyb_ sjzl/moe_560/2021/quanguo/202301/t20230103_ 1037961. html。

多元等一般特征。

一、案件地域分布较为广泛

高校人事争议的数量与高校在不同地域的分布数量不无关系。一般而言，高校布局数量与人事争议数量有一定的关联，高校分布数量较大的地区，人事争议的数量越大；经济体量大、活跃度越高的地区，产生人事争议的概率也越大。对506个判决书样本进行统计分析，从样本所反映的省份分布情况看，基本可以印证上述判断（见图5-1）。

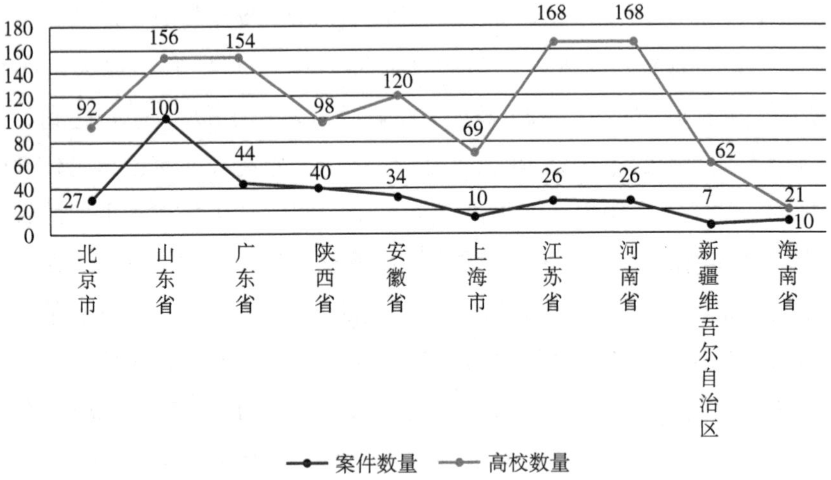

图5-1　人事争议案件数量地域分布

根据中国裁判文书网检索显示，高校人事争议案件分布于全国27个省（市、自治区），图5-1结合地域、经济、高校数量等方面选取了10个具有代表性的地区进行数据分析，结果显示各地区高校人事争议案件的数量分布与各地区高校数量基本呈正相关分配，高校数量分布越多的地区，人事争议数量越多，反之亦然。就经济活跃度、经济体量与人事争议之间的关系，由图5-1可以看出，排除不同地区高校契约差异、法治化理念差异等因素，经济活跃度高、经济体量大的省份，如江苏、广东、上海等地区，高校人事争议数量明显多于其他地区，这也反映出经济的市场化程度对高校及高校教师在社会观念、契约精神、法治思维等方面具有较大影响。

二、案件数量整体呈上升趋势

由图 5－2 可以看出，以 2014—2023 年 10 年间的高校人事争议案件数量为样本，除部分年度出现短暂回落，我国高校人事争议案件数量整体呈上升趋势（见图 5－2）。

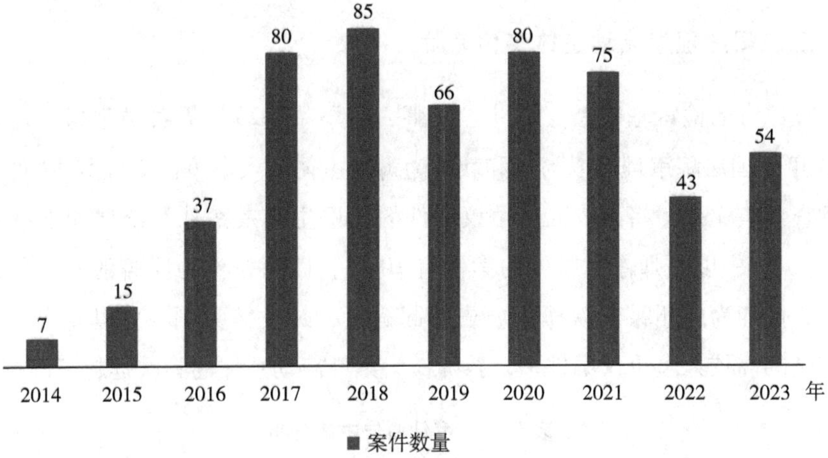

图 5－2　案件数量年度分布

其实，不仅是高校人事争议，近年来，我国劳动争议案件数量总体都呈现增长趋势。现有研究从宏观经济社会背景、劳动关系系统和工作单位微观层面给出了多种解释。从宏观经济社会背景看，劳动争议案件发生的数量、频率与经济转型程度、经济发展水平呈显著正相关关系，如在国家经济下行时，企业会裁员、降薪、停止招聘等，从而导致劳动争议案件增多。① 在高校人事争议案件中，还表现出在东西部地区高等教育资源存在差异化配置的情况下，高校专业技术人员跨单位、跨地域流动愈加频繁，特别是中西部地区的高校教师流向东部发达地区的趋势更加明显，因此导致的高校人事争议数量也在不断增加。我国近年来针对劳动争议案件进行多措并举的治理并取得一定成效，但每年劳动争议案件的数量依然较多。于劳动关系本身而言，劳动关系具有多方参与的属性，容易出现双方主体地位失衡的现象，具体到高

① 王智鬼、赵继伦、于桂兰：《我国劳动争议案件数量增长状况与原因——基于 1991—2016 年相关数据的实证分析》，载《山东大学学报（哲学社会科学版）》2020 年第 5 期。

校人事争议为高校与聘用教师之间主体地位的不平衡。且由于我国劳动关系多样化、劳动法规不完善、劳动者维权意识增强等多重因素，加速了劳动争议案件数量的增长。

因此，可以说即便所抽取的样本数量具有一定的局限性，但并不影响高校人事争议案件数量呈逐年增加趋势这一基本判断。

三、司法程序启动主体多为教师

在原有的检索基础上，加以“民事一审”“2023”等关键字样，检索出2023年我国法院审理的以高校和教师为诉讼主体的人事争议案件共17件，通过翻查判决文书，将高校人事争议案件的诉讼主体及案件号统计如下（见表5-1），其中以教师作为原告的案件有10件，以高校作为原告的有7件，且其中3件均为广州某学院作为原告提起诉讼，为类案类判，可以看出，在同一年度的高校人事争议案件中，教师作为案件启动主体的频次远超于高校。

表5-1　案件原告主体分布

主体分布	案件数量/件	案件号
教师原告	10	（2023）黑0691民初2359号；（2023）粤0114民初2224号、2968号；（2023）京0114民初14916号；（2023）宁0202民初674号；（2023）粤0114民初2110号、2970号；（2023）陕0111民初8771号；（2023）渝0102民初5254号；（2023）粤0114民初1411号；（2023）新3201民初510号；（2023）粤0114民初2111号、2963号
高校原告	7	（2023）粤0114民初2966号；（2023）粤0114民初2971号、3407号；（2023）粤0114民初2969号；（2022）甘0103民初1653号；（2023）陕0111民初9292号；（2022）陕0111民初14230号

高校教师主动提起的人事争议案件，大多是因为主动或被动离职而提起，特别是在高校对高层次人才竞争渐趋白热化的背景下，因高校间资源分配不均衡和地域间资源分布不均衡导致高校教师流动性加大，加之高校人事管理法治化、契约化、规范化程度不足，高校对人事争议司法解决存在“厌诉”甚至“惧诉”的惯性，导致高校教师在自身诉求得不到满足时主动寻求司法

救济提起民事诉讼也就成为必然。

四、案件诉讼案由较为集中

最高人民法院于2021年新修订的《民事案件案由规定》将人事争议的范围界定为人事争议聘用合同纠纷、聘任合同纠纷、辞职纠纷和辞退纠纷等四类。在前述选取的案件中，部分案件即存在两种及以上纠纷重叠的情况，但全部都涉及辞职纠纷与辞退纠纷，为方便进行统计和整理，将全部案件均以辞职纠纷或辞退纠纷进行区分（见表5-2）。

表5-2 人事争议案由分布

人事争议案由	案件数量/件	案件号
辞职纠纷	8	（2022）甘0105民初2504号；（2022）甘0103民初1653号；（2023）京0114民初14916号；（2023）宁0202民初674号；（2022）陕0111民初14230号；（2023）渝0102民初5254号；（2023）新3201民初510号；
辞退纠纷	9	（2023）黑0691民初2359号；（2023）粤0114民初2966号；（2023）粤0114民初2971号、3407号；（2023）粤0114民初2969号；（2023）粤0114民初2224号、2968号；（2023）陕0111民初9292号；（2023）粤0114民初2110号、2970号；（2023）陕0111民初8771号；（2023）粤0114民初1411号；（2023）粤0114民初2111号、2963号

随着高校对高层次人才竞争的加剧和高校教师流动性的增强，因聘用协议履行和主动离职引发高校人事争议的比例越来越高，其中部分案件是由于高校委托培养的高层次人才在具备一定的竞争优势后单方面解除聘用合同发生争议而涉诉，以（2022）陕0111民初14230号、（2023）新3201民初510号等案件为典型代表。同时，在全面从严管理和强化师德建设的大背景下，因高校教师违法、违反职业道德和职业纪律而导致的辞退纠纷案件也占据了相当比例，比如在（2023）粤0114民初2966号；（2023）粤0114民初2971号、3407号；（2023）粤0114民初2969号；（2023）粤0114民初2224号、2968号一类案件中，均为考核不合格导致的辞退纠纷。由此看出，在高校人事争议案件中，起诉案都相对集中，这也反映出在高校人事管理工作中应当

关注和规范的重点。

五、案件裁判结果多元

如前所述，在检索到的高校人事争议案件中，起诉主体既包括高校，也包括教师，且教师占比相对较高。对于辞聘类案件，一种是因教师自身条件的改善，比如有教师完成读博、出国访学等进修培训，或获得更高层级的“人才头衔”后，在学术劳动力市场获得更高程度的优势后向所属院校提起辞职；另一种可能是由于因教师在工作中出现违背职业道德和职业纪律而导致的辞退。在所选取的17个案件样本中，有关辞职纠纷的案件数量8件，其中教师胜诉案件数量4件，占比50%；有关辞退纠纷的案件数量9件，其中教师胜诉案件数量9件，占比100%。从这两种案件中的裁判结果来看，整体上教师的胜诉率相对较高，但也面临一定的败诉风险，可以说，在高校与教师之间的人事争议案件中并无完全的强势主体。不过仍然可以通过案件的裁判结果看出，在司法实践中，司法机关仍然在高校辞职、辞退等涉及身份关系的人事争议解决中更倾向于对高校教师权益的保护，比如有关辞退纠纷的案件中，教师的胜诉率达100%，排除选取样本的巧合性因素，更加反映出的是在劳动争议案件中对弱势一方保护的法治理念（见表5-3）。

表5-3 教师胜诉案件数量

人事争议案由	案件数量	教师胜诉案件数量	教师胜诉案件号
辞职纠纷	8	4	（2022）甘0105民初2504号； （2022）甘0103民初1653号； （2023）京0114民初14916号； （2023）宁0202民初674号
辞退纠纷	9	9	（2023）黑0691民初2359号； （2023）粤0114民初2966号； （2023）粤0114民初2971号、3407号； （2023）粤0114民初2969号； （2023）粤0114民初2224号、2968号； （2023）陕0111民初9292号； （2023）粤0114民初2110号、2970号； （2023）陕0111民初8771号； （2023）粤0114民初2111号、2963号

除此之外，也从侧面映射出部分高校人事管理工作的非规范性，人事管理既关乎高校事业发展，更与教师切身利益息息相关，要求高校人事管理人员具有较强的政策性和专业性，但从高校人事管理的实践看，从事人事管理的高校工作人员并非均具备人事管理的专业技能和规范管理的基本素养，而这种基本素养的缺失极易引发人事争议，从而导致高校在争议发生后因政策把握、文档制作、合同管理等工作环节不规范而处于被动地位，出现因政策法规理解错误甚至文档制发错误引发争议的情形，或者出现因合同等文件管理不规范导致涉诉案件缺乏证据而败诉的情形。部分案件中，就出现了因文件管理不规范、证据意识不强导致涉诉后提供证据不充分的情况并非少见，甚至部分高校因证据不充分而引发了败诉风险。此外，高校在人事管理工作中忽视程序正当性，工作程序不规范，也极易引发管理行为效力上的争议，最终在司法程序中被作出否定性评价。如部分高校辞退、解聘教师的决定，未能依照程序作出或送达，存在程序违法情形，在司法裁判中被人民法院以程序不合法为由判决败诉。

第二节　高校人事争议案件裁判基础

一、高校人事争议案件裁判理论基础

理论界对人事争议案件的价值理念遵循见仁见智，“公益优先原则”“向劳动者倾斜的单方保护理念”“契约自由理论”始终居于主导地位。

（一）公益优先原则

高等院校属于公益二类事业单位，承担着国家人才培养和科研开发的重任。因此，长期以来国家对事业单位采取类似于行政机关的管理模式。多数学者认为，“公益服务领域内的职工合法权益，将必然受到来自于公益保护的影响或限制”。也就是说，当社会公益的维护与个人私权产生冲突的时候，个人私权应让位于社会公益。如《事业单位人事管理条例》第 17 条规定：“事业单位工作人员提前 30 日书面通知事业单位，可以解除聘用合同。但是，双

方对解除聘用合同另有约定的除外。”即法律赋予高校教师享有和普通劳动者一样的预告辞职权，但基于公益维护的需要立法将教师的单方辞职权通过约定的形式予以了限制。同时也说明，权利的受限范围是由双方通过约定的形式协商确定的，体现了民法的意思自治和契约自由原则。实践中，对于人事争议案件的审理，司法机关相对比较保守，多数时候会考虑审理结果带来的社会影响，进而回避人事关系的审理。

（二）向劳动者倾斜的单方保护理念

多数学者认为，高校教师利用其专业技能为用人单位提供服务，用人单位支付报酬，因此高校教师在本质上仍属于劳动者。高校教师基于聘用合同与用人单位建立的权利义务关系理应由劳动合同法进行调整。但笔者认为，聘用合同与劳动合同所遵循的司法价值理念应有所区别。劳动合同法假定：“市场经济条件下，用人单位居于强势地位，劳者处于弱势地位，劳动者为了生存所迫与用人单位签订劳动合同并非其真实意思表示，此时的契约是不自由的，是形式平等掩盖下的实质不平等。因此，迫切需要法律天平向劳动者倾斜，以促进实质公平正义的实现。”因此，劳动合同虽是劳动者与用人单位之间的契约，但已通过国家行政权力的干预和限制，对“契约自由”进行了修正，遵循的是“向劳动者倾斜”的单方保护理念。然而随着高校人才竞争的逐渐白热化，高校教师特别是作为高校核心竞争力决定要素的高层次人才无序流动的状况愈加突出，高层次人才与高校之间的关系也发生了深刻变化，从传统的行政主导下的隶属关系转化为平等的契约关系，并进而演化为高层次人才占据优势地位的新型关系。在传统隶属关系之下，高校可以通过行政手段管控人才无序流动风险，在平等契约关系中，高校与高层次人才签订聘用合同，以契约方式规范高校与高层次人才之间的权利义务关系，但基于聘用合同发生的争议，则适用《劳动合同法》予以解决，特别是在高层次人才基于《劳动合同法》侧重保护劳动者而享有单方解除聘用合同的权利时，违反聘用合同而基本无须承担责任的情形频繁发生则在情理之中，即使在高校付出较大人力资源成本委托培养的高层次人才违约，其所付出的违约成本也仅及于培训费用，其他成本则无法成为违约责任承担的基础，可见，此类聘用合同在本质上属于类劳动合同，而非民法意义上的契约，高校与高层次人才之间的关系并非真正意义上的契约关系，契约化程度严重不足。而在高校对高层次人才竞争白热化的时代，高层次人才的地位相较于高校的用人需求而言，非但居于弱势，相反，高层次人才实质上占据了优势地位，此时依然遵循“侧重保护劳动者”的原则而赋予高层次人才相对优势的权利，则在制度上鼓励了高层次人才的无序流动，催生了高校人事争议的发生。从研选的案例也可以看出，高校教师利用学校提供的人才孵化平台进行学历提升和职称晋升后，不顾诚信和道德约束，擅自撕毁契约，给用人单位带来较大损失，引发的争议较多。因此，沿用劳动合同法的思路，采用“向劳动者倾斜的单方保护”模式显然不能适用高校教师聘用问题。

（三）契约自由理论

英国的法律史学家梅因曾提出经典论断：“所有进步社会的运动，到此处为止，是一个从身份到契约的运动。”计划经济时代，高校教师对用人单位的人身依附性很强，高校教师的任命、晋升、工资福利、退休管理等都适用国家干部管理的一系列政策法规。教师聘任制下，高校与教师之间的平等协商关系逐渐增强，双方可以通过聘用合同的形式就聘任期限、聘期任务、解聘程序等内容进行协商确定。因此，部分学者认为，高校教师聘任制改革，实质上就是打破高校传统体制下的终身雇佣管理模式，建立以聘用合同为基础的契约式管理模式，促使高校与教师可以通过平等对话的形式确定双方之间的权利义务关系。因此，“契约自由”原则应是事业单位人事制度改革之初就赋予聘用合同的价值理念。事实上，高校教师的社会地位和职业安全性较之于劳动者依然很高，一定程度上拥有和用人单位进行平等对话的权利，“契约自由原则”可以同时兼顾高校与教师之间的双重利益。

二、高校人事争议案件裁判法律基础

《事业单位人事管理条例》是我国现行位阶最高的有关事业单位人事争议处理方法的行政法规，在一定程度上填补了人事争议实体立法的空白，[①] 不

---

① 顾永景、顾骥：《高校人事争议的处理规则及相关疑难问题研究——以裁判文书网中高校教师跳槽引发的人事争议案件为分析样本》，载《淮阴师范学院学报（自然科学版）》2019 年第 4 期。

过，在司法审判实践中，该项法规作为裁判依据的使用频率仅在50%左右。而与劳动合同相关的《劳动法》《劳动合同法》《劳动争议调解仲裁法》《关于在事业单位试行人员聘用制度的通知》以及最高人民法院出台的相关司法解释或答复等在司法审判中却具有较高的援引比例。这反映出两方面问题：

一是《事业单位人事管理条例》在发挥统领作用的效果并不显著。国务院于2014年正式颁布了《事业单位人事管理条例》，是我国现行位阶最高的人事方面的行政法规，填补了人事争议实体法的立法空白。其内容涵盖了事业单位内部的岗位设置、事业单位的公开招聘和竞聘上岗以及聘用合同、内部的考核与培训、奖励与处分、员工的工资福利与社会保险以及人事争议的处理办法等内容。《劳动合同法》第96条规定：“事业单位与实行聘用制的工作人员订立、履行、变更、解除或者终止劳动合同，法律、行政法规或者国务院另有规定的，依照其规定；未作规定的，依照本法有关规定执行。”《最高人民法院关于人民法院审理事业单位人事争议案件若干问题的规定》第1条规定：“事业单位与其工作人员之间因辞职、辞退及履行聘用合同所发生的争议，适用《劳动法》的规定处理。”根据文义解释，事业单位与工作人员之间因解除人事关系、履行聘用合同发生的争议属于人事争议，于当前的法律体系中，司法机关在审理事业单位人事争议案件的处理原则为有特殊规定的适用特殊规定，没有特殊规定的参照适用《劳动合同法》，因此《事业单位人事管理条例》《关于在事业单位试行人员聘用制度的意见》具有优先于劳动合同法适用的效力，同理，根据《最高人民法院关于事业单位人事争议案件适用法律等问题的答复》和《最高人民法院关于人民法院审理事业单位人事争议案件若干问题的规定》第1条规定：事业单位与其工作人员之间因辞职、辞退及履行聘用合同所发生的争议，适用《劳动法》的规定处理。即审理事业单位人事争议案件的程序适用《劳动法》的相关规定，对事业单位人事争议案件的实体处理应当适用人事方面的法律规定，但涉及事业单位工作人员劳动权利的内容在人事法律中没有规定的，适用《劳动法》的有关规定的精神。

因此，《劳动法》《劳动合同法》等法律在该类案件中承担了补强作用，然而在现实的司法裁判中，该条例作为事业单位在管理人事方面的基本制度，却因规定过于原则和笼统，在司法实践中并不能充分发挥其裁判依据的作用，

《劳动法》则作为司法审判中的重要裁判依据。2002 年 7 月，国务院办公厅转发原人事部的《关于在事业单位试行人员聘用制度意见的通知》也存在同样的问题，同时该文件还存在层级较低的问题。

二是事业单位人事争议案件缺乏可统一适用的法律规定。我国没有制定专门调整事业单位与工作人员用人关系的法律，相关行政法规是《事业单位人事管理条例》，以及国务院制定的政策文件《关于在事业单位试行人员聘用制度的意见》。同时，对于事业单位人事争议能否适用《劳动法》《劳动合同法》等劳动关系相关法律一直存在争议，2010 年 7 月颁布的《国家中长期教育改革和发展规划纲要（2010—2020 年）》明确指出要“坚持教育的公益性和普惠性”。如前文所述，高校聘用合同与劳动合同具有较强的相似性，但不同于普通的劳动合同，教育行业具有公益性的本质属性。反对者认为事业单位具有特殊性，有编制、有财政拨款，科、教、文、卫等事业单位具有一定的公益性，事业单位的管理机制近似于国家机关，与企业运行和管理模式大不相同。支持者认为，公益性并不能成为排斥事业单位适用《劳动法》《劳动合同法》等相关法律的理由。我国部分国有企业以保障民生、服务社会、提供公共产品和服务为主要目标，同样具有一定的公益性，而具有公益性的国有企业，并没有因其公益性而豁免《劳动法》的适用。同理，具有公益性的事业单位也不应排斥《劳动法》的适用。除此之外，从《民办教育促进法》第 3 条可知：“民办教育事业属于公益性事业，是社会主义教育事业的组成部分。”而司法实践中，民办学校没有因为其公益性而排除适用《劳动法》，民办学校与教师之间的劳动争议依然适用《劳动法》《劳动合同法》处理。①

三是对于高校与教师之间聘用合同产生纠纷的法律责任界定不明晰。教师在服务期内辞职或申请调离，是高校人事争议案件中较为常见的纠纷类型。在目前的人事领域法律法规中，在《劳动合同法》第 22 条中对服务期的约定条件有了较为详细的规定，即用人单位为劳动者提供专项培训费用，对其进行专业技术培训的，可以与该劳动者订立协议，约定服务期。劳动者违反服务期约定的，应当按照约定向用人单位支付违约金。违约金的数额不得超过

---

① 张家宇：《事业单位解聘权的法理基础与规则构建》，载《河南财经政法大学学报》2023 年第 4 期。

用人单位提供的培训费用。用人单位要求劳动者支付的违约金不得超过服务期尚未履行部分所应分摊的培训费用。《事业单位人事管理条例》仅在第12条中作出了事业单位与工作人员订立的聘用合同，期限一般不低于3年的规定。而在《关于在事业单位试行人员聘用制度意见的通知》中则是在第4条规范聘用合同的内容有所涉及，规定了聘用合同分为短期和中长期合同以及以完成一定工作为期限的合同。在人事争议纠纷相关的立法中对于服务期的规定过于概括和笼统，简单将服务期的选择权交给合同签订的双方，因此其参考性非常有限（见表5-4）。

表5-4　高校人事争议案件裁判法律基础

争议类型	效力位阶	法规名称	法条内容
辞聘纠纷	法律	《高等教育法》	第37条：高等学校根据实际需要和精简、效能的原则，自主确定教学、科学研究、行政职能部门等内部组织机构的设置和人员配备；按照国家有关规定，评聘教师和其他专业技术人员的职务，调整津贴及工资分配。
辞聘纠纷	法律	《劳动合同法》	第2条：中华人民共和国境内的企业、个体经济组织、民办非企业单位等组织（以下简称用人单位）与劳动者建立劳动关系，订立、履行、变更、解除或者终止劳动合同，适用本法。国家机关、事业单位、社会团体和与其建立劳动关系的劳动者，订立、履行、变更、解除或者终止劳动合同，依照本法执行。 第96条：事业单位与实行聘用制的工作人员订立、履行、变更、解除或者终止劳动合同，法律、行政法规或国务院另有规定的，依照其规定；未作规定的，依照本法有关规定执行。
辞聘纠纷	行政法规	《事业单位人事管理条例》	第17条：事业单位工作人员提前30日书面通知事业单位，可以解除聘用合同。但是，双方对解除聘用合同另有约定的除外。

续表

争议类型	效力位阶	法规名称	法条内容
因服务期违约产生的纠纷	法律	《劳动合同法》	第22条：用人单位为劳动者提供专项培训费用，对其进行专业技术培训的，可以与该劳动者订立协议，约定服务期。 劳动者违反服务期约定的，应当按照约定向用人单位支付违约金。违约金的数额不得超过用人单位提供的培训费用。用人单位要求劳动者支付的违约金不得超过服务期尚未履行部分所应分摊的培训费用。用人单位与劳动者约定服务期的，不影响按照正常的工资调整机制提高劳动者在服务期期间的劳动报酬。
因服务期违约产生的纠纷	行政法规	《事业单位人事管理条例》	第12条：事业单位与工作人员订立的聘用合同，期限一般不低于3年。 第13条：初次就业的工作人员与事业单位订立的聘用合同期限3年以上的，试用期为12个月。
因服务期违约产生的纠纷	其他规范性文件	《关于在事业单位试行人员聘用制度意见的通知》	第4条：规范聘用合同的内容 聘用合同由聘用单位的法定代表人或者其委托的人与受聘人员以书面形式订立。聘用合同必须具备下列条款： （一）聘用合同期限； （二）岗位及其职责要求； （三）岗位纪律； （四）岗位工作条件； （五）工资待遇； （六）聘用合同变更和终止的条件； （七）违反聘用合同的责任。 经双方当事人协商一致，可以在聘用合同中约定试用期、培训和继续教育、知识产权保护、解聘提前通知时限等条款。 聘用合同分为短期、中长期和以完成一定工作为期限的合同。对流动性强、技术含量低的岗位一般签订3年以下的短期合同；岗位或者职业需要、期限相对较长的合同为中长期合同；以完成一定工作为期限的合同，根据工作任务确定合同期限。合同期限最长不得超过应聘人员达到国家规定的退休年龄的年限。聘用单位与受聘人员经协商一致，可以订立上述任何一种期限的合同。对在本单位工作已满25年

续表

争议类型	效力位阶	法规名称	法条内容
			或者在本单位连续工作已满 10 年且年龄距国家规定的退休年龄已不足 10 年的人员，提出订立聘用至退休的合同的，聘用单位应当与其订立聘用至该人员退休的合同。聘用单位与受聘人员签订聘用合同，可以约定试用期。试用期一般不超过 3 个月；情况特殊的，可以延长，但最长不得超过 6 个月。被聘人员为大中专应届毕业生的，试用期可以延长至 12 个月。试用期包括在聘用合同期限内。聘用单位与受聘人员订立聘用合同时，不得收取任何形式的抵押金、抵押物或者其他财物。
因服务期违约产生的纠纷	法律	《劳动合同法》	第 22 条：同上。 第 23 条：用人单位与劳动者可以在劳动合同中约定保守用人单位的商业秘密和与知识产权相关的保密事项。对负有保密义务的劳动者，用人单位可以在劳动合同或者保密协议中与劳动者约定竞业限制条款，并约定在解除或者终止劳动合同后，在竞业限制期限内按月给予劳动者经济补偿。劳动者违反竞业限制约定的，应当按照约定向用人单位支付违约金。 第 25 条：除本法第二十二条和第二十三条规定的情形外，用人单位不得与劳动者约定由劳动者承担违约金。

第三节　高校人事争议的司法实践

随着我国事业单位体制改革特别是高等教育领域“放管服”改革的推动，高校在人员招录、人员聘任、教师职称评审等方面的人事自主权不断扩大，以往被“形式化”的聘用合同正在成为公立高校自主权行使的实践工具。根据《教师法》《高等教育法》《劳动合同法》《事业单位人事管理条例》等法律的规定，公立高校与教师之间的聘任关系属于一种特殊的劳动关系，该关系以聘用合同的订立为前提和基础，双方签订聘用合同后，方产生教师聘任法律关系，因此，聘用合同在法理上为双方权利义务关系的重要依据。在高校人事自主的实践中，各高校根据自身的特色及定位，业已形成内容丰富、形式多样的聘用合同类型。比如，在清华大学、北京大学等高水平大学中引入了“准聘—长聘”制、合同制专职科研岗、“青年教授”制等新型人事制度，使得教师聘约义务呈现出多元、复杂和趋于严苛的势头。近年来，越来越多的学校（特别是“双一流”建设高校）将新进教师纳入合同制管理，要求其在规定聘期内完成晋升任务，进而订立无固定期合同，而教师对于是否能够晋升高一级职称无法进行稳定预期。除此之外，对于纳入事业编制管理的教师而言，其聘用合同往往涵盖服务期、科研任务量、培训课时等义务，在司法实践中出现过高校以教师不参与培训，履行合同义务等原因提起诉讼，法院判定解除劳动合同的情形，并且，对于在服务期内的教师，主动申请调离或辞职往往会面临承担违约责任的问题，在越来越多高校将服务期作为聘用合同的核心义务背景下，因服务期问题引起的人事争议数量逐渐增加。从搜索到的案例类型来看，依据纠纷发生的原因，大体可以将高校聘用合同的纠纷类型分为，“解聘类”与“非升即走”两种类型。因此，“解聘类”与“非升即走”制度下衍生出的人事争议是当前高校人事体系中存在的较为突出的问题。

本书选取其中6个典型案例作为相关裁判依据，在具体案例的选取上，遵循以下“三个优先”原则：第一，优先选择中国裁判文书网公布的裁判文书；第二，优先选择审判层级较高的裁判文书；第三，优先选择审判日期较近的裁判文书。通过筛选，最终确定（2016）苏02民终4613号、（2020）京03民终10235号、（2020）皖01民终7523号、（2021）辽民申6949号、（2022）辽04民终857号、（2022）云26民终764号共6篇裁判文书，由高级人民法院作出的有1篇，其余5篇均由中级人民法院作出。其中（2016）苏02民终4613号郭某与江南大学人事争议上诉案虽然裁判年份相对较早，但是因为其涉及高校教师聘任“非升即走”制度，具有代表性，故选作示例。

一、高校教师职业自由流动存在阻力

随着高校“双一流”建设与聘任制改革的不断推进，教师聘任的灵活性、教师队伍的流动性不断增强，为了保证高校聘用法律关系与学校师资力量保持相对的稳定，高校在引进和培养教师时通常会在聘用合同中约定有关服务期的条款。而之所以服务期违约产生的人事争议在高校聘用合同范畴下屡见不鲜，正是因为高校聘用合同中的服务期违约其实质是教师流出与高校反流出的权利与权力的博弈，由此，高校聘用合同中的服务期义务及违约责任的约定逐渐成为聘用合同的核心义务。然而法律并没有对教师服务期违约承担何种违约责任进行统一的适用规范，且在高校教师违约责任和赔偿规则方面存在一定体系上的缺漏，导致司法实践中面临对诸多关键性问题的认定模糊、裁判尺度不一的困境。

根据《劳动合同法》第22条“用人单位为劳动者提供专项培训费用，对其进行专业技术培训的，可以与该劳动者订立协议，约定服务期”的规定，是我国劳动立法对服务期违约责任的主要规定，将“出资培训”这一典型事由作为约定服务期的前置条件。可以明确的是，高校须在为高校教师提供专业技术培训时，才能够与高校教师签订服务期的相关条款，然而，对于何种是出资培训，何种为非出资培训，法律并没有明确的界定，且现实中高等学校同教师约定服务期的情况又较为复杂：高校教师利用高校平台或倾斜政策获得高学历、晋升专业技术职务、入选人才支持计划，或享受高等学校提供的包括户口迁移、配偶安置、子女入学等特殊福利待遇后违反服务期协议规定提前申请辞职等。由于缺乏法律的统一规范，法院对于这类情形的认定也参差不齐。

辞聘类诉讼中，高校与教师的利益目标存在严重对立，使得争议不易化解。职业流动对教师来说，意味着更好的平台和发展空间；但对高校而言，则意味着人才流失。因此，多数高校态度消极，高校的管理部或是对教师的辞聘请求置之不理，或是人为设置各种障碍，如扣留教师的人事关系、档案等，阻止教师辞聘。考察具体案例，教师的诉求通常较为理性，如请求校方批准辞职，配合办理档案、人事关系转移等。也有教师“曲线救国”，先赔偿校方损失，待办完手续再起诉要求返还。而反观高校的诉求，则显得留人心切，传统任用制思维痕迹严重。有的高校认为已提供了足够优厚的科研教学条件，满足了教师的职业发展需求，尽到了培训、培养义务，因此教师必须留用；有的认为教师单方解除合同会损害国家、社会公共利益；有的从聘用合同、工作协议、聘任书中找出各种服务期要求，限制教师离职；还有的要求教师给予高额赔偿，如返还安家费、住房补贴、科研启动资金、培训资助金，扣发科研经费等（见表5－5）。

表5－5 高校人事纠纷案例

案例一	湖北××学院与张某人事纠纷案①
起诉主体	湖北××学院
案件概况	2009年7月，被告张某与原告湖北××学院签订聘用合同，被告张某进入原告湖北××学院工作，并被纳入编制内。2016年6月，原、被告签订《委托培养攻读博士学位研究生协议书》，约定：（1）根据乙方申请，经乙方所在部门艺术学院推荐，甲方同意乙方到泰国吞武里大学攻读音乐学业委托培养博士研究生，学习时间为2016年7月至2019年6月，其中2016年7月至2017年6月脱产学习，其他时间不脱产学习；（2）乙方的研究生培养经费200000元，由乙方向甲方分年度借支，并由甲方替代乙方直接汇往培养单位，乙方脱产学习期间，可按照甲方相关规定借支住宿、交通等杂费；（3）乙方应在规定时间内取得博士学历、学位，毕业后回到甲方工作，并服从甲方安排，可享受甲方的在职博士的同等待遇，为甲方服务8年以上，乙方若违反上述规定，未满服务年限而要求调离甲方，则按《湖北××学院关于教职工服务期限及违约责任的规定》文件的相关规定进行处理。2019年12月14日，被告向原告申请辞职，原告不批准被告的辞职请求，被告目前仍继续工作。根据该学校相关规定，委培博士研究生，毕业取得博士学历学位后，博士研究生须为学校服务满8年，未完成服务年限要求调离学校或擅自离职出走者，须返还学校提供的培养费、安家费以及脱产学习期间的工资福利等相关费用。同时，博士研究生须按一定标准向学校缴纳未履行服务期的违约金
判决结果	解除原告湖北××学院与被告H某某之间的聘用关系。被告H某某于本判决生效后10日内返还原告湖北××学院脱产学习期间工资64839.13元
法律依据	《合同法》第60条、《事业单位人事管理条例》第17条、《关于在事业单位试行人员聘用制度的意见》第6条的规定

针对湖北××学院与张某的聘用关系，本案认为，原告为事业单位，原、被告双方所签订的《委托培养攻读博士学位研究生协议书》人事聘用合同，原、被告双方因辞职一事产生的争议属人事争议。依照《事业单位人事管理条例》第17条规定“事业单位工作人员提前30日书面通知事业单位，可以

① 参见湖北省黄石市中级人民法院（2019）鄂02民终238号民事判决书。

解除聘用合同”以及《关于在事业单位试行人员聘用制度的意见》第 6 条中规定“受聘人员提出解除聘用合同未能与聘用单位协商一致的，受聘人员应当坚持正常工作，继续履行聘用合同；6 个月后再次提出解除聘用合同仍未能与聘用单位协商一致的，即可单方面解除聘用合同”，被告的做法符合法定可单方面解除聘用合同的情形。针对湖北 × × 学院要求张某返还学校提供的培养费、安家费等相关费用以及缴纳违约金，本案认为，原告实际向被告脱产学习期间工资 74101. 86 元，经扣除服务年限后为 64839. 13 元。关于原告要求被告支付违约金的诉讼请求，虽然湖理工发（2014）第 132 号文以及原、被告在《委托培养攻读博士学位研究生协议书》中约定了最低服务年限，但未达服务期限的违约责任在法律、行政法规或者国务院均没有明确规定，故对该请求本院依法不予支持。即法院认为，张某应当返还未实际履行服务行为期间的工资，但对于张某未达服务期限的违约责任，不应予以追究。从判决结果来看，在湖北 × × 学院与张某人事纠纷一案中，法院的判决结果更倾向于对张某自由择业权利的保护。不同于这一判决思路，在凌某俊与吉林师范大学劳动争议一案中，法院的判决截然相反。

原告（凌某俊）在攻读博士学位之前与被告（吉林师范大学）达成协议，原告毕业后必须回校工作，并有 5 年服务期。即原告如果想单方解除聘用合同，须在博士毕业后完成 5 年服务期，现原告没有满足双方协议约定的聘用条件。服务期作为有利于公益教育事业健康有序发展的一项约定条款，原告应当履行《教师法》第 8 条规定的“贯彻国家的教育方针……履行教师聘约，完成教育教学工作任务”。最终法院判定原告诉请无事实及法律依据，应依法驳回原告的诉讼请求。

可以看出，这一法院在审判教师“辞聘类”案件中，倾向将服务期作为聘约合同约定的义务，教师在服务期内提出辞聘申请，应当获得学校批准。可以说，对于教师因服务期内辞聘产生的人事争议案件，不同的法院表现出不同的司法立场。《事业单位人事管理条例》第 17 条规定：“事业单位工作人员提前 30 日书面通知事业单位，可以解除聘用合同。但是，双方对解除聘用合同另有约定的除外。”在支持学校服务期规定的案件中，法院往往将服务期的设置纳入“另有约定”之中。与之相反的是，部分支持教师择业自由的案件中，法院则倾向将教师履行工作年限未满服务期看作一种违约行为，即教师在服务期内提出调离或辞职，应当承担的是违约责任，而不是将学校同意教师离职作为前置条件。这种观点既体现在“湖北××学院与张某案”还体现在“淮阴工学院与周某波人事争议案”中，不同的是，两个案件虽裁判结果相同，然而裁判理由却不尽相同，在“湖北××学院与张某案”中，法院之所以没有要求张某承担违约责任，是因为未达服务期限的违约责任在法律、行政法规或者国务院均没有明确规定，故对该请求本院依法不予支持，然而在“淮阴工学院与周某波人事争议案”中，法院对教师职业自由流动的支持更为明显，法院认为，双方签订的协议书不属于对被上诉人的辞职权作限制性约定，因此不属于《事业单位人事管理条例》第17条规定的“另有约定”的情形。

高校通常在三种情形下会与聘用人员在聘用合同中约定“服务期”条款。其一，攻读博士学位协议，即高校同意在校聘用人员申请攻读博士学位，并为其攻读学位提供部分经济资助，但该聘用人员要在取得博士学位后回校服务一定期限。其二，高层次人才引进协议，高校在引进高层次人才时，承诺为其提供安家费、科研资金、购房补贴等一定数额经济资助的同时，要求高校聘用人员必须在校服务一定年限。其三，高级专业技术职务用职资格协议，即高校同意其聘用人员申报高级职称，但该聘用人员要在获得高级职称后为学校服务一定年限，否则要按照约定赔偿未完成年限的违约金。高校进行人才培养需要有较高的投入，而回报往往具有滞后性，这也是高校设置服务期的初衷，以避免人才流失，然而在人才流动性增加，人才竞争日趋激烈的背景下，将这类规定作为聘用合同的核心义务，法院能否直接判定教师继续履行聘用合同是否违背教师自主择业的权利也是尚待思考的问题。而对于服务期的规定，也有教师将其诟病为“霸王条款”。

二、诚实信用原则成为判决依据

诚实信用原则（以下简称诚信原则）最初主要适用于债权法，但近来逐步扩展至其他私法部门，乃至公法、诉讼法领域，逐渐成为君临全部法律体系的“帝王条款”。作为具有“公私融合、私法为主”属性的劳动法亦不例外。我国《劳动合同法》第3条第1款规定：“订立劳动合同，应当遵循合法、公平、平等自愿、协商一致、诚实信用的原则”，但对于何谓诚信以及该原则的具体适用并未说明。早期有学者认为，用人单位与工作人员之间存在信息不对称，因此应将诚信原则的适用范围仅限于用人单位，但当前不论是理论或实践中均要求诚信原则平等适用双方，① 可以说，在当前劳动法领域，对诚信原则在劳动关系中的适用整体呈肯定态度，既表现在立法中，也体现在司法实践当中：《民法典》第 7 条“民事主体从事民事活动，应当遵循诚信原则，秉持诚实，恪守承诺”确立了诚实信用原则在民事实体法中的基本规范地位；《劳动合同法》第 3 条“订立劳动合同，应当遵循合法、公平、平等自愿、协商一致、诚实信用的原则”和第 29 条“用人单位与劳动者应当按照劳动合同的约定，全面履行各自的义务”明确了在劳动合同订立阶段双方所应当遵循诚实信用基本原则，并将其作为劳雇双方行使权利、履行义务的基本准则。而具体到司法审判当中，在高校人事争议案件中，就有基于诚信原则进行的判决，比如（2022）陕 0111 民初 14230 号西安思源学院与郑某劳动争议、（2023）新 3201 民初 510 号杨某和田师范专科学校人事争议等（见表 5－6）。

表 5－6　高校劳动争议案例

案例二	西安××学院（原）与郑某劳动争议案②
起诉主体	西安××学院
案件概况	2011 年 5 月 4 日被告入职原告处从事教师岗位工作。2018 年 5 月 1 日、2021 年 5 月 1 日，原、被告双方两次签订聘用协议，约定聘用期限至 2024 年 6 月 30 日。2018 年 6 月 6 日，陕西师范大学作为甲方、原告作为乙方、被告作为丙方、陕西省教育厅作为丁方，四方签订《少数民族高层次骨干人才计划博士研究生（在职考生）定向协议书》（《四方协议》），约定：甲方录取丙方为 2018 年媒介与社会变迁专业全日制博士研究生，丙方在学习结束离校后，甲方将丙方的毕业证书、学位证书、博士期间档案直接寄送乙方，由乙方安排丙方工作；丙方在甲方的学习结束后，必须回乙方工作，服务年限不少于 8 年……2018 年 6 月 8 日被告填写《西安思源学院教职工进修申请表》，申请进行学习时长为 4 年的博士生进修学习，学习费用 40000 元，原告方在该申请表上签字同意。2021 年 8 月 27 日被告向原告邮寄了辞职信，以个人原因为由申请辞职。原告为被告发放了 2021 年 7 月之前的工资并缴纳了 2021 年 8 月之前的社会保险费及 2022 年 9 月之前的住房公积金。

① 董保华：《劳动立法中道德介入的思辨》，载《政治与法律》2011 年第 7 期。

② 西安思源学院（原）与郑某劳动争议：（2022）陕 0111 民初 14230 号。

续表

	被告申请劳动仲裁，要求确认与原告的劳动关系于2021年8月1日解除、原告支付其绩效工资7200元、原告为其出具离职证明并办理社会保险转移手续。西安市灞桥区劳动人事争议仲裁委员会2022年9月19日作出灞劳人仲案字〔2022〕169号裁决书，裁决：西安思源学院在裁决书生效之日起15日内，为郑某出具解除劳动关系的证明并办理社会保险的转移手续，驳回郑某其余仲裁申请。原告西安思源学院不服提起诉讼，遂形成本诉之争
判决结果	确认被告郑某与原告西安思源学院劳动关系继续存续，原告西安思源学院无须为被告郑某出具解除劳动关系的证明
法律依据	《合同法》第60条、《事业单位人事管理条例》第17条、《关于在事业单位试行人员聘用制度的意见》第6条的规定

表5-7　高校人事争议案例

案例三	杨某与和田师范专科学校人事争议案
起诉主体	杨某
案件概况	2016年9月，原告杨某以人才引进方式到被告专科学校参加工作，2017年10月入编制，2018年9月享受被告专科学校定向培训、对口支援专项计划指标，前往西南大学带薪攻读博士学位。2020年5月19日，原告杨某与被告专科学校订立书面培训协议，载明："一、甲方（专科学校）同意乙方（杨某）攻读西南大学中国古代文化专业元明清方向（委托培养、定向培养、少数民族高层次骨干人才计划、对口支援高校培训计划、援疆博士师资）博士研究生，学制3年，时间为2018年9月至2021年7月；二、甲方每年为乙方承担规定的学费、住宿费，学费由学校分年度报销，住宿费凭培养单位出具的收费凭证报销；攻读博士学位期间，学校每年报销两次往返交通费，报销时限为正常学制年限。交通费报销标准为火车硬卧；三、乙方正常学制年限内攻读博士学位的，每年给予3万元津贴补助（每月3000元标准，按照全年10个月计发）；延期1年及以内的给予1万元津贴补助；延期1年以上的，不再计发津贴补助；……八、乙方攻读学位期间申请离职的，学校原则上不予批准。征得学校同意离职的，乙方须退还学习期间的学校为其承担的学费、交通费、住宿费、应发工资总额及学校发放的津贴补助、福利待遇、各项社会保险、公积金等费用。……对于提出离职申请未获批准单方面擅自离岗的，学校依法依纪依规给予党纪处分，并保留进一步追究法律责任的权利；九、乙方取得博士学位返回甲方工作后，最低服务期须满8年。"2022年6月20日，原告杨某博士毕业取得博士学位，于2022年6月21日以与父母分居两地、不便照顾家人为由向被告专科学校提交辞职信。被告专科学校认为原告杨某利用学校提供的计划指标、培训平台、薪资待遇取得学位后，未能履行双方培训协议约定的最低服务年限为由不予批准原告杨某的辞职申请，原告杨某博士毕业后，未返回到被告专科学校工作

续表

判决结果	原告杨明的诉求无事实及法律依据，驳回原告杨明的诉讼请求
法律依据	《民法典》第465条、第509条，《最高人民法院关于适用〈中华人民共和国民法典〉时间效力的若干规定》第1条，《最高人民法院关于人民法院审理事业单位人事争议案件若干问题的规定》第3条，《事业单位人事管理条例》第17条，《民事诉讼法》第67条，《最高人民法院关于适用〈中华人民共和国民事诉讼法〉的解释》第90条

在案例二与案例三中，皆是因为教师在服务期内向高校提出辞职引发的人事争议，案件争议的焦点皆落在原、被告双方之间的人事关系是否具备解除条件上。在案例三中，原告杨某与被告专科学校签订的《新疆维吾尔自治区事业单位聘用合同书》《和田师范专科学校在职教师攻读博士学位协议书》系双方真实意思表示，并且已经实际执行。《新疆维吾尔自治区事业单位聘用合同书》是杨某与专科学校之间主体资格关系的基础；《和田师范专科学校在职教师攻读博士学位协议书》是专科学校根据学校的发展需求与不特定的老师之间签订的合同，两份合同对杨某与专科学校均具有约束力。法院认为，依照《事业单位人事管理条例》第17条规定：“事业单位工作人员提前30日书面通知事业单位，可以解除聘用合同。但是，双方对解除聘用合同另有约定的除外。”该规定赋予了事业单位工作人员合同单方解除权，但在合同双方对该单方解除权的行使约定了限制条款时，事业单位工作人员行使单方解除权受合同约定的限制。本案中，双方签订的《和田师范专科学校在职教师攻读博士学位协议书》约定了原告学习期满后须立即回被告处报到，服从工作安排，在被告处服务最低8年。原告杨某取得博士学位后，应依照合同约定到专科学校报到，但原告在双方约定的合同履行期限未届满情况下，于2022年6月21日向被告专科学校申请辞职，属杨某单方违约，原告杨某应继续履行与被告专科学校之间签订的合同。

在上述两个案件中，法院均将民事主体从事民事活动应当遵循诚信原则当作案件的审判依据进行审理，在案例二中，法院认为：“诚信是社会主义核心价值观内容之一，也是民事主体从事民事活动应该遵从的基本原则。本案中，被告作为原告方的代课老师，在2018年6月6日签订《四方协议》取得博士研究生进修培训的资格，被告应按照《四方协议》的约定履行义务回原告处工作，服务年限不少于8年，但被告未信守承诺，违反合同义务，在博士研究生尚未培训结束时即申请辞职，被告此举违背诚实信用原则；根据国家相关政策，在为对口支援高校单独招生、定向培养人才的同时约定最低服务期，与我国现行法律法规并不相悖。”在案例三中，法院认为：“为对口支援高校单独招生、定向培养人才的同时约定最低服务期，与我国现行法律规定并不相悖。国家实施科教兴国战略，大力培养各类人才。人才培养、树德为先。在国家大力扶持西部偏远、民族地区教育的政策背景下，很多知名高校在入学考试、人才培养等方面向对口支援地区的考生给予政策优惠。受支援地区的高校推荐学生入学后，相应地也要求考生取得学位后为其服务一定年限。但有的考生毕业即违约，既要享受对口支援政策红利，又不愿承担相应的义务。这种行为明显有悖于诚实信用原则。”这都体现出诚实信用原则在高校人事争议案件中的适用，对于享受了政策红利的教师要求履行服务年限的约定，当然，当前司法实践领域对于何种情况应当适用诚实信用原则并无明确规定，比如有法院以学历进修、职称晋升不属于提供专业技术培训为由，否定违约金条款的法律效力；有法院认为，高校教师享受了聘用合同约定的包括学历进修、职称晋升、人才引进等特殊待遇，理应承担未满服务期的违约责任。

三、“非升即走”制度的合法性有待证成

“非升即走”制度广泛应用于多种组织，诸如企业、军队、高等教育机构、医疗和法律行业等。其制度核心在于雇主为求职者设定试用期，期满后对其进行评估，若求职者未能在期限内得到职务或职称上的提升，则面临离职的风险。“非升即走”制度在大学教职中的应用，可以追溯至1716年，哈佛大学在维护教授终身职位的同时，改革了初级教师的任职期限，与助教签订3年合同（后来将初始任职期延长至8年），合同到期后，根据具体表现决定是否续约。因此，高校“非升即走”制度的应用被普遍认为源自美国的私立大学，是终身教职制度的一种补充规则。在这种模式下，优秀人才的选拔和甄别得以保证。1820年，哈佛形成了临时助教和永久教授分别的职业轨道，然而，在初期的一百年中，哈佛并未严格执行任职期限制，许多初级教师在任期满后仍可续约，成为常态。直到1860年，该学校对新任教师设定了一种

等级限制，即在确定的任期后，低级别的教师必须晋升，否则不再续约，由此形成了“非升即走”制度。随后，美国其他高校纷纷借鉴哈佛的教师聘任制度，特别是在美国大学教授协会（AAPU）确立终身教职制度后，越来越多的高校开始使用类似于“非升即走”的规则来评估初级教师，以决定是否给予其终身教职。1939 年，哈佛大学推出了标准化的教师聘用流程，规定不是终身教职的教师最长任期为 8 年，如果不能在规定期限内获得终身教职，将不再续约。其他研究型大学纷纷效仿，到 20 世纪 60 年代，“非升即走”的规则在美国高校得到普遍应用，但具体措施各有不同。例如，某些学校规定，即使未晋升也可以续约，但不能转为长期合同或获得终身教职。

中华人民共和国成立初期，我国高等学校人事制度以“身份管理”为特征，高校教师作为单位人，与公务员身份类同，事实上施行的是教职终身制。然而，随着我国政治经济结构的持续改革，按照党政分开的原则，高等院校在一定程度上获得了在办学方面的自主权，特别是在《教师法》和《高等教育法》的颁布和实施之后，高等院校的法人身份得到了确认，教师聘用制度逐渐得到推广。在这种改革背景下，高校教师的身份地位虽在一定程度上得以确定，但高校教师与高校签订的聘用合同的性质仍不明确，高校在教师续聘与解聘等相关问题上的自主权程度也不清晰，不过，公立高校作为事业单位，与教师之间并非简单的劳动雇佣关系，而是一种融合了民事属性和行政属性的复杂法律关系。在这种背景下，我国高校无法完全照搬美国私立大学的方式处理教师关系，“非升即走”制度在一定程度上超越了现行法规设定的管理体系和模式，很难直接依据现行人事管理的法律法规来判定其合法性，只能在整体法律框架内进行适当的定位。

1993 年，清华大学首次引入了新的教员分级淘汰制度，开启我国此项变革的一时风气之先。北京大学的人事改革方案则在众多学府中独树一帜，产生极为显著的影响力，其在追求“世界一流”的大学目标时，于 2003 年借鉴了美国哈佛大学的教员分级淘汰机制，将教师职称作为聘任合同类型的依据。在这一机制之下，校方将教授视为长期教职，而副教授和讲师则被认定为固定期教职。对于在规定期限内未能提升职称的教员，校方将不再续订聘用合同，从而构建了我国高等教育领域“非升即走”制度的基础。随后，复旦大学、中山大学以及其他“985”工程和“211”工程的大学纷纷效仿，推出了类似的改革措施。尽管各大学具体实施的办法存在差异，但他们都强化了对教员的考核，且设定了同样的规定：在固定聘期内未能晋升职称的教员将不再得到聘用，这成了他们共同的特性。不同于西方的高等教育发展模式，中国的重点公立大学担负着知识创新和科教振兴国家的重大历史使命，拥有强大的财政支持，对于人才拥有天然的“虹吸效应”。这为实施“非升即走”制度提供了有利的条件和基础。

“非升即走”制度在传统高校人事管理框架中引入了一种新的模式，为创建一个灵活且公正的人事管理体系提供了可能性。然而，由于在高等教育机构中人事关系的定位模糊，配套制度的不完善，以及评价机制的缺乏，这一制度自其实施之初就饱受争议。2014 年，清华大学的方艳华教授的离职事件①使“非升即走”制度从学术圈走向了公众视野，引发了媒体和社交网络的广泛关注和社会的热议。支持者认为，这一制度打破了高等教育机构职员稳定的工作保障，将高等教育机构与教职员之间的关系逐步转化为契约关系，符合事业单位人事改革的主流趋势。此外，该制度对于选拔和激励优秀人才，提升高等教育机构的研究能力，以及促进人才流动和学术质量的提升具有积极影响。反对者则认为，这一制度的直接结果是高等教育机构过于重视研究而忽视教学，同时年轻教师面临的短期考核压力过大，可能导致道德风险和学术不端行为。面对如此争议，法律应如何对待“非升即走”制度是一个无法回避的话题。在制定和执行相关政策时，必须兼顾到各方面的利益和可能出现的问题，以实现人事管理的公平、公正及有效。随着聘用制改革的持续深化，针对新入职教师的“非升即走”等制度改革正在逐步被付诸实践，尽管“非升即走”制度的实施仍局限于高水平大学，但由此产生的相关法律争议已经亟待解决（见表 5 -8）。

---

① 《清华讲师方艳华被转岗，教得再好没职称也得走?》，载澎湃新闻网，https：//www. thepaper. cn/newsDetail_ forward_ 1258647。

表 5-8 高校人事争议案例

案例四	郭某与江南大学人事争议案
起诉主体	教师
案件概况	原告郭某 2011 年 8 月博士毕业后被江南大学引进，双方签订聘用协议书（以下简称协议书），约定郭某到江南大学理学院工作，学校为郭某提供相应工作及生活条件。双方在协议书第 5 条约定，郭某自进校第 2 年起的 4 年内未能晋升为正式副教授的，从第 5 年 1 月 1 日起不再享受江南大学的工资、津贴、补贴等待遇，同时办理离校手续。2015 年 9 月，郭某参加江南大学组织的副教授评审未获通过。2015 年 12 月 1 日，江南大学人事处向郭某发出离校手续通知，称“根据有关工作协议，请您于 2016 年 1 月 1 日前来我处办理离校手续”。后郭某申请劳动仲裁并诉至法院，要求继续履行与江南大学签订的协议书
判决结果	一审法院认为，郭某与江南大学签订的协议书合法有效。根据协议书第 5 条约定，郭某至 2015 年 12 月 31 日（自进校第 2 年起的 4 年）未能晋升正式副教授，协议约定的终止条件出现，江南大学依据协议约定提出终止与郭某的人事关系，并无不妥。二审法院认为，协议书第 5 条系方对协议履行期间作的约定，即从郭某入校第 2 年起算 4 年届满协议到期，此后双方是否继续履行聘用关系，取决于郭某是否符合江南大学的聘用条件，如果在新的聘期到来时郭某没有评上副教授，则江南大学可以不聘用郭某。江南大学并未在 2015 年 9 月评审结果揭晓时解除与郭某的聘用关系，而是按照协议书约定的期限继续履行到 2015 年年底，可见江南大学仅是将职称评定作为协议到期后续聘的条件而不是作为该协议终止的条件。故郭某提出的要求继续履行协议书的上诉请求，没有事实依据，不予支持
法律依据	《高等教育法》第 11 条、第 37 条、第 48 条

郭某与江南大学人事争议案件是关于“非升即走”制度较为典型的人事争议案件，从合同的订立来看，郭某与江南大学于 2011 年 8 月 29 日签订的协议书是在双方平等自愿、协商一致的基础上订立，不违反国家法律、法规的强制性规定，也不存在欺诈、胁迫等情形，且权利义务也未显失公平，应当认定合法有效。郭某认为江南大学利用自己的经济优势，以管理者的地位与应聘教师签订了协议书，该协议书第 5 条违反了程序正义原则，显失公平。在履行中，江南大学作为协议书的拟定者，也是职称的评定者，作为规则制定者的江南大学充当了裁判者，不正当地促成了上诉人评不上副教授，江南大学将评审副教授的条件与男教师完全等同，没有考虑女教师哺乳、生育等

特殊情况，故而应顺延申报副教授的期限。因此，在本案中，双方主要争议点在于，江南大学是否应继续履行协议书，郭某提出发放工资及津贴的请求有无事实和法律依据。根据规定，高等院校拥有自主办学权，可以在法律法规允许的范围内自主决定聘用教师。在教师聘用过程中，高等学校应与受聘人员在平等自愿、协商一致的基础上签订聘用合同，明确岗位职责，工作条件，工资福利待遇，聘用合同变更、解除、终止的条件及聘用期限等内容。本案中，郭某作为博士毕业生，按照自主择业原则，通过双向选择的形式被江南大学引进，并签订了协议书。在协议书签订后，双方均遵守并按照协议约定履行了各自的权利义务，协议履行期间，郭某并没有对协议书的具体条款提出异议，也未要求变更协议。协议书关于申报副教授年限的约定已经考虑了科研规律，具有合理性。故该协议书应认定为合法有效。参与审理该案件的无锡市中级人民法院立案庭法官助理张朴田指出："'非升即走'制度打破现有人员录用、管理模式，引入竞争机制契合事物发展的基本规律，是事业单位改革大背景下的有益探索和尝试，其价值取向值得肯定。"

有部分观点认为，关于"非升即走"制度的协议可以视为附有解约条件的雇佣契约，"非升即走"的规定被视为解除条件的一部分。在郭某与江南大学人事争议一案中，一审法院的判决逻辑就是将郭某与江南大学之间签订的聘用合同作为一种附有解约条件的合同：江南大学与郭某签订的协议是一种民事法律行为，更具体地说，是一种民事合同行为。根据原《民法通则》第62条（原《民法总则》第158条）以及《合同法》第93条的规定，当事人有权在协议中约定解除条件，一旦约定的解除条件实现，便有权主张协议解除。然而，《劳动法》和《劳动合同法》的规定在此存在冲突，根据《劳动法》第23条规定，劳动合同期满或者当事人约定的劳动合同终止条件出现，劳动合同即行终止，《劳动法》在一定程度上肯定了在用人单位与劳动者之间可以事先约定合同的终止条件，而《劳动合同法》对《劳动法》第23条的规定进行了修正或否定，对于劳动合同的解除采用了法定解除制度，并且特别严格地限制了用人单位单方解除劳动合同的实体和程序条件，单位不得与劳动者在劳动合同中事先约定解除条件，在立法价值上更倾向于保护劳动者权益。根据特殊法优于一般法的法律适用规则，作为用人单位，不能与其员工在聘用合同中事先约定解除条件。因此，从劳动法律体系的角度来看，试图以附条件合同的视角来审视双方的协议是行不通的，或者说学校的行为是违法的。综合以上观点，将本案协议第 5 条理解为一种附条件的协议，当条件成就时协议解除并无法律依据。

四、高校解聘权行使有待规制

从辞退（解聘）和辞职两个维度来看，公务员、事业单位工作人员和企业劳动者这三类人员的工作稳定性和流动性呈现出不同的特点。事业单位工作人员的工作稳定性居中，处于公务员和企业的中间位置。根据《公务员法》和《公职人员政务处分法》的规定，公务员在出现特定情形时可以被辞退或开除，而企业劳动者则具有更大的辞职自由，无须任何理由。在法律对辞职权和辞退权的限制严格程度上，企业劳动者的流动性最大，公务员的流动性最小，而事业单位工作人员的流动性则介于两者之间，相对接近公务员。实现高校教师人员流动的方式分为两种：一种是教师主动辞职；另一种是高校行使解聘权，同样，高校人事争议往往也是由这两项事由引发产生。

根据《事业单位人事管理条例》第 16 条和第 22 条的规定，事业单位工作人员年度或聘期考核不合格，是事业单位行使解聘权的法定依据。然而，长期以来，事业单位的考核制度一直受到科学性、合理性、公平性以及制定程序民主性的争议。例如，部分高校在考核制度中，对教师的考核过于注重科研而忽视教学，存在“唯科研是论”“唯论文是论”的现象，这无疑是对教学和科研岗位差异性的忽视。考核标准“一刀切”，忽视了不同岗位的差异，这无疑是不公平的。比如在清华大学方艳华事件中，方艳华从 2004 年开始担任清华大学外文系教师，以其出色的教学效果深受学生们的喜爱。然而，在 2014 年，由于学校的一项规定，即任职 9 年未晋升职称的教师必须离职，方艳华面临着“非升即走”的局面。在社会各界的广泛质疑下，她转岗成为职员。[①] 可以看出，当前部分事业单位在内部治理方面仍存在科学化、民主化、法治化程度较低的问题，这在一定程度上影响了其治理效能的发挥。同

① 《清华大学未续聘老师转岗为职员　称理解校方决定》，载 https：//news. sina. com. cn/c/2014 - 07 - 29/075130594858. shtml。

时，其考核制度的科学性、合理性和公平性也受到广泛质疑，这使得事业单位在行使解聘权时面临诸多困难。具体来说，事业单位的考核制度存在不科学、不合理的问题，这使得其难以保障解聘权行使的正当性，导致人才流失和人才选拔机制的公平性受到影响。当然，在司法实践中，也并非完全认同高校将考核标准作为行使解聘权的理由，这在广东省广州市花都区人民法院对广州工商学院的系列判决中有所体现（见表5－9）。

表5－9　高校劳动争议案例

案例五	广州工商学院与邓某根劳动争议案
起诉主体	广州工商学院
案件概况	邓某根于2017年2月23日入职广州工商学院，工作岗位是管理学院专任教师，在职期间双方共计签订了3份劳动合同，最后一份劳动合同的期限是2019年1月15日起到2022年7月15日止。2022年6月10日，广州工商学院出具《合同到期终止通知书》（附离职手续表），邓某根于2022年6月签收，该通知书内容载明，邓某根：您的劳动合同将于2022年7月15日到期，经学校研究，依法与您终止劳动合同，不再续聘。邓某根与广州工商学院的劳动关系于2022年7月15日终止。广州工商学院于2018年至2021年度向邓某根支付经济补偿金25175元
判决结果	邓某根于2017年2月23日入职广州工商学院，至2022年7月15日止，邓某根已连续在广州工商学院工作满5年以上，且双方已签订了3份固定期限的劳动合同，邓某根的情形已符合签订无固定期限劳动合同的条件。另邓某根在广州工商学院发出《合同到期终止通知书》后，邓某根已明确表示不同意终止劳动合同，并已经向广州工商学院提出书面申请签订无固定期限劳动合同。根据《中华人民共和国劳动合同法》第14条的规定，此时广州工商学院无权终止劳动合同，而应与邓某根签订无固定期限劳动合同，但广州工商学院仍终止双方的劳动合同，应属于违法终止劳动关系。广州工商学院主张邓某根的师德考核不合格、年度考核不称职，应不予续聘，但该理由并非《合同到期终止通知书》中的理由，该考核结果依据不足，本院不予采纳，故广州工商学院据此主张系合法终止劳动关系，缺乏依据，本院不予支持
法律依据	《劳动合同法》第14条、第47条、第48条、第87条，《广东省工资支付条例》第13条

近年来，高校教师因违法违纪、违反职业道德的行为被开除或解聘，引发了社会的广泛关注。高校开除教师的主要法律依据是《事业单位工作人员

处分暂行规定》。根据该规定，事业单位工作人员如果违反政治纪律、工作纪律、廉洁从业纪律、财经纪律、职业道德、社会公德，或被依法判处刑罚等7种违纪违法行为中的任何一种，都可能被给予开除处分。此外，《事业单位人事管理条例》第18条规定，事业单位工作人员受到开除处分的，将解除其聘用合同。这是事业单位开除工作人员的直接法律依据，并据此行使解聘权。总体来看，事业单位工作人员因严重违纪违法行为被开除的争议较小。然而，如何保障事业单位工作人员，尤其是高校教师的学术自由权和言论自由权，避免因“主观考核结果”而被开除或解聘，是一个需要正视的现实问题。例如，谁来对教师的教学、师德师风情况进行考核，其考核标准是什么，遵循何种程序；事业单位工作人员的“不当言论”中，哪些属于学术问题，哪些属于政治问题，如何区分并区别对待；对于事业单位工作人员的“严重不当言论”，应如何界定其属于何种情形，并据此给予开除处分或解聘，这些问题都需要我们深入思考并寻求合理的解决方案。

第四节　总　　结

人力资源是第一资源，是推动事业单位发展的关键，是为满足人民群众对优质、公平的公共服务如教育、医疗等的需求，事业单位亟须深化体制机制改革的重中之重。然而，长期以来，事业单位存在的“解聘难”和工作人员“辞职难”问题制约了人才合理流动，阻碍了事业单位的高质量发展。改革意味着利益的重新调整与再分配，因此会遇到阻力。事业单位的人事制度改革通常采取“老人老办法，新人新办法”的方式，例如有的高校实行“非升即走”制度以减少改革的阻力。然而，我国事业单位人事制度改革在理论上的主要障碍在于事业单位与工作人员之间的用人关系究竟属于何种法律关系，以及事业单位聘用合同的性质是民事合同、行政合同、劳动合同还是其他。在实践中，我国事业单位人事制度改革面临的主要问题在于人事制度改革在政策轨道上试行，政策导向明显，但法治化程度不高。这就需要从系统化的角度进行一体设计，构建事业单位解聘、辞职相关的配套制度。同时，保障不同单位（包括国家机关、事业单位、企业等）的工作人员能够跨地区、跨部门、跨行业、跨所有制自由流动，确保其社会保险关系无缝对接，人事档案及时接转，降低人才流动的风险和成本。总体来说，事业单位改革（包括人事制度改革）是一项系统工程，需要我们系统化地考虑和设计，以构建起一个有利于人才流动、保障人民权益的改革环境。尽管事业单位具有不同于企业的独特性，拥有自身的特点，然而，事业单位与工作人员之间的用人关系的本质仍是一种劳动关系。事业单位聘用合同的实质内容，实际上是一种劳动合同，而非民事合同或行政合同。这一基本事实，应作为事业单位人事制度改革的重要指引，以劳动法原理为指导，在劳动法的框架下推进制度创新。

在宏观层面，要求我们建立健全法律法规，出台独立的裁判规则。根据上文分析，我们可以看到人事争议案件的数量正在不断增长，现有的劳动法律法规已经无法满足司法审判实践的需求。为了填补立法上的空白，立法机关应该通过出台人事争议案件的配套法律法规和司法解释，弥补《事业单位人事管理条例》因纲领性和原则性特质而造成的缺憾，充分考虑现有的民法典、劳动法、事业单位人事管理条例等法律法规的精神和条款规定，确保法律体系的内在统一和协调配合，避免法律之间的冲突，再去制定人事法律法规。此外，配套的人事法律法规应重点关注聘用合同、辞聘制度等基础法律关系，并对其进行系统完整的规定。同时，司法部门应根据司法审判实践中遇到的常见、重点和难点问题，有针对性地制定司法适用指导文件或出台司法判例，避免因无法可依而导致的法律适用难题和混乱。当然，建立人事法律法规体系是一项系统性工程，立法机关应在统筹现有法律法规相关规定的基础上，有针对性地探索建立适合事业单位关系的法律规定或管理办法。

在微观层面，一是应当对高校教师的责任承担方式进行适当的明确，特别是针对《劳动合同法》规定劳动者承担违约责任的两种情形。这两种情形分别是劳动者违反了服务期的约定和违反了竞业限制的范围和期限。这种对劳动者承担违约责任的限制性规定，主要是为了防止用人单位利用劳动者的弱势地位，通过约定高额违约金来限制劳动者的自由流动，垄断意思自治。然而，在实践中，高校为人才提供的待遇不仅仅包括专项培训，还包括住房、科研启动金、解决家属就业等特殊待遇。此外，为了培养人才，高校还承担着搭建进修平台、科研平台，组建科研团队等事务。高校教师擅自离职给学校带来的损失远不止经济损失。因此，仅参照《劳动合同法》的规定来确定高校教师的服务期和违约责任显然失之偏颇。另外，从前面的论述中可以看出，在现有的人才市场格局中，高校教师并非处于劣势地位。高校教师为了自身发展，擅自毁约甚至不顾道德约束而擅自离校的现象并不罕见。这种现象使得“高校教师‘孔雀东南飞’成为一种潮流”。在教师聘用合同中设定违约金条款的约定，其实是通过设定担保的形式对高校与教师之间的利益平衡作出合理、适当的调控。因此，笔者认为，应该在立法中明确教师违约责任，违约责任的承担方式和数额应由双方在聘用合同中协商确定。当然，违约责任的承担方式应以“补偿性为原则，惩罚性为例外”，对于诸如根本违约等情形可以通过人事立法的形式明确惩罚性违约金的承担上限。

二是可以通过适当增加第三方用人单位与违约教师的连带赔偿责任的方式对采取了一些极端的、非理性的不正当竞争方式，以吸引人才，加速了高校人才的无序流动的第三方单位进行规制，部分第三方单位甚至为了引进人才而承诺负担引进人才应支付给原用人单位的违约金。这种不正当竞争行为严重冲击了高校教师的有序流动。当然，在司法实践中，我们并未发现有追究“挖人单位”侵权责任的情况存在。最根本的原因在于我国现有人事方面的法律规定并没有关于新用人单位与跳槽教师共同承担侵权责任的法律依据。针对高校人才流动的无序情况，有学者提出，应当在人事立法中明确规定：“招用与原高校尚未解除聘用关系的跳槽教师的新用人单位，应与跳槽教师一起对原高校承担连带赔偿责任。”首先，新用人单位招用与其他高校仍存在人事关系的教师，其主观上具有恶意，存在“挖人墙脚”的嫌疑。其次，新用人单位应该具有审查跳槽教师是否与原单位终止人事关系或解除聘用合同的义务。如果未能履行审查义务，则说明新用人单位在行为上存在明显的过错。新用人单位应该为其过错承担责任。另外，原用人单位在培养高层次人才方面投入了巨额成本，为其组建科研团队、完成科研项目投入了巨额的科研经费。而高层次人才的辞聘不仅致使原用人单位的人才孵化成本流失，也直接导致科研项目的中止和科研团队的解散，给高校乃至高校的科研开发均带来了巨大损失。因此，将新用人单位与跳槽教师的行为定性为共同侵权，增加“挖人”单位的连带赔偿责任具有现实必要性。通过增加跳槽教师的跳槽成本，也可以在一定程度上规范高校之间人才的无序流动现状。这样的修改既可以较好地平衡各方利益，保护原用人单位的权益，同时也能够规范高校之间的人才流动，防止人才的恶意流动造成的不必要的损失。

高校人事争议案件审理中的重点和难点问题的解决是推动事业单位人事体制改革的题中之义，人事相关法律法规的相对缺乏、聘用合同性质的界定不明是制约案件审理的首要问题。因此，加强人事立法并全面清理现行的人事管理规定是必要的，同时应建立适合人事争议的独立裁判规则。自高校教师聘任制改革以来，高校与教师的关系和社会地位已经发生了很大的变化。高校教师对高校的依赖性和隶属性在一定程度上减弱了，高校与教师逐渐成为平等的市场主体。然而，考虑到高校与教师的现状，“契约自由原则”仍应作为聘用合同的基本价值追求，聘用合同应兼顾高校与教师的双重利益，而非向教师单方倾斜的保护模式，应加快完善与外部并轨的高校教师社会保障体系，以淡化和弱化高校教师对聘用单位的依附关系，减少改革阻力，促进事业单位人事管理体制改革的平稳过渡。

第六章　“双一流”建设背景下高校聘用合同多元纠纷解决机制研究

“双一流”建设是党中央、国务院作出的重大战略部署。高校深入推进建设“双一流”，离不开一流的教师人才队伍支撑。在深入推进“双一流”建设、推动建设教育强国的背景下，高校需要建设完善的体制机制，去“支撑和保障教师潜心育人、做大先生、研究真问题，成为学生为学、为事、为人的示范”①。当高校与教师之间发生聘用合同纠纷时，为实现“双一流”高质量建设和有序发展，纠纷的解决就必须考虑成本与效益等因素。“多元化纠纷解决机制作为一种纠纷解决机制，为民众提供了越来越多的自由意志和行为空间，促进纠纷当事人从对抗对决走向对话协商，从单一价值走向多元化，从胜负决斗走向争取双赢。”② 高校聘用合同纠纷的多元化解决能够促进纠纷当事双方的高校和教师友好对话协商，有助于修复高校和教师双方间的关系，对实现高校“双一流”建设的有序发展具有重要意义。

第一节　高校人事纠纷解决机制的规范研究

高校人事改革经历了从任命制到聘用制的转变，相应地，传统人事管理也向聘用合同制调整。在此过程中，随着制度发展变化，处理高校人事纠纷所依据的规范也在发生变化。在我国法律体系框架内，处理高校人事纠纷可

---

① 《教育部　财政部　国家发展改革委关于深入推进世界一流大学和一流学科建设的若干意见》（教研〔2022〕1号），载中华人民共和国中央人民政府网。

② 龙飞：《论多元化纠纷解决机制的衔接问题》，载《中国应用法学》2019年第6期。

依据的法律规范有主要有《劳动法》《劳动合同法》《劳动争议调解仲裁法》等法律，《事业单位人事管理条例》等行政法规，教育部、人事部颁布的一系列零散的行政规章以及最高人民法院发布的相关司法解释。从高校人事纠纷的各个类型开始梳理，不同的纠纷类型适用不同的法律规范，才能厘清高校人事纠纷解决机制的相关法律规范。

一、高校人事纠纷类型

随着高校聘任制改革的不断深入，高校与教师之间因人事管理产生的争议和纠纷更加纷繁复杂，因此健全高校人事纠纷解决机制最重要的便是厘清高校与教师之间的纠纷类型，并适以相应的救济途径。

人事纠纷，是指国家机关、企业、企事业单位的工作人员与所在单位之间发生的，因录用聘用、聘用或者聘任合同、职务聘任或者解聘、福利待遇、工资调整、辞职或者解聘等人事管理事项发生的纠纷，以及人事管理行为侵害对方（工作人员）权益的纠纷。① 高校人事纠纷是一种具体的人事纠纷，发生在特定的主体之间，即高校与高校教师之间，是指高校与该校工作人员之间因人事管理事项发生的争议。高校与高校教师之间的人事争议主要表现为高校教师自主权、教师劳动权与高校办学权、用人权以及公共利益之间的冲突。与公共利益的密切相关，与学术自由的紧密相连，使得高校教师与高校间的人事争议处理不同于一般劳动争议，具有复杂性。

依前文，从内容上看，高校与教师之间因人事管理产生的纠纷主要分为三种类型：一是聘用合同纠纷，即高校与教师因聘用合同的订立、变更、履行、解除或终止产生的纠纷，主要包含因“服务期”条款等引发的合同解除问题、因“非升即走”条款引发的新聘任合同订立问题等；二是教育行业中的部分行政纠纷，主要包含职称评定、教师资格认定等纠纷；② 三是高校与教师之间因人事管理所引发的民事纠纷，如教师离职后的知识产权纠纷、侵权纠纷等。

---

① 郭文豪：《公立高校教师人事纠纷解决机制研究》，贵州大学 2022 年硕士学位论文。

② 伍艳：《论高校聘任制下教师权益救济机制的构建》，载《高教探索》2013 年第 1 期。

二、高校人事纠纷的法律规范依据

高校与教师间因人事管理产生的纠纷分为聘用合同纠纷、教育行政纠纷以及普通的民事纠纷。不同类型的纠纷应当适用不同领域的法律规范，聘用合同纠纷发生时要依据劳动合同法规等来定分止争，教育行政纠纷发生时主要适用教育法规、行政法规等来进行解决，民事纠纷则主要按照民事法律规范来处理。新法律法规不断制定出台的同时，部分旧的法律法规仍在施行，同时在长期的司法实践中也形成了一系列关于高校人事争议的司法解释。因此，厘清各类高校人事纠纷的实体法律规范依据，就显得十分必要。

（一）聘用合同纠纷解决的实体法依据

聘用合同纠纷，是指高校与教师因聘用合同的订立、变更、履行、解除或终止产生的纠纷。

我国聘用合同方面的相关法律制度出台较晚，聘用合同纠纷解决主要依据劳动法、人事管理等相关法律规范。在2008年《劳动合同法》实施之前，司法实务者将法释〔2003〕13号①、法函〔2004〕30号②的规定奉为圭臬：对于事业单位的聘用合同案件，人民法院对其的在实体方面的处理应当适用人事方面的法律规定，人事方面没有规定的，才能适用《劳动法》的有关规定。但在当时，我国并没有专门规范聘用合同的法律，而在部门规章层面的实体法规定，也仅有21世纪初原人事部的两个规范性文件。③ 由于法律法规供给不足，某些地方政府出台了地方性规定对人事争议加以管理，如北京市政府的《北京市事业单位聘用合同制试行办法》（京政发办〔2002〕50号）。在长期的司法实践中，部分劳动仲裁院、法院在处理关于高校教师聘用合同纠纷时都习惯性适用上述的人事规定，而较少适用《劳动法》。

2008年开始实施的《劳动合同法》，在附则部分的第96条明确规定，事业单位与工作人员关于聘用合同的纠纷，在法律、行政法规或者国务院另有

---

① 2003年公布的《最高人民法院关于人民法院审理事业单位人事争议案件若干问题的规定》。

② 2004年发布的《最高人民法院关于事业单位人事争议案件适用法律问题的答复》。

③ 《关于在事业单位试行人员聘用制度的意见》（国办发〔2022〕35号）、《事业单位试行人员聘用制度有关问题的解释》（国人部发〔2003〕61号）。

规定的情况下应当依照其规定，未作规定的应当依照《劳动合同法》有关规定执行。而在当前的法律体系中，规范高校人事争议的最高层阶的实体法规仅有国务院颁布的《事业单位人事管理条例》，其第12条至第19条对适用的劳动合同问题作了明确规定，而原人事部的两份规范性文件及其他各地方政府的地方性规定则属于“法律、法规或国务院另有规定”的范围。同时，前述2004年最高人民法院司法解释（法函〔2004〕30号）颁布之时，我国还未出台《劳动合同法》，且《劳动法》中关于合同部分的规定较单薄，所以该司法解释才会规定人事争议的实体法律问题优先适用人事实体法，全文没有涉及当时背景下并不存在的《劳动合同法》，因此也不能以上述司法解释为由拒绝《劳动合同法》的适用。即在2008年《劳动合同法》实施之后，该司法解释不能被当然地、不加区别地理解为“优先适用人事实体法，劣后适用《劳动合同法》”。原人事部、各地方政府关于聘用合同的规定与《劳动合同法》不符的，根据新法优于旧法、上位法优先于下位法的原则，应适用《劳动合同法》。其他如《事业单位人事管理条例》等属于“法律、法规或国务院另有规定”的，应优先适用其规定。同时需要注意的是，至今为止国家立法机关没有制定专门调整事业单位与工作人员用人关系的法律，唯一的行政法规是《事业单位人事管理条例》，国务院规定主要是国务院政策文件《关于在事业单位试行人员聘用制度的意见》。

综上所述，在高校聘用合同纠纷实务中，应首先适用《事业单位人事管理条例》《关于在事业单位试行人员聘用制度的意见》此类“法律、法规或国务院另有规定”的内容，未有规定的则应当适用《劳动合同法》，《劳动合同法》中未作规定的，可适用《劳动法》，除此之外的其他部门规章、地方性法规中所规定的内容，不能与上述法律法规相冲突。

（二）教育行政纠纷的实体法适用

教育行政纠纷，主要包含教师资格认定、教师职称评定等两方面内容的纠纷。教育行政纠纷并不直接涉及教师聘用合同的订立、变更、解除、终止等问题，其是高校关于人事管理方面作出的行政行为所引起的纠纷。高校行政管理权是教育管理部门赋予高校的行政权，在该行为下高校与教师的法律地位是不平等的，区别于聘用合同关系，不能适用《劳动合同法》等这些适用于平等法律地位主体之间的法律法规。教育行政行为引起的纠纷主要是由行政法律规范来调节。

目前，规范教育行政纠纷的法律法规和规范性文件的数量并不少，但是上位法律对高校教师权益司法救济规定的缺失以及下位法律规范相互间不一致等问题仍然存在，教育行政纠纷解决的实体法规范依据亟待梳理。对高校与教师之间发生的教育行政纠纷进行调节的法律主要有《教师法》《教育法》《高等教育法》等部分规定，其中《教育法》和《高等教育法》仅对国家保护教师或高校教师合法权益作原则性规定，《教师法》也只是在其第7条列举了教师的教育教学权、科学研究权、管理学生权、获得报酬福利权、参与学校民主管理权、进修培训权六项权利。因此，在法律层面关于解决高校教育行政纠纷的实体法依据并不完善。但是鉴于教师资格认定、教师职称评定等方面属于教育行政部门授权高校行使的行政权，在认定或是评定时是具体行政行为，且包含专业性，因此在法律层面不好细化。以职称评定为例，现行有效的法律规范中效力位阶较高的是部门规章，包括人力资源和社会保障部发布的《职称评审管理暂行规定》、教育部等联合印发的《高校教师职称评审监管暂行办法》。随着高等教育领域“放管服”改革的逐步推进，公立高校教师职称评审过程中，政府对其的行政管理由“审批式治理”进入“监管式治理”，职称评定的具体施行则主要依靠各高校自主制定的学校规章制度，这也是高校自主办学权范围内的重要事项。

在实务中，由于聘用合同中“非升即走”等核心条款往往以职称评定等行政内容为前提，对类似聘用合同纠纷也可以先向以教育行政纠纷为内容向政府机关提出申诉，不服申诉结果再向人民法院提起行政诉讼，而不只限于经劳动争议仲裁后向人民法院提起民事诉讼，从而达到解决聘用合同纠纷的实际目的。

（三）普通民事纠纷的法律规范适用

当高校与教师之间发生普通的民事纠纷时，例如高校与教师之间发生的侵权责任纠纷、知识产权纠纷等。纠纷双方属于平等主体地位，依据民事法律规范来解决纠纷，即依据《民法典》等相关规范解决纠纷即可。

三、高校人事纠纷的解决机制

高校与教师之间因人事管理产生的纠纷纷繁复杂，不同类型纠纷的解决往往使用不同的法律规范、适用不同的方式。

（一）聘用合同纠纷解决机制

关于聘任合同纠纷的救济程序，在高校聘任制改革之初一直存在争议，主要原因在于高校聘任制改革发展过程中教师聘任合同的法律定性不明确。如果将高校教师聘任合同定性为行政合同，则聘任合同纠纷应适用行政法上的救济程序；若认为高校聘任合同属于劳动合同，则应适用类似劳动纠纷的救济程序。1993 年《教师法》第 17 条第 1 款规定中“教师的聘任应当遵循双方地位平等的原则，由学校和教师签订聘任合同，明确规定双方的权利、义务和责任”明确阐释了聘任制改革中最核心的问题，高校和教师之间的法律地位是平等的，不同于行政法律关系中的不平等地位。1998 年《高等教育法》第 48 条则专门对高校教师聘用合同的法律关系作进一步的明确阐述。[1]在聘任制改革的过程中，高校与教师的法律关系发生本质上的改变，趋于向平等地位转变，不再是行政管理关系，因此高校教师聘任合同纠纷不能再适用行政法上的救济程序。

但囿于聘任制改革初期的认识局限性，以及相关配套法律规定并不明确，高校教师聘任合同亦不被认为是严格意义上的劳动合同，而不能直接适用关于劳动纠纷的救济程序，这一问题在系列法律修订和长期司法实践中逐步得到解决。根据 2008 年开始施行的《劳动合同法》第 96 条的规定，事业单位与其实行聘任制的工作人员的聘用合同纠纷被包含在劳动合同法的调节范围

---

① 《教师法》第 17 条规定：“学校和其他教育机构应当逐步实行教师聘任制。教师的聘任应当遵循双方地位平等的原则，由学校和教师签订聘任合同，明确规定双方的权利、义务和责任。实施教师聘任制的步骤、办法由国务院教育行政部门规定。”《高等教育法》第 48 条规定：“高等学校实行教师聘任制。教师经评定具备任职条件的，由高等学校按照教师职务的职责、条件和任期聘任。高等学校的教师的聘任，应当遵循双方平等自愿的原则，由高等学校校长与受聘教师签订聘任合同。”

内。[①] 根据此法律条文的法意来看，聘用合同签订的双方处于平等法律主体地位，聘用合同属于劳动合同，且是一种特殊的劳动合同。因此当法律法规未另作规定时，高校教师聘用合同应适用劳动合同的一般法，并适用一般劳动纠纷的救济程序。

依照现有法律法规关于高校教师聘用合同纠纷和一般劳动合同纠纷的有关规定来看，《劳动法》第 80 条规定了在用人单位内可以设置劳动争议调解委员会，委员会由职工代表、用人单位代表和工会代表组成，委员会主任由工会代表担任，国务院《人民调解委员会组织条例》也规定了企事业单位可以根据需要设立人民调解委员会，这表明在高校范围内，协商、调解对高校教师聘用合同双方合法权益的维护、合同纠纷解决等问题有着重要作用。[②] 同时，近年来颁布的一系列关于劳动人事争议仲裁的法律法规，如《劳动合同法》《人事争议处理规定》《劳动人事争议仲裁办案规则》《劳动人事争议仲裁组织办法》等，将劳动争议仲裁与人事争议仲裁两套仲裁机构体系进行整合，尽量实现在仲裁阶段解决更多的劳动人事争议仲裁纠纷，避免其堆积到诉讼环节，在一定程度上缓解着我国劳动人事争议案件数量逐年递增和诉讼资源有限的压力，“一裁两审”制度一直在劳动人事争议的相关案件的实质性解决中发挥着重要作用。

因此，从实践来看，“协商—调解—劳动人事争议仲裁—民事诉讼”这四种主要救济程序构成了现代高校聘用合同纠纷的解决机制。

（二）教育行政纠纷解决机制

教育行政纠纷原则上来讲是一种行政法意义上的纠纷，虽然不涉及聘用合同的签订、履行、变更、中止、解除，但其所涵盖的职称评定、教师资格认定等问题是聘用合同中“非升即走”等条款的前置条件，是高校人事管理

---

① 《劳动合同法》第 96 条规定：“事业单位与实行聘用制的工作人员订立、履行、变更、解除或者终止劳动合同，法律、行政法规或者国务院另有规定的，依照其规定；未作规定的，依照本法有关规定执行。”

② 《劳动法》第 80 条规定：“在用人单位内，可以设立劳动争议调解委员会。劳动争议调解委员会由职工代表、用人单位代表和工会代表组成。劳动争议调解委员会主任由工会代表担任。劳动争议经调解达成协议的，当事人应当履行。”

的重点内容。并且，教育行政纠纷的主要争议内容从传统的人事问题、财产问题向学位纠纷、学术纠纷等涉及学位认定、专业认定等方面转变，纠纷一旦发生引发的社会关注更多，受社会因素影响更大，解决难度不亚于普通的聘用合同纠纷。

从法律关系上看，高校并非行政机关，只有其作为法律法规授权的组织以自己的名义行使法律法规授予的行政职权并独立承担法律责任的时候才具有行政主体资格。

首先，从教师资格认定方面来看，《教师法》第 13 条规定了高校教师资格由国务院或者省、自治区、直辖市教育行政部门或者由其委托的学校认定。[①] 由此可见，高校教师资格认定的主体只有教育行政部门。在教师资格认定方面，高校最多只能以行政机关委托的组织存在，以委托行政主体的名义行使被委托的职权，其行为的法律后果由委托机关即教育行政部门承担。并且教师资格认定是教育行政部门依法对意图从事教育事业的自然人的思想道德和职业技能方面的考核认定，需要教师参加教育行政部门组织的培训和考试，考试合格后由教育行政机关颁发教师职业资格证书，根据《行政许可法》第 12 条对特殊职业设置行政许可行为的规定，可以认为，高校教师资格认定是教育行政机关对高校教师的行政许可行为。[②] 高校只是教育行政机关的委托人，在有关教师资格认定的纠纷中不能代替教育行政机关成为行政复议的被申请人和行政诉讼中的被告。

其次，从教师职称评定方面来看，根据《高等学校教师职务试行条例》

---

① 《教师法》第 13 条规定：“中小学教师资格由县级以上地方人民政府教育行政部门认定。中等专业学校、技工学校的教师资格由县级以上地方人民政府教育行政部门组织有关主管部门认定。普通高等学校的教师资格由国务院或者省、自治区、直辖市教育行政部门或者由其委托的学校认定。具备本法规定的学历或者经国家教师资格考试合格的公民，要求有关部门认定其教师资格的，有关部门应当依照本法规定的条件予以认定。取得教师资格的人员首次任教时，应当有试用期。”

② 《行政许可法》第 12 条规定：“下列事项可以设定行政许可：（一）直接涉及国家安全、公共安全、经济宏观调控、生态环境保护以及直接关系人身健康、生命财产安全等特定活动，需要按照法定条件予以批准的事项；（二）有限自然资源开发利用、公共资源配置以及直接关系公共利益的特定行业的市场准入等，需要赋予特定权利的事项；（三）提供公众服务并且直接关系公共利益的职业、行业，需要确定具备特殊信誉、特殊条件或者特殊技能等资格、资质的事项；（四）直接关系公共安全、人身健康、生命财产安全的重要设备、设施、产品、物品，需要按照技术标准、技术规范，通过检验、检测、检疫等方式进行审定的事项；（五）企业或者其他组织的设立等，需要确定主体资格的事项；（六）法律、行政法规规定可以设定行政许可的其他事项。”

第14条的规定，全国高等学校教师职务任职资格的评审工作是由国家教育委员会进行指导，省、自治区、直辖市地区内的高校教师职称评定工作由该地区成立高校教师职务评审委员负责，国务院有关部委经国家教育委员会同意可以根据特殊需要和实际情况设立高校教师职务评审委员会负责所属高校的职称评定工作，第15条规定了部分高校教师职务评审委员会经国家教育委员会同省、直辖市、主管部委批准，有权审定副教授、教授的任职资格。① 由此可见，高校教师职称评定的权力专属于教育行政部门，在特定情况下，教育部才会将职称评定的权力通过法律法规授权的方式下放至部分高校。也正因如此，在《人事争议处理规定》中，职称评定没有被列在人事仲裁的受案范围中。需要注意的是，在具有职称评定授权的高校中，教师职务评审委员会属于高校的内设机构，缺少独立经费，不能以教师职务评审委员会自身的名义进行职称评定行为，只能代表学校进行教师职称评定的具体工作。因此，被法律法规授权的高校是教师职称评定行为的主体，教师职务评审委员会并不是教师职称评定行为的主体。综上可知，高校教师职称评定行为的主体有两种：一是教育行政部门；二是经法律法规授权的高校。被授权的高校可以自己的名义行使教师职称评定的权力并独立承担法律责任，在这种情况下，被授权高校对教师的职称评定行为应当是一种具体行政行为。那么当职称评

---

① 《高等学校教师职务试行条例》第14条规定：“国家教育委员会指导全国高等学校教师职务任职资格评审工作。省、自治区、直辖市高等学校教师职务评审工作应在各地职称改革工作领导小组领导下进行。省、自治区、直辖市成立高等学校教师职务评审委员会，负责在本地区的高等学校教师职务任职资格的评审工作。国务院有关部委根据所属高等学校某些专业的特殊需要和教师队伍的实际情况，可设立高等学校教师职务评审委员会，经国家教育委员会同意，负责所属高等学校某些专业教师职务任职资格的评审工作，其他教师职务的评审工作仍由所在省、自治区、直辖市高等学校教师职务评审委员会负责。有学士学位授予权的高等学校，成立教师职务评审委员会。没有学士学位授予权的高等学校，成立教师职务评审组。部分没有学士学位授予权的高等学校，已具备条件，经所在省、自治区、直辖市批准，也可成立教师职务评审委员会，并报国家教育委员会备案。”第15条规定：“高等学校教师职务任职资格评审的依据是高等学校教师的任职条件。各级职务任职资格，由相应的教师职务评审委员会组织同行专家进行评审。助教任职资格，由学校教师职务评审委员会或评审组审定。讲师任职资格，由学校教师职务评审委员会审定，报省、自治区、直辖市或主管部委教师职务评审委员会备案；没有成立教师职务评审委员会的学校由教师职务评审组评议，报省、自治区、直辖市或主管部委教师职务评审委员会审定。教授、副教授任职资格，由学校报省、自治区、直辖市、主管部委教师职务评审委员会审定，审定的教授报国家教育委员会备案。部分高等学校教师职务评审委员会，经国家教育委员会会同省、自治区、直辖市、主管部委批准，有权审定副教授任职资格，或有权审定副教授、教授任职资格。审定的教授报国家教育委员会备案。”

定行为产生纠纷时，可以通过行政复议和行政诉讼进行解纷。

从现有的法律法规来看，《教师法》第 39 条还赋予了教师进行申诉的权利，确立了教育行政纠纷中的教师申诉的救济办法，此处的“教师”当然地包含签订聘用合同的高校教师。[①] 2014 年《事业单位人事管理条例》第 38 条也提出了事业单位工作人员具有按照国家有关规定申请复核、提出申诉的权利。以上法律法规均为教育行政纠纷提供了复核、申诉的一般性解决办法。但是，从现有的法律法规中，很难找到调解成为教育行政纠纷的一种救济途径的法律依据，根据《人民调解法》总则规定，人民调解的范围应当是“民间纠纷”，此处所说的民间应当是平等的民事主体之间的纠纷，显然与教育行政纠纷不符。进一步讲，在行政调解方面，《行政复议法实施条例》第 50 条把行政调解的适用范围控制在“行政机关行使法律、法规规定的自由裁量权做出的具体行政行为”和“当事人之间行政赔偿或行政补偿”两种情况下，行政调解也很难与教育行政纠纷相适应。

综上所述，在教育行政纠纷中，若高校具有行政主体资格，则可采用“申诉—复核—行政复议（高校为被申请人）—行政诉讼（高校为被告）”的救济途径，若高校不具有行政主体资格，则可采用“申诉—复核—行政复议（教育行政机关为被申请人）—行政诉讼（教育行政机关为被告）”的救济途径。

（三）普通民事纠纷解决机制

普通民事纠纷，包含教师离职后的知识产权纠纷等。这里所讲的高校与教师之间的民事纠纷虽可能因人事争议而产生，但并非基于人事管理的本质发生，双方法律地位平等，与一般的民事纠纷并无不同，可适用协商、调解、民事诉讼的救济途径，在此不再过多讨论。

---

① 《教师法》第 39 条规定：“教师对学校或者其他教育机构侵犯其合法权益的，或者对学校或者其他教育机构作出的处理不服的，可以向教育行政部门提出申诉，教育行政部门应当在接到申诉的三十日内，作出处理。教师认为当地人民政府有关行政部门侵犯其根据本法规定享有的权利的，可以向同级人民政府或者上一级人民政府有关部门提出申诉，同级人民政府或者上一级人民政府有关部门应当作出处理。”

第二节 高校聘用合同纠纷解决机制存在的问题

我国通过一系列法律法规的制定和修订，探索出高校聘用合同纠纷“协商—调解—劳动人事争议仲裁—民事诉讼”的解决机制。但随着聘任制改革的不断深入，人才流动速度加快，相关纠纷大量增多，各种矛盾日趋多样化、复杂化，加之不同时期法律法规的同时适用，在某些问题上并没有明确的规范指引，所以在实践中，高校聘用合同纠纷解决机制的完善仍然任重道远。

一、聘用合同法律法规不够完善

在人事改革进程中，逐步确立了高校教师聘用合同的特殊用工形式，明确了高校人事制度改革的基本方向，并试图将聘用合同作为一种特殊的用工形式从劳动合同中独立出来。但问题在于，聘用合同法律法规却一直处于严重的落后状态，聘用合同制度并没有真正从劳动合同制度中分立出来，在实践中也缺少具体的操作指引。

（一）聘用合同法律体系的冗杂

一方面，目前我国现行劳动立法主要包括全国人大及其常委会制定的《劳动法》《劳动合同法》《就业促进法》《安全生产法》《劳动争议调解仲裁法》等法律，根据国家立法授权，国务院制定实施的《国务院关于职工工作时间的规定》《职工带薪年休假条例》《残疾人就业条例》《失业保险条例》《工伤保险条例》等法规，国务院劳动保障部门制定的《工资支付暂行规定》《最低工资规定》《集体合同规定》《工资集体协商试行办法》《女职工劳动保护规定》《未成年工特殊保护规定》《企业职工患病或非因工负伤医疗期规定》等部门规章，还有各省、自治区、直辖市的人大及其常委会制定通过的地方性法规、规章等。可以说，目前我国的劳动法律法规已经相当完备但又异常复杂，在劳动立法体系内部，甚至对同一事项的规定也有不同，从而形成法律冲突。

另一方面，相较于事业单位聘任制的改革进程，聘用合同法律法规的出台较为滞后，以至于会出现无法可依的现象。人事部在 1997 年发布了《人事争议处理暂行规定》，并在 2007 年进行了修订，该规定对人事争议仲裁的基本原则、受案范围等，以及人事争议调解、人事争议仲裁的基本程序等进行了规范，但并无规制人事争议双方权利义务的实体规范。而 2002 年颁布的《关于在事业单位试行人员聘用制度的意见》及 2003 年发布的《事业单位试行人员聘用制度有关问题的解释》等虽然从实体权利义务上进行了规定，但是内容较为粗略且法律位阶较低、属于部门规章。因此，自人事改革逐步开展、聘任合同逐渐适用以来，我国拥有数以万计的事业单位就业者，但一直缺少高层阶的法律规范对聘用合同进行规制、对事业单位工作者的权益进行保护。该情形持续到 2014 年，国务院出台了《事业单位人事管理条例》，自此有了行政法规对聘用合同的签订、变更和履行等进行规范。但是不得不指出，《事业单位人事管理条例》的规定存在过于笼统的问题。以聘用合同中常见的“服务期”条款而言，《事业单位人事管理条例》没有明确规定事业单位与工作人员“能否约定服务期”“如何约定服务期”的问题，而只是在第 17 条笼统规定了，“事业单位工作人员提前 30 日书面通知事业单位，可以解除聘用合同。但是，双方对解除聘用合同另有约定的除外”。[①] 但究竟何种情形属于“另有约定”，“服务期”条款是否属于另有约定，《事业单位人事管理条例》都没有作出明确的回答。实践中，高校教师聘用合同关于“服务期”条款引发的争议也通常与第 17 条“另有约定”的理解有所关联。显然，《事业单位人事管理条例》第 17 条关于劳动者解除聘用合同的笼统规定必然会引发实践争议。

（二）“劳动特殊法优于一般法”的原则过于模糊

法本身就具有滞后性、抽象性等局限。立法者作为熟知法的特性者，往往能够考虑到法的局限性。在聘用制改革伊始，立法者就确立了“劳动特殊法优于一般法”的原则，通过原则去应对变化，解决聘用合同法律法规的滞后与笼统会引发实践的争议。

---

① 《事业单位人事管理条例》（国务院令第 652 号）第 17 条规定：“事业单位工作人员提前 30 日书面通知事业单位，可以解除聘用合同。但是，双方对解除聘用合同另有约定的除外。”

2004年，《最高人民法院关于事业单位人事争议案件适用法律等问题的答复》明确规定，“事业单位与其工作人员之间因辞职、辞退及履行聘用合同所发生的争议，适用《中华人民共和国劳动法》的相关规定。人民法院对事业单位人事争议案件的实体处理应当适用人事方面的法律规定，但涉及事业单位工作人员劳动权利的内容在人事法律中没有规定的，适用《中华人民共和国劳动法》的有关规定”。这一原则后被2007年通过的《劳动合同法》予以了明确。《劳动合同法》是我国调整劳动法律关系、解决劳动法律争议的一般性规定。《劳动合同法》第96条明确规定，“事业单位与实行聘用制的工作人员订立、履行、变更、解除或者终止劳动合同，法律、行政法规或者国务院另有规定的，依照其规定；未作规定的，依照本法有关规定执行”。《劳动合同法》第96条明确了劳动特殊法优于一般法的适用原则。换言之，如果法律、行政法规或者国务院对高校与教师之间订立聘用合同作出了特殊规定，那么优先适用特殊规定，只有法律、行政法规或者国务院未作规定的情形，才将《劳动合同法》作为调整高校教师聘用合同的依据。但是，“劳动特殊法优于一般法”的原则又存在过于模糊的问题。《劳动合同法》对何种情形算作法律、行政法规或者国务院“另有规定”却没有给出明确的判断标准，尤其当法律、行政法规或者国务院对聘用制合同规定过于笼统的情况下，是否属于“未作规定”的情形，存在很大的模糊性。例如，服务期条款虽然没有在《事业单位人事管理条例》中明确规定，但是可能被第17条笼统概括，在这种情形下，究竟是否属于“未作规定”的情形而应该适用《劳动合同法》存在很大的模糊性和争议性。

二、校内纠纷解决机制作用有限

以协商、调解为主要方式的校内纠纷解决机制是保障教师合法利益的第一道防线。在“双一流”高校建设背景下，校内纠纷解决机制不仅具有比校外司法救济时间短、成本低、程序简单的优势，其在校园内部解决纠纷的做法更是避免了高校与教师公开分歧，降低了高校与教师的对抗性，在意思自治的前提下“穷尽内部救济”① 协助双方控制争议并最大化维护了双方未来关系的和谐。

（一）校内协商调解专门机构缺失

目前，国内高校纠纷的内部解决方式主要有两种：一是教师申诉；二是校内协商调解。关于教师申诉，教育部《依法治教实施纲要（2016—2020年）》明确提出，“要健全完善教师的校内申诉制度，设立校内争议调解委员会等机构，公平、公正地调处纠纷、化解矛盾”②，但该条文仅为倡导性法律规定。同时，严格来讲，教师申诉更加适用于教育行政纠纷，不适用于聘用合同纠纷。

关于校内协商调解，《劳动法》第80条规定，在用人单位内可以设立劳动争议调解委员会。劳动争议调解委员会由职工代表、用人单位代表和工会代表组成。劳动争议调解委员会主任由工会代表担任。国务院《人民调解委员会组织条例》也规定企事业单位根据需要设立人民调解委员会。建立有效的校内协商调解机制有利于将高校聘任制下高校与教师的人事纠纷化解在萌芽状态，避免积压到“一裁两诉”中，可以说，高校内部调解委员会对教师合法权益的维护起到非常重要的作用。但事实是，很少有高校会在校内设立人事争议调解委员会。

（二）校工会调解角色缺失

同时，本应该在调解中占有重要角色的校工会在人事、经济和组织结构上严重依附于高校党政部门，更多倾向于站在学校立场上考虑问题和发声。大部分高校教师认为工会是高校的代言人，当发生利益矛盾时其往往不是站在教师一方，而是站在行政管理人员一方。这种长期以来形成的惯性思维导致校工会无法充分发挥调解协商、代表诉讼等重大维权作用，校内协商调解缺乏实效。

---

① 张奂奂、吴会会、张增田：《从对抗走向对话：美国高校替代性纠纷解决机制研究》，载《复旦教育论坛》2021年第2期。

② 《教育部关于印发〈依法治教实施纲要（2016—2020年）〉的通知》，载中华人民共和国教育部官网2016年1月11日，http：//www. moe. gov. cn/srcs。

理想的情况下，应当是在高校工会获得独立性的前提下，在校工会设立校内的劳动争议调解委员会。由于工会代表劳动者，对劳动者有亲和力，发生劳动争议时，劳动者因为信任工会组织而愿意选择设在工会的校内调解委员会调解。若当事人不愿调解或调解不成，当事人也可以直接向仲裁委员会申请仲裁。

三、劳动人事争议仲裁制度尚不成熟

（一）仲裁机构职能不明

2009 年 1 月施行的《劳动人事争议仲裁办案规则》统一了劳动争议仲裁和人事争议仲裁的办案程序，将二者合二为一，打破身份限制，实现劳动者身份的平等。而 2010 年 1 月实施的《劳动人事争议仲裁组织规则》则将劳动仲裁和人事仲裁的仲裁机构进行了最大限度的整合。在大部门体制机构改革的背景下，劳动争议仲裁和人事争议仲裁整合为一体的进程已经有了质的飞跃。

需要注意的是，在 2008 年实行的大部制改革中，劳动和社会保障部与人事部职责被整合，一并划入了人力资源和社会保障部。此后各地政府根据国务院机构改革的精神，逐渐将劳动争议仲裁委员会与人事争议仲裁委员会整合，成立劳动人事争议仲裁委员会。2017 年公布的《劳动人事争议仲裁组织规则》，其中第 9 条明确规定了劳动人事争议仲裁院为仲裁委的实体化办事机构，并下设于人力资源社会保障行政部门。在《组织规则》实施前，许多地区将调解仲裁管理处（科、股）作为仲裁行政机构以承担仲裁委的日常工作，同样下设于人社部门。仲裁委的仲裁权由法律赋予，作为仲裁委的实体化办事机构的仲裁院当然地承继了仲裁委的仲裁权，具体承担争议调解仲裁等日常工作，运用法律居中裁决人事争议纠纷。仲裁院普遍设立之后，由于《劳动人事争议仲裁组织规则》并未禁止仲裁委员会办公室的存在，一些地方使其得以保留，但仲裁院并非行政部门的办公室，在下发文件、制作仲裁文书、聘任和解聘专兼职仲裁员时都只能以仲裁委的名义，这导致仲裁院的独立性受到制约。根据《劳动争议调解仲裁法》第 18 条、《劳动人事争议仲裁组织规则》第 3 条规定，人社部门在劳动人事争议仲裁的处理上主要起牵头和指引作用。仲裁院是仲裁委的办事机构、对仲裁委负责并报告工作，但是设于人社部门内且行政管理隶属于人社部，人事管理、财政支出等要接受人社部的指导和监督。一方面是仲裁委的领导，另一方面是行政部门的行政管理，从实际来看，仲裁院的独立性并不强。此外，在仲裁委的人事组成上，其主要负责人一般对应人社部门的负责人，而专职委员则对应工会、工商联、经信委等部门的主要负责人。这使得仲裁委在劳动人事争议仲裁机构体系中无论是处于领导者还是被领导者的位置，都会受到行政部门的管控，在此情况下仲裁院的独立性进一步被削弱。由此可见，劳动人事争议仲裁机构整体上具有明显的行政化倾向。

相较于《劳动争议调解仲裁法》第 19 条，《劳动人事争议仲裁组织规则》第 7 条规定进一步明确了劳动人事争议仲裁委员会的基本职责，除了仲裁员的聘任、解聘权，争议案件的受理、重大或疑难争议案件的讨论及对仲裁活动的监督，还有仲裁委工作规则的制定及其他等职责。在仲裁实践中，人事流动并非日常、频繁事宜，故聘任、解聘仲裁员非仲裁委的经常性工作，则仲裁委的重要工作职责为受理争议案件、讨论重大或疑难争议案件以及监督本仲裁委员会的仲裁活动这三项。《劳动人事争议仲裁组织规则》第 8 条明确规定仲裁委每年应当至少召开两次全体会议。根据《政府信息公开条例》第 24 条规定，仲裁委召开全体会议一般由人民政府网站进行政务公开。但是通过各省人民政府网站进行查询，输入“劳动人事争议仲裁委员会”“劳动人事争议仲裁委员会全体会议”进行检索，发现省劳动人事仲裁委每年至少召开两次全体会议的落实并不到位，多则一年一次，基本上很少召开全体会议。省级以下劳动人事争议仲裁委员会召开全体会议的次数则更少。全体会议召开的意义在于研究其职责履行情况以及讨论重要工作事项，全体会议的缺失，会使得劳动人事争议仲裁会在总结职责履行与确定下一步在工作方向及工作重心的工作缺失，会造成仲裁委的领导职能及监督仲裁活动的职责被弱化。这种职能发挥的缺位，会使仲裁院变成“实际上的仲裁委”。

（二）仲裁受案范围较窄

关于仲裁的受案范围，2003 年公布的《最高人民法院关于人民法院审理事业单位人事争议案件若干问题的规定》中第 3 条规定明确写出人事争议的受理范围包括辞职、辞退及履行聘用合同发生争议情形，2007 年《人事争议处理规定》将事业单位的人事争议限定在“因解除人事关系、履行聘用合同发生的争议”，2017 年发布的《劳动人事争议仲裁办案规则》将受案范围定义为“因终止人事关系以及履行聘用合同发生的争议”。可见，高校与教师间因聘用合同的签订、变更所发生的纠纷并没有被列在劳动人事争议仲裁的受理范围内。根据目前的法规，在人事争议仲裁委员会受案范围之列的高校与教师之间的聘用合同纠纷只有两类：一是因终止人事关系所发生的争议；二是因履行聘用合同发生的争议。对此在实践中也没有统一的受理标准，对于终止人事关系、履行聘用合同的解释程度不同。若仅围绕“终止、履行”解释受案范围但不作扩张解释，对于例如“非升即走”等因素导致高校与教师不续聘从而引起的纠纷，则会被认定为签订新聘期的聘用合同所引发的争议，劳动人事仲裁委通常不予受理。劳动人事争议仲裁处理的受案范围过窄，往往会限制当事人的权益救济，不利于聘用合同纠纷的化解。

同时，仲裁的受案标准界定不明，对于一些问题不能明确解答。例如，民办高校与教师之间的人事争议能否进行劳动人事争议仲裁；《最高人民法院关于人民法院审理事业单位人事争议案件若干问题的规定》第 3 条中所指出的“工作人员”是否包括非正式在编的劳务派遣等工作人员；高层次的人才引进协议能否被认定为聘用合同；高校的年度考核行为能否被认定为履行聘用合同的行为等，各地劳动人事争议仲裁的解决标准不尽相同。例如，就民办高校的聘用合同纠纷是否属于劳动人事争议仲裁受案范围，部分地区将其排除在外，部分将其纳入受案范围，这就会导致同类案件在不同的仲裁机构存在不同的处理结果。

（三）仲裁与诉讼间衔接不顺

对人事争议仲裁的裁决结果不服，或者在人事争议仲裁委员会作出不予受理决定后，当事人能否寻求司法救济手段？在 2008 年大部制改革前，依据 2003 年发布的《最高人民法院对人事争议仲裁委员会的仲裁行为是否可诉问题的答复》，其中将人事争议仲裁定义为“人事行政主管部门对当事人的人事争议进行的行政裁决”，该答复中指出若当事人认为人事争议仲裁裁决侵犯其人身权、财产权的，可以依法提起行政诉讼，但将“事业单位与其工作人员之间因辞职、辞退及履行聘用合同所发生的争议”排除在可提起行政诉讼的范围之外。据此，对高校与教师之间因解除、履行聘用合同所发生的争议的人事仲裁裁决不服的，当事人不能提起行政诉讼，但是否有其他类型的诉讼救济，该司法解释并没有作进一步说明。

即便是在人事争议仲裁委员会和劳动争议仲裁委员会合并后，仲裁委员会的不予受理决定是否属于仲裁裁决，是否可以对不予受理决定提起司法救济，诸多司法解释也无涉及。在聘用合同纠纷的法律实践中，法院一般会否定对人事仲裁委员会的“不予受理决定”提起司法救济的做法。因为按照法理，仲裁裁决通常是指仲裁机构对争议进行实体权利义务的裁判，而不予受理决定属于对程序的裁决。人事仲裁与诉讼的衔接不顺导致救济不力。

四、诉讼救济制度不健全

（一）受案范围狭窄

在诉讼制度体系中，关于高校聘用合同纠纷的受案范围，相关司法解释规定“事业单位与其工作人员之间因辞职、辞退及履行聘任合同所发生的争议”。据此，在司法审判实践中，不同法院、不同法官对受案范围的具体边界认定不同。

当高校与教师之间因辞职、辞退及履行聘用合同产生纠纷时，不可避免地会涉及教师的福利待遇、社会保险等问题，当这些事项被列入聘用合同时，法院对涉及这些纠纷的受理没有疑问；若在聘用合同中没有规定，对此的处理则存在分歧。有观点对其进行解释是属于“履行聘用合同”的情形，可以受理；有观点认为应当进行严格解释，仅围绕“辞职”“辞退”“履行”，不属于以上三项即不予受理，从法律规定本身来看是合法的。但在现有法律规范对聘用合同没有作出关于内容的强制性规定时，事业单位会回避责任与义务，不利于事业单位工作人员保护自己的权益，在现实审判中依据法官的自由裁量来判断，会造成裁判尺度不统一的情形，司法公信力的损伤会减弱高校与教师之间的信任，不利于“双一流”建设。

在现实生活中，高校与教师之间常会发生解聘行为，从词义上解聘包含辞退。从常理上理解，高校与教师之间因解聘行为发生矛盾纠纷被纳入法院受案范围应为常态，但通过裁判文书的梳理发现，不少案件认定高校教师的诉请不属法院受案范围，拒绝了当事人司法救济的申请。例如，“周某知诉大连工业大学人事争议纠纷案”中，法院最终认定其属于自动离职情形；“王某贵与沈阳大学人事争议纠纷案”中，认定该案件属于确认双方是否存在人事关系的案件，不在法院受案范围；“江某生与北京大学人事争议纠纷案”中，法院认定原告提出的恢复人事关系的诉请不属于受案范围等。可见，当因解聘行为在高校和教师间产生纠纷时，法院对于解聘行为是否属于诉讼的受案范围进行判断时，一般会依据法律条文作出较小限度的解释，其自由裁量权的行使范围也限于受理辞退、开除以及解除合同等类纠纷。对于违规不续聘、确认人事关系、恢复人事关系等类案件，教师想通过诉讼方式获得司法救济，但是因为受案范围的限定及法院的谨慎解释，会使得这些案件被排除在受案范围之外。对于教师来说，当发生此类情形时，个人权益无法得到有效保障。

（二）程序审查不足

在法律规定中，《事业单位人事管理条例》第 16 条和第 17 条，《教师法》第 37 条，《高等教育法》第 51 条规定都赋予高校一定的单方解除聘用的权限，双方也有约定聘用合同签订、解除等事项的权限。因此，双方的约定一般是被认为合法有效的。然而，高校聘用合同是高校基于事业单位优势身份而设立的格式条款，教师一般只有接受而无协商的可能。[①]《民法典》第 496 至 498 条对格式条款从“扩大说明义务、加重违法说明义务责任及按照有利于劳方的解释”[②] 进行了概括性规制，对“劳资方”的地位进行了再平衡。

① 翟翌、范奇：《“非升即走”背景下解聘纠纷司法救济模式之选择》，载《高教探索》2022 年第 4 期。

② 参见《民法典》第 496 条规定：“格式条款是当事人为了重复使用而预先拟定，并在订立合同时未与对方协商的条款。采用格式条款订立合同的，提供格式条款的一方应当遵循公平原则确定当事人之间的权利和义务，并采取合理的方式提示对方注意免除或者减轻其责任等与对方有重大利害关系的条款，按照对方的要求，对该条款予以说明。提供格式条款的一方未履行提示或者说明义务，致使对方没有注意或者理解与其有重大利害关系的条款的，对方可以主张该条款不成为合同的内容。”第 497 条规定：“有下列情形之一的，该格式条款无效：（一）具有本法第一编第六章第三节和本法第五百零六条规定的无效情形；（二）提供格式条款一方不合理地免除或者减轻其责任、加重对方责任、限制对方主要权利；（三）提供格式条款一方排除对方主要权利。”第 498 条规定：“对格式条款的理解发生争议的，应当按照通常理解予以解释。对格式条款有两种以上解释的，应当作出不利于提供格式条款一方的解释。格式条款和非格式条款不一致的，应当采用非格式条款。”

同时，比照公务员的三大法定标准，[①] 我国高校聘用教师仅仅是不具有行政编制，但却满足其他标准。高校教师作为高等院校的组成部分，代表高校完成法定教育任务，执行教育给付义务，并受到高校的高权管制，高校教师作为特殊的国家公职人员，其权益在面向教育公益事业时可能受到限制，但这种权利限制也应当在必要限度内，即符合行政法上的比例原则。综上所述，在高校教师聘用合同纠纷的诉讼中，不能忽视合约性审查，更不能忽视合法性审查。

实践中，法院将教师聘任合同定位为私法合同，经由仲裁进入民事诉讼并贯彻“当事人中心主义”原则，法院的判决以当事人发生纠纷的民事权利义务关系发生或消灭的法律事实为界，对当事人之间的自认事实不予介入或作出相反的决定，通常也不会依职权作出调查取证的行为，[②] 因此这类完全的私权处理机制导致了程序审查的不足是无法避免的。申言之，聘用合同纠纷在诉讼的程序法概念中被完全当作民事合同看待。民事合同的订立重视双方当事人的合意、重视双方当事人平等原则，因此法院在对民事合同进行审查时，重点关注双方当事人的行为是否符合合同约定，对于签订聘用合同的程序审查较少。

在审判实践中，法院在审查高校行为时，通常将会着重放在是否遵守聘用合同中与教师的约定，对于其行为是否遵守相关程序基本不作审查，即便是当事人在诉讼请求中提出关于高校行为当时的程序异议。例如“郭某诉江南大学人事争议案”[③] 中，原告主张江南大学的行为违反了程序正当原则，法院没有对此作出回应，仅对高校是否履行约定作出审查。在其他类似的案件中，当原告提起如“确认双方当事人之间的人事关系”的确认之诉，或“撤销违法开除处分”恢复双方当事人人事关系的撤销之诉时，一般均会被法院以不属于聘用合同争议范围予以排除或不受理。尽管根据《教师法》的要求，高校与教师之间须遵循地位平等的原则签订聘任合同，但是聘任合同的目的

---

① 参见《公务员法》第2条规定：“本法所称公务员，是指依法履行公职、纳入国家行政编制、由国家财政负担工资福利的工作人员。”

② 周钟敏：《公立高校教师解聘纠纷的司法审查困境及其破解》，载《安徽大学学报（哲学社会科学版）》2020年第4期。

③ 参见（2016）苏02民终4613号“郭某诉江南大学人事争议上诉案”二审判决书。

是履行公共教育职责，实现教育管理目标。这一目标的实现，必然要求赋予高校在教师聘任合同的订立、履行和解除过程中一定的行政特权。高校的行政特权在聘用合同的解除中表现得尤为明显，如果不对高校作出的关系聘用合同的签订、解除等行为进行必要的程序审查，势必会滋生高校的乱为和不作为，进而影响公共利益和教师合法权益的实现。以聘用合同中晋升规则和高校发展的冲突为例，在“双一流”高校建设背景下，“非升即走”条款虽然有助于倒逼高校教师按照考核指标积极展开科研工作，但晋升的考核指标可能因过于重科研轻教学而与《高等教育法》第5条对大学基本任务的规定相冲突，对此类诉讼的审查就不能仅限于合约性审查，[1] 更要将合理性审查和合法性审查纳入审查范围内。2020年，教育部《关于进一步加强高等学校法治工作的意见》[2] 指出对校内成员处分要“遵循比例原则，严格履行合法程序”，进行合法性审查，传统的民事诉讼很难与此相对应，但“校内、行政、司法救济的有机衔接”预留了多元的司法救济接口。

（三）法律适用混乱

法院在解决高校教师聘用合同纠纷时基本采用民事诉讼的审查标准，贯彻“当事人中心主义”的原则，将合约性审查作为解决聘用合同纠纷的主要内容，重点判断高校和教师的行为是否符合聘用合同的约定。但是由于高校作为事业单位具有行政管理权限，导致其在聘用合同的签订、解除中占据优势地位，将双方因解聘行为发生的人事争议适用平等民事主体之间解决矛盾的方式，不利于保护处于弱势一方的教师的合法权利。因此，法院在极少数情况下也会采取合法性审查的方式审查高校的行为。例如，在西安电子科技

---

① 曾平江、张崇生：《高校教师聘用合同中限期升等条款的审查与矫正》，载《中国高教研究》2021年第5期。

② 参见教育部《关于进一步加强高等学校法治工作的意见》第5条规定：“健全师生权益保护救济机制。对教师、学生的处理、处分，应坚持教育与惩戒相结合，遵循比例原则，严格履行程序，处理、处分决定作出前应当进行合法性审查。建立健全校内权益救济制度，完善教师、学生申诉的规则与程序。探索建立听证制度，对涉及师生重大利益的处理、处分或申诉，必要时采取听证方式，确保作出处分或申诉决定程序的公平公正。建立校内救济与行政救济、司法救济有效衔接机制，保障教师、学生救济渠道的畅通。探索设立师生法律服务或援助机构，为师生依法维护权益提供咨询和服务。”

大学与王某人事争议一案[①]中，法院认为西安电子科技大学作出的解聘决定，既没有向同级人事管理部门备案，也没有将该决定送达王某，故该决定违反法律的规定，应依法予以撤销。通常情况下，法院将教师聘任合同认定为民事合同，以合约性审查为标准，然而高校所享有的行政特权决定法院如果仅进行合约性审查，高校的行政权力、聘任合同的公益性将会脱离司法监督，很可能步入社会公共利益虚化及教师合法权益得不到救济的怪圈。因此，法院在审理该类纠纷时不得不在合约性审查和合法性审查之间摇摆不定，造成审查标准的模糊。

因此，司法审查在实体审查环节的法律适用混乱，即“时而适用人事法律法规，时而适用劳动法律法规”，这使司法裁判在一定程度上可能出现同案不同判的现象，会减损司法裁判的权威。譬如，在糜某与江南大学人事争议一案[②]中，裁判要点在于法院认为两者之间建立的是人事关系，发生的人事争议，应当适用《事业单位人事管理条例》等法规及其配套规章规定；江南大学依据双方协议的约定，即未能晋升副教授而于协议期满终止人事关系，故《关于进一步加强高等学校法治工作的意见》中所涉及的经济补偿金适用范围与本案存在不同。另如在黄某毅与四川大学人事争议纠纷一案中，法院却认为，“事业单位与其工作人员之间所发生的人事争议，应该适用劳动法等相关的规定处理”[③]。

聘用合同纠纷的解纷机制中法律适用的混乱，一定程度上是由聘任制改革过程中的各种历史因素及各方面矛盾叠加造成的。一方面，现有法律并未对高校教师聘任合同的法律属性作出明确界定。现行的《教师法》《高等教育法》等法律规范中，并未有条文对教师聘任合同的法律属性提出确切的认定。随着聘任制改革的深入，对于高校教师聘用合同性质的讨论也一直存在。有观点认为高校与教师之间本质上是双方平等的劳动关系，因此聘用合同是劳动合同。还有观点提出，高校与教师之间存在着管理与被管理的关系，双方在签订合同时并非完全对等，因此高校教师聘任合同具有行政合同的性质。

---

① 参见（2016）陕01民终5826号“西安电子科技大学与王某人事争议上诉案”二审判决书。
② 参见（2018）苏02民终3225号“糜佳与江南大学人事争议案”二审民事判决书。
③ 参见（2016）川民申2553号“黄某毅诉四川大学人事争议纠纷案”。

另有观点认为，高校教师聘用合同并不是典型的民事合同，也并非典型的行政合同，其是一种兼具公法与私法特质的混合合同。主流观点认为，公立高校与教师的聘任合同是特殊的劳动合同。对高校教师聘用合同性质的不明确，会导致教师聘任合同纠纷发生时对于法律的适用产生混乱。

另一方面，与高校教师聘用合同具有一定的传统的公法属性有密切关系。[①] 根据《高等教育法》规定，高校享有人事自治权，可以公开招聘教师并进行管理和监督。高校与教师之间存在的管理与被管理关系，必然受到行政法等公法的约束。高校所作出的部分行为，例如依法定程序对教师的解聘、对其教师资格的认定等，都是行政部门授权高校作出的行政行为。因此，高校教师聘用合同具有一定的公权力属性。与此同时，“受高校自治属性和内部行政行为理论的影响”[②]，在对聘用合同相关纠纷是否属于受案范围进行审查时，法院通常在高校解聘行为等问题上作出严格解释，也造成了高校教师权利不能得到有效保障等问题。

第三节　高校聘用合同纠纷解决机制的完善思路

如前文所述，我国高校聘用合同纠纷解决机制尚未健全，《教师法（修订草案）（征求意见稿）》强调要将教师作为目的而非手段，相关部门应避免将教师作为“科研收割机”，给予其教书育人的稳定环境，实现科研、教学并重，完善高校与教师间聘用合同纠纷解决机制，在我国高等教育发展以及科研水平的进步上都具有举足轻重的作用。高校聘用合同作为具有一定行政特性的特殊劳动合同，承担了全面兼顾行政、劳动要素的责任——既要遵守有关劳动立法的规定，切实保障教师合法权益，还应恪守法治“限制公权力”的核心要义。因此，完善高校聘用合同的解决机制可面向三类主体，从内部与外部两个方面入手，即高校内部申诉机制的完善与外部诉讼机制及程序救

---

① 周钟敏：《公立高校教师解聘纠纷的司法审查困境及其破解》，载《安徽大学学报（哲学社会科学版）》2020 年第 4 期。

② 周钟敏：《公立高校教师解聘纠纷的司法审查困境及其破解》，载《安徽大学学报（哲学社会科学版）》2020 年第 4 期。

济制度的完善。

一、健全相关法律规定和政策支撑

在宏观层面，可以适当调整相关法律政策，比如明确规定高校教师的退出机制，为高校教师的退出过程提供正确的指导和规范，确保退出机制得以在坚实的法律体系支撑下运行，同时保护高等院校和教师的法定权益。除此之外，健全与高校教师相关的人事争议的相关法律规定，于我国传统的高校体制下，在编的教师几乎不会面临强制性退出的问题，然而配套制度的不健全或相关法律法规的缺失，都在一定程度上导致部分教师辞聘过程中产生人事纠纷。

目前，《教育法》《高等教育法》等法律和政策中已包含了一些可为高校教师退出策略执行提供基础的条款。2008 年颁布的《劳动合同法》以及 2014 年实施的《事业单位人事管理条例》对于加强高校教师的退出管理具有一定的支持作用。然而，国家尚未制定专门针对高校教师退出的具体法律法规，现有的规定在行业特定性方面仍显不足。在解聘教师的前置条件、权利主体、程序要求和申诉途径等关键问题上，缺乏清晰、可执行的法律规范，这在实践中影响了法律的有效执行。因此，迫切需要加强针对高校教师退出机制的立法工作，从国家层面出台专门的法律规定，以便为高校教师的退出提供明确的法律依据，确保这一过程的正当性、公正性和透明性，这将不仅有助于保障教师个人的合法权益，同时也利于高校管理的规范化和专业化。

同时，完善高校聘用合同纠纷的机制，还可以从健全现有的社会保障体系入手，涉及广度和深度两个方面，涉及政府社会保障、人力资源管理、教育等部门，需要各政府部门的统筹协调。具体来说，该种保障制包括三个方面：一是加强高校教师保险制度与社会保障制度的对接，加强对教师的社会保障；二是建立顺应高校发展，符合高校特点的失业保险或辞聘保险制度，提高失业高校教师的保险待遇，保证基本生活；三是建立健全高校失业教师再就业体系。2014 年 10 月，国务院发布相关文件中提出，自 2014 年 10 月 1 日起，开始启动对机关事业单位养老保险制度的改革。这一变化对高校教师向社会流动起到了积极的导向作用。根据中山大学的实验结果显示，2012 年，为解决第一批高校实施聘任制改革后的讲师聘任期满不再续聘的问题，学校规定在国家出台关于事业单位工作人员社会养老保险的规定之前，因教师职务聘任合同期满自然终止、学校不再续聘的教师，如其本人在机关、事业单位的工作年限与社会养老保险缴费年限不能等同的，指本人与学校解除人事关系后，其首次受聘的岗位属于非国家机关、非事业单位、事业单位的非固定编制岗位的，可参照《关于解决离开机关事业单位人员养老保险有关问题的通知》相关规定，在本人一次性缴纳完成其在校内工作时间的养老保险费后，根据社保机构出具的缴费凭证，学校可根据实际情况给予相应的补贴，对于讲师聘任期满不再续聘的教师，学校可参照《劳动法》向相关教师提供一次性补助金。上述两项“内部制度”实施后，都实现了对教师流动的积极推动。

二、完善高校科学教育评价体系

2015 年，国务院印发了《统筹推进世界一流大学和一六学科建设总体方案》，标志着我国高校进入“双一流”建设时期，《关于解决离开机关事业单位人员养老保险有关问题的通知》中明确规定，要将完善大学内部治理作为“双一流大学”建设重点任务。高校聘用合同是高校人事管理制度的重要方式，同时也是高校内部治理，人才培养的重要方面，长期以来，我国高校聘用合同纠纷解决存在法律缺位的问题，由此导致高校与教师间出现人事纠纷时常常无法可依的窘境，2014 年，《事业单位人事管理条例》的颁布对高校人事纠纷的有效解决具有里程碑式的意义，为高校与教师间的聘用合同法律纠纷的解决提供了法律依据。然而，于实践中，高校内部的机制完善能够更有效地对聘用合同纠纷起到源头治理的作用，一方面，司法作为维护主体权益的最后一道防线，往往难以达到解决众多争议的效果；另一方面，于高校自身而言，完善科学的教育评价体系及权利救济机制是保障学校立德树人、人才培养、发展科学的基础。高校内部机制的完善可以从实体和程序两个方面展开。

（一）实体层面

公权力机关的权利赋予与管理效率是我国长期以来教育法制建设过程中极为重要的一环，高校通过设立“非升即走”的制度迎合政府教育评价现象的本质是权力与利益的交织问题，因此，克服高校“非升即走”制度中设立的高校教师“唯论文”“唯项目”的职称评定困境，归根结底靠的是改变“指挥棒”。政府作为遏制高校“非升即走”制度异化的主动方，需要主动改变单纯追求高效管理的教育评价体系，将教育教学、人才培养同样作为与论文、课题项目同等重要的事项，正如《教师法（修订草案）（征求意见稿）》第6条第1款规定：“国家根据各级各类教师的职责任务和从业特点，实行相应的管理体制，完善相应的制度体系。”为此，政府应从建立科学分类的教育评价体系入手，减少短期的学术诱导行为。其一，探索取消综合性学科评价，设立专项的科研创新评价、人才培养评价、教学能力评价，促进大学多元化发展。其二，适当延长教育考核周期，减少教育评价频次，保证高校在开展人才培养与学科建设时具有充足的时间，保护教师拥有稳定的研究环境。其三，考虑将国家级、省部级课题与奖项等政策话语进行转变，鼓励高校加大对业绩产出的自主认定，同时考虑将越来越多的项目向青年教师，初级职称教师倾斜，为青年教师打造良好的科研生态环境。高校聘用条款作为带有一定行政合同属性的劳动合同，决定了教师将面临高校后续诸多的“准行政管理行为”。为规范高校的公权力，政府还应构建针对高校“非升即走”纠纷的行政复议或类似救济制度。当然，为节省行政资源，高校校内申诉制度可作为前置程序，《教师法（修订草案）（征求意见稿）》第50条即规定：“教师对学校教师申诉委员会做出的决定不服的，可以自该处理决定生效之日起六十日内，向学校的主管教育行政部门提出申诉，或者向同级综合人事管理部门申请人事争议仲裁。”

1. 严格入职制度。《教师法（修订草案）（征求意见稿）》第23条规定：“教师实行岗位聘任制度。教师根据职务级别聘用到相应岗位。……高等学校结合指导意见，根据教学、科研等需要，设置岗位及岗位聘任标准。”高校应根据本校空缺岗位数量，建立由校内外专家共同组建的“招聘审核委员会”，对求职学者展开全面严格的学术评价，从源头上做到优中选优。

2. 延长预聘期。与延长预聘期关系最为密切的是高校“非升即走”制度，我国高校聘用合同中存在预聘期时间设置较短的问题，这在无形中加大了教师科研功利化的偏向。与国外高校的预聘期设置相比，比如哈佛大学为7年，密歇根大学为8年、哥伦比亚大学为9年，耶鲁大学为10年，而我国高校往往是将预聘期设为3年或4年。然而，绝大部分科学研究都是长期积累的过程，在预聘期与科研压力难以平衡的情况下，很难保证教师教学质量与科研质量的稳步提升。因此，可以采用延长预聘期的方式，为教师的研究提供充足稳定的时间。

3. 构建多元化、差异化科研考评标准。“学术评价是学术共同体运行的内在机制”“也是学术管理的重要手段，借以对学术活动进行调节”“教师所从事的工作是一种编码程度低的工作。从某种意义上看，大学是一个缺少规则的特殊团体。”① 自近代以来，科学技术先后分化发展，可以说当前我国的学科发展已经呈现整体化、多样化的发展趋势，各学科之间的交叉与渗透日益频繁，学科界限也并非泾渭分明，然而，学科差异依然显著存在，不论是从知识属性、研究范式还是价值取向、成果形式上等都可以对学科差异进行识别。对于不同学科不能采用“一把尺子量到底”的评价标准，《教师法（修订草案）（征求意见稿）》第29条规定：“学校或者其他教育机构应当建立健全科学的考核评价标准，全面反映教师的师德表现、职责要求、岗位特点；考核应当客观、公正、公开、准确，并以适当方式听取教师本人、其他教师以及学生的意见。”因此，高校应当针对不同学科、不同研究领域构建不同的标准，比如对于人文类社会科学类学科，应强调其引领思想的能力、研究成果的决策价值与普适意义；对于基础性研究学科，应强调其思想的突破性或前沿性；对于应用性研究，应强调其学术成果转化为实际生产力的潜力，通过构建不同的、有所侧重的学科评价标准，有效提升高校学术评价体系的科学性与人性化程度。

4. 构建科研成果持续承认机制、学术代表作制度。“学术关乎思想，思想意味着托付和献身，它不能忍受计算思维的审视”，在“学者本位”价值观下，设立科研成果持续承认机制，保证无论署名单位为何的科研成果都可以参与本单位的职称评审是维护学者权益的必然选择。2018年7月，中共中央办公厅、国务院办公厅印发的《关于深化项目评审、人才评价、机构评估改革的意见》即要求“推行代表作评价制度，注重标志性成果的质量、贡献、影响”。采用学术代表作制度既弱化了高校“非升即走”制度下对过度量化考

---

① 顾建民:《学科差异与学术评价》，载《高等教育研究》2006年第2期。

核的要求，也弱化了以刊物级别代替论文水准的倾向，为完善的考核体系建设提供了良性导向。

5. 实行科研积分制。除学术代表作制度外，科研积分制也是对高校教师的一种考核机制，比如在部分高校中，除论文数量要求外，高校还要求教师必须在指定级别的期刊上发表论文或申请到特定级别的项目，否则不予晋升。当前，在权威期刊发表论文或参与省部级及以上级别的项目是“僧多粥少”，通过建立完善、合理的科研积分制可以赋予教师更加灵活且宽松的发展空间。比如，对于指定权威期刊论文值 10 分，普通 C 刊或核心论文值 2 分，只达到特定总分值，都可以参与高级职称的评聘，如此能够有效克服必须发表制定期刊论文的“一刀切”式做法带来的弊端，让制定本身更具科学性，更能彰显人文关怀。

6. 加大对教师教学表现的重视。教书育人是高校教师的职业本责。“教育是以培养人为目的的活动”，而实现这一目标的“主要途径就是陶冶与唤醒，建构对话的师生关系。”《教师法（修订草案）（征求意见稿）》第 10 条对教师的基本义务进行了明确的规定：“贯彻党和国家教育方针，践行立德树人根本任务，遵守职业行为准则，执行课程标准履行岗位职责，潜心教书育人，完成教育教学工作任务”“适应时代要求和技术变革，更新教育观念，创新教育教学方法，不断提高教书育人能力，成为终身学习的倡导者、践行者”；除此之外，第 45 条也对学校为教师开展教学活动提供必要保障进行了规定：“保障教师潜心教书、静心育人”。因此，于高校自身而言，应当将教师的教学表现作为职称评聘的必要条件，有效平衡教学岗、科研岗、教学科研并重岗的教师数量，为三类不同岗位设置不同的晋升标准，特别是对于教学岗教师而言，应将其晋升标准与科研成果的产出要求进行弱关联性，从而为科研能力不强但教学能力突出的教师提供一席之地，肩负起高校立德树人的根本任务。

7. 完善配套保障措施。我国高校在资源支持方面主要倾向于知名专家教授，对新入职年轻学者的资源保障相对忽视。《教师法（修订草案）（征求意见稿）》第 38 条第 2 款规定：“高等学校根据国家有关规定，自主确定内部分配办法，健全以增加知识价值为导向、符合高等学校行业特点的工资收入分配制度。”高校应对新入职的青年教师构建更为合理的薪酬绩效福利体系，提供更优的科研启动经费与相对优质的办公条件。

（二）程序方面

1. 建立高校内部职称评定制度与评定情况的信息公开机制。高校聘用合同作为带有一定行政色彩的劳动合同，无论是从受聘方与聘用方之间的平等竞争还是从其带有的行政要素来看，教师的职称评定都应当经过严格的程序公开，从而实现有效的监督。比如，高校可以采用学校官网、校内数字平台等方式对聘用合同条款进行公布展示，对于未经公布的，不能作为教师职称评定或续聘解聘的正当依据。还应当建立高校与教师聘用合同制定与完善的协商机制。将教师群体主动参与治理作为维系教师利益的一种重要做法，这种方式在英美法系国家得到广泛运用，相比之下，我国公立高校教师评价考核指标的制定则更注重行政指导，这也与我国高校教师间聘用合同的法律属性有一定关系。《教师法（修订草案）（征求意见稿）》第 9 条即规定教师“对学校教育教学、管理工作享有知情权、参与权、表达权和监督权，通过教职工代表大会或者其他合法方式参与学校的民主管理”；第 26 条规定学校聘用合同的出台应“充分听取教职工意见，履行民主程序后制定”。因此，在制定聘用合同相关条款过程中，应当对校内教职工意见进行广泛征集，除此之外，“非升即走”聘用条款本身就含有劳动关系，高校当然应遵守《劳动法》第 17 条“平等协商”条款，就“非升即走”聘用条款与教师展开充分协商与商讨，甚至，高校可以在协商一致的情况下，采用在双方聘用合同上进行备注等方式以满足教师合理的个性化职业规划与发展需求。

2. 构建“编制瓶颈”应对机制。对于高校教师的职称评定应当与学术评价标准直接挂钩，而不应当受到校内编制数额的限制，对此有部分学者提出，要扩大高校人事管理的自主决策权力，但从客观实际来看，赋予高校独立的编制决定权并不合理。对比国外相关做法，美国设立了“准终身职位”，即针对部分符合高级职称评定标准的教师因名额问题而无法获得相应职称提升时，可以先进入这一职位，等名额空出时再进行程序上的晋升。

3. 完善聘用合同纠纷的校内申诉机制。《教师法（修订草案）（征求意见稿）》第 49 条第 1 款规定：“教师对学校或者其他教育机构做出的处分决定或者考核结论不服，或者认为学校的处理及其他管理行为侵害其合法权益的，可以在六十日内向学校或者其他教育机构提起申诉。”规范的校内申诉制度可以为教师提供程序公正，尽可能地将矛盾纠纷解决在校内，免除诉讼的成本浪费。于校内申诉而言，其制度核心在于解聘听证制度的完善，比如将哪些人纳入听证参与人员之中，可以包括教师代表、学校与学院学术委员会成员、相关职能部门代表、学生代表等，以实现对教师科研、教学水平和工作情况的综合考量，在听证过程中，应当对申诉人的申诉请求及相关佐证材料进行全面搜集和公开公布，对于未经听证的材料不应当作为高校解聘教师的依据。

三、健全教师权利救济体制

（一）对行政复议或行政诉讼的司法适用进行限定

根据《行政诉讼法》的规定，行政争议是必然有公法主体参与，即诉讼双方中一方必然为行政机关或法律法规授权组织。然而，于我国的公立高校而言，中学小学或具有公法人性质，但一般不具有独立的行政主体资格，可视为不具有完全能力的公法法人。然而在高等教育领域，一方面高校可能成为行政主体，与学生或教师发生行政法律争议，如刘某文诉北大案、田某诉北京科技大学案、怀孕女生诉重庆邮电大学开除案等；另一方面高校也可能成为行政相对人，与作为行政主体的教育行政机关发生行政法律争议，如西北政法大学申某案，虽然此类案件并不多，但在实践中存在大量此类纠纷。根据《教师法》第7条规定：教师权利不仅包括与教育教学直接相关的教育教学权、学术自由权、学业指导评定权、培训权，还包括参与权和薪酬权。教师与高校的法律关系既有人事关系也有合同聘任关系。当前，在《教师法（修订草案）（征求意见稿）》中并未对司法救济展开规定，但高校与教师间聘用合同具有一定行政要素的劳动合同属性决定了其内含行政要素，故其涉及教师管理权等公权力的运用，因此，关于教师与高校间因聘用合同发生的纠纷理应能够进入行政诉讼程序，这符合法治“约束公权力”的要义，也符合《教师法（修订草案）（征求意见稿）》“保障教师合法权益”的宗旨。

（二）实行有限司法审理

学术自由是大学自治的核心，在司法审理过程中，应当坚持“学术遵从”

的基本原则，即在高校与教师发生聘用合同争议时，司法机关可对聘用合同本身的程序性、实体性内容展开全面的审查，但是对于学术性、专业性问题，应只进行程序审查，尊重高校在论文方面设置的晋升标准，维护学术自由。不过，这并不意味着在司法审理的过程中，司法机关完全无权干预高校的学术决定，在实践中，美国司法机关在处理高校惩戒纠纷的过程中发展出了“明显武断或恣意的标准”，即当高校的学术决定具有明显武断或恣意的表征时，法官可以对学校所作出的学术决定的合理性展开审理，这一审判标准针对的行为主要包括：不具备学术判断能力、背离公认学术准则、出于不良动机、带有与学术无关的偏见、存在打击报复、违反平等、任意无常等。借鉴域外此类审判经验，结合我国高校当前聘用合同条款的运用，法院应以行政、劳动两类法律规范为依据对高校聘用合同纠纷展开审理：其一，根据《教师法（修订草案）（征求意见稿）》《高等教育法》《教师资格条例》等教育法律法规规定，审查聘用合同签订后的具体管理行为，如高校对教师进行职称评审时，是否遵循了信息公开、说明理由、陈述申辩、回避等基本程序规则；其二，根据《劳动法》《劳动合同法》《劳动合同法实施条例》中的程序性规定，审查“非升即走”聘用合同的签订、履行、解除过程是否符合法定程序，如聘用结果是否公开、高校与教师是否展开平等协商、合同解除是否提前告知等；其三，根据“明显武断或恣意的标准”，审查高校在制定职称评聘的相关规定时是否存在明显武断或恣意的情况，从而判断评聘规定的实质合理性。

主要参考文献

［1］白星晖：《聘用合同单方解除权的适用规则》，载《人民司法》2020年第5期。

［2］曹国永：《高校人事制度改革要处理好六个关系》，载《光明日报》2014年4月1日，第13版。

［3］曾平江、张崇生：《高校教师聘用合同中限期升等条款的审查与矫正》，载《中国高教研究》2021年第5期。

［4］陈莉：《高校推行聘用合同管理中的相关问题研究》，载《经济师》2008年第9期。

［5］陈敏：《论人事聘用合同与劳动合同的并轨——兼谈〈事业单位人事管理条例〉的弊端》，载《政治与法律》2015年第2期。

［6］陈芸芬：《高校教师聘用合同法律适用探析》，载《福州大学学报（哲学社会科学版）》2019年第6期。

［7］刁慧娜：《高校教师劳动合同法律适用问题研究》，吉林大学2011年硕士学位论文。

［8］丁烈云：《高校人事制度改革须建立竞争机制》，载《辽宁教育》2012年第6期。

［9］方芳、汪莉：《从教师人事纠纷反观学校人事制度变革及应对——基于35例教师人事纠纷案例的实证研究》，载天津市社会科学界联合会：《天津市社会科学界第十五届学术年会优秀论文集：壮丽七十年　辉煌新天津（下）》，2019年。

［10］付光玺：《高校人才聘用合同法律问题探讨》，载《安徽科技学院学报》2006年第6期。

［11］高延坤：《公立高校人事争议“仲裁—诉讼”机制研究》，上海交通大学 2017 年博士学位论文。

［12］高一力、王寒：《高校人事争议仲裁机制的反思与完善》，载《西部学刊》2022 年第 1 期。

［13］顾剑秀、罗英姿：《大学教师学术评价：场域特征、价值标准及制度建构》，载《教育发展研究》2016 年第 23 期。

［14］郭丽君、蒋贵友：《高校教学同行评议的制度化困境研究——新制度主义视角的分析》，载《湖南师范大学教育科学学报》2019 年第 3 期。

［15］郭文哲：《从聘任合同纠纷案例论高校教师的法律主体地位》，湖南大学 2017 年硕士学位论文。

［16］郭祥林：《高校教师岗位聘用合同管理中的瑕疵及对策》，载《江苏高教》2009 年第 1 期。

［17］何平：《顺流而上还是急流勇退：我国事业单位人事关系法律定位的选择》，载《现代法学》2012 年第 3 期。

［18］胡林龙：《高校教师聘用合同纠纷法律适用的制度与理念——以教师流失纠纷法律救济为视角》，载《河南师范大学学报（哲学社会科学版）》2007 年第 3 期。

［19］胡林龙：《高校人事代理的制度构成与关系规制——一种新的法律现象的思考》，载《中国高教研究》2006 年第 11 期。

［20］康建辉、王渊：《劳动合同：高校教师聘用合同的基本性质》，载《当代教育科学》2008 年第 17 期。

［21］雷艳平：《浅析高校教师人事争议的法律适用问题》，载《法制与社会》2010 年第 4 期。

［22］李凤莲：《高校教师“非升即走”制度的合法性反思》，苏州大学 2018 年硕士学位论文。

［23］李建忠：《事业单位聘用合同管理问题与规范对策》，载《中国人事科学》2023 年第 1 期。

［24］李洁：《事业单位人事争议救济制度研究》，载《西南政法大学》2008 年。

［25］李来原：《论事业单位在编职工聘用合同的法律性质》，载《绵阳

师范学院学报》2016 年第 12 期。

［26］李来原：《事业单位在编职工预告辞职权的约定及其法理限度——兼评〈事业单位人事管理条例〉第十七条》，载《湖南工业大学学报（社会科学版）》2016 年第 6 期。

［27］李立国：《建立合理有序的高校教师流动机制研究》，载《国家教育行政学院学报》2010 年第 1 期。

［28］李连梅、姜林：《中国大学“准聘—长聘”制度的缘起、困境与走向》，载《现代教育管理》2021 年第 7 期。

［29］李庆锋：《普通高校人才引进风险的法律防控》，载《中国人才》2010 年第 13 期。

［30］林雪卿：《公立学校法定解除教师聘用合同的条件设定》，载《山西师大学报（社会科学版）》2009 年第 6 期。

［31］刘东霞：《我国高校教师聘任制度的变迁分析》，载《科协论坛（下半月）》2010 年第 11 期。

［32］刘剑文：《高等教育体制改革中的法律问题研究》，北京大学出版社 2005 年版。

［33］刘莉、季子楹：《现实与理想：目标群体认同视角下的高校科研评价制度》，载《高等教育研究》2018 年第 3 期。

［34］刘祥国：《论事业单位聘用合同的法律属性》，载《湖南社会科学》2006 年第 1 期。

［35］刘小强、蒋喜锋：《知识转型、“双一流”建设与高校科研评价改革——从近年来高校网络科研成果认定说起》，载《中国高教研究》2019 年第 6 期。

［36］刘之远、沈红：《研究型大学长聘教职制度：争议、改革与借鉴》，载《教育发展研究》2017 年第 23 期。

［37］龙玉其：《事业单位聘用合同制度研究：理论与实践的双重审视》，载《行政论坛》2015 年第 1 期。

［38］鲁文辉：《高校教师聘用合同“服务期”条款的合法性反思》，载《中国高教研究》2021 年第 2 期。

［39］闵慧：《高校教师聘任合同的法律问题研究》，西南财经大学 2010

年毕业论文。

［40］莫伟民：《高校学术评价“代表作制”怎样实行》，载《中国高等教育》2016 年第 8 期。

［41］钮铖：《高校人事争议处理机制研究》，苏州大学 2014 年硕士学位论文。

［42］欧阳丽平：《高校教师聘任合同性质辨析》，厦门大学 2017 年硕士学位论文。

［43］芮振华：《我国高校内部纠纷解决机制的构成、局限及其克服》，载《东方法学》2020 年第 5 期。

［44］邵文龙：《高校教师聘用合同制度研究》，载《南京工程学院学报（社会科学版）》2017 年第 4 期。

［45］沈月娣：《高校教师聘用合同相关法律问题研究》，载《教育导刊》2007 年第 7 期。

［46］石芬芳、任婷：《中美高校教师聘任合同比较研究》，载《中国高教研究》2011 年第 3 期。

［47］宋汉林：《高校人事争议司法救济实证研究——以 168 份民事判决书为样本的考察》，载《河南科技学院学报》2022 年第 4 期。

［48］孙武斌、宗凡：《高校聘用合同中教师法律地位问题探究——基于“行政合同说”与“劳动合同说”的法理》，载《西北工业大学学报（社会科学版）》2013 年第 1 期。

［49］唐国林：《事业单位聘用合同争议处理的法律冲突探析》，载《社会科学研究》2006 年第 6 期。

［50］王化思：《破解高校“挖人”困局：突显聘用合同的法律权威》，载《渤海大学学报（哲学社会科学版）》2018 年第 4 期。

［51］王黎、彭杨：《论高校教师聘用与聘任制中的合同管理》，载《乐山师范学院学报》2007 年第 11 期。

［52］王睿：《事业单位人事聘用服务期合同违约辞职责任的司法认定》，西南科技大学 2023 年硕士学位论文。

［53］吴晓晨：《论高校聘用合同中的服务期违约责任》，载《复旦教育论坛》2022 年第 2 期。

［54］肖罗：《取消编制应成为高校治理改革契机》，载《光明日报》2016 年第 2 期。

［55］徐靖：《高等学校“非升即走”聘用合同法律性质及其制度法治逻辑》，载《中国法学》2020 年第 5 期。

［56］徐雷、陶好飞：《公立高校教师人事争议诉讼现状及特征研究——基于 134 份裁判文书的实证视角》，载《复旦教育论坛》2017 年第 4 期。

［57］许建宇：《事业单位聘用合同的定性与法律适用模式选择》，载《法学》2010 年第 12 期。

［58］阎峻：《法治视角下的中国高校人事制度改革研究》，华中科技大学 2018 年博士学位论文。

［59］杨华春、任南：《基于国际比较的高校教师聘任制度研究》，载《高教学刊》2021 年第 32 期。

［60］杨伟伟：《高校教师人事争议仲裁制度研究》，温州大学 2018 年硕士学位论文。

［61］姚荣：《公立高校教师聘用合同的法律性质重审——基于控权论的立场》，载《复旦教育论坛》2020 年第 5 期。

［62］叶必丰：《我国高校绩效评估制度之改革——以两类诉讼案件为分析样本》，载《法商研究》2013 年第 5 期。

［63］张冬梅：《基于聘用合同性质的聘用合同立法探讨——兼评〈事业单位人事管理条例〉》，载《中国劳动关系学院学报》2015 年第 3 期。

［64］张夫美：《高校人事争议案件释疑》，载《河南理工大学学报（社会科学版）》2022 年第 5 期。

［65］张国华：《公职人员劳动人事关系的法律框架》，载《黑龙江社会科学》2008 年第 2 期。

［66］张男星、王春春、姜朝晖：《高校绩效评价：实践探索的理论思考》，载《教育研究》2015 年第 1 期。

［67］张赛赛、李浩：《聘任制条件下高校教师权益保护探究》，载《当代教育科学》2010 年第 11 期。

［68］张钟月：《事业单位聘用合同法律制度研究》，四川师范大学 2018 年硕士学位论文。

［69］周力：《高校教师辞职权的法律分析》，载《西南大学学报（社会科学版）》2009 年第 1 期。

［70］周力：《聘任制与高校教师辞职权》，载《重庆师范大学学报（哲学社会科学版）》2008 年第 1 期。

［71］朱兵强、曾妍、陈指挥：《高校聘任制下教师解聘法律问题探析——由湖南大学教授解聘事件引发的讨论》，载《高教探索》2017 年第 7 期。